마당

이창식 · 홍성남

북치는마을

책머리

마당문화유산의 재발견

◆ 왜 인문학으로 읽는 마당인가

마당은 한국인에게 사회적 삶의 출발점이자, 통과의례의 회귀점이다. 최근 마당을 포함하여 70년대까지 전승된 전통마을 유산에 대해 다시 관심을 보이고 있다. 한류韓流의 대세 속에 농촌민속을 세밀히 주목하고 있다. 그 밑바닥에는 한국인의 잠재된 상상력과 감성이 출렁인다. 한국문화의 감성창조가 새로운 트렌드다. 감성 중심의 문화콘텐츠산업에 대한 관심이 커졌다. 커진 만큼 미래의 엔진이 되고 있다.

올레길, 앞마당, 구둘장, 한옥, 장독대, 업지킴이, 담장 등이 그 원천이다. 이러한 흐름은 유·무형 문화유산을 재미있고 진정성 있는 이야기 만들기가 그 중심이다. 스토리텔링을 통해 이들 자원이 살아나고 또 소통되고 있다. 주지하다시피 마당은 한국전통문화의 아련한 상징이다. 마당과 연관하여 존재하는 민속영역은 다양하다. 그래서 시의 적절하게 마당의 인문학적 읽기를 시도해 본 것이다.

스토리텔링의 중요성은 문화예술 분야를 포함하여 모든 영역에서 다양하게 인식되고 있다. 문화감성시대에 수요자 마음을 움직이고자 지역의 문화관광을 포함하여 다양한 산업 항목에서 스토리텔링 마케이팅이 강조되고 있다. 한류의 드라마나 뮤지컬, K-팝, 한국어, 한식, 한복 등이 세계에서 인정받는 것은 한국 고유의 인문학적 상상력과 감성적 스토리텔링이 크게 작용하고 있다. 〈마당을 나온 암탉〉 애니메이션을 보라. 마당의 유년 감성이 거기 있다. 부모세대의 잃어버린 마당의 청소년 감성이 그 곳에서 또아리틀고 있다.

이러한 흥미는 일시적인 주목이 아니라 한국인의 탄탄한 전통적 저변에서 비롯된 결과이다. 동이족 음주가무의 기질과 활 잘 쏘고 놋저가락으로 콩 짚는 솜씨, 여건의 한계를 적절히 녹여내는 신바람 등 오랜 세월 한국인 특유에서 축적된 유산이 그 바탕이다. 더욱 손에 잡히지 않을 듯한 유산의 원형에 대한 심도있는 진단과 연구를 바탕으로 활용의 묘책을 제시해야 한다.

앞으로도 지속적인 인문학적 처방이 필요하다. 마당 관련 유수한 가족유산, 독특한 마당 의식주문화, 인간다움의 마당놀이 등에 대한 다양한 자원을 삶 속에 적절히 녹여내는 문화지식을 찾아야 한다. 한국 특유 마당의 혈연적 독창성, 마당의례의 신화성, 가옥구조 속의 소통성, 통과현장의 유연성 등에는 한국인의 지식과 지혜, 감성이 흐른다.

목차에 보듯이 마당에는 멍석의 추억이 별처럼 쏟아진다. 슬픔을 웃음으로 날리는 가족 모습이 있고, 이웃과 울력으로 신명을 내고, 나락을 털면서 노래하며 행복한 이야기 결말을 짓는 오묘함이 마당 구석구석 남아 있다. 여러 입맛에 덧입혀 인정의 가치뿐만 아니라 울타리, 담너머 마을로 이어져 소문과 위안의 말잔치가 홍성했다.

마당 노래, 이야기, 놀이, 굿, 장난 등의 자원이 돈이 되고 있다. 고유 문화유산의 가공과 재창작 사업은 새로운 대세다. 이러한 스토리텔링 사업은 여러 문화현장에서 큰 공감을 형성하고 있다. 세계인이 감동한 만큼 지갑을 열고 있다. 한국의 마당을 기웃거리고 있다. 우리 고유의 이야기곳간 마당이 학제간의 통섭으로 마법의 돌처럼 호기심과 환상성을 유인하고 있다. 마당의 소스콘텐츠로 여러 유형의 상품을 개발해 (OSMU) 지속가능한 고부가 가치를 창출하고 있다. 한국 마당에서 지구촌 열린 마당으로 가는 길이다.

　마당에서 이야기의 힘은 세상을 바꾼다. 묵은 이야기가 발효되어 맛깔스런 명품으로 나타나 마음을 홀린다. 그 이야기에는 우리의 얼굴과 깊은 마음구석이 도깨비처럼 변신을 꿈꾼다. 부엌에서 마당으로 부단히 움직여 마당진국을 만들어 온 것이다. 계절감이 돋보이는 한식과 감성적 영상산업의 세계화, 판소리와 아리랑의 세계화를 목적으로 한 사업에서 활용된 인문학적 상상력과 스토리텔링 기법은 한국 문화유산의 역사와 가치를 알리는 데에 새로운 길을 제시하고 있다. 현명한 독자는 이 신명의 오래된 미래 마당에 이미 들어와 있다.

　마당과 같은 전통유산은 역사적 통찰력 바탕 위에 인간의 본질과 지순한 속성에 대한 인문학적 소양이 받쳐줘야 한다. 한국문화의 진국에 대한 깊은 성찰 없이 세계적인 한류 진면목도 기대할 수 없다. 유년시절 모깃불 피우고 할머니 옛날이야기 듣던 마당, 서리 해놓고 멍석에서 〈꼬마야〉 노래를 부르던 마당, 동무 씨동무로서 또래의 웃음이 흘러넘치던 마당, 그 곳에 어머니와 누이가 웃고 있다. 그리운 마당을 일부 복원해 보았다.

◆ 디지로그시대 마당잔치에서 뭘 볼 것인가

    이 책은 '한류의 세계화'라는 화두를 통해, 마당 문화에 숨어 있는 특수함과 고유함을 짚어나가고자 한다. 학문이든 예술이든 이 세상 모든 상상력은 철저히 지켜온 기본에서 진정한 꽃을 피운다. 마당 관련 전통문화도 그러하다. 탄탄한 바탕 속에서 독창적인 디자인이 나오고, 엄격한 조화 속에서 창의성이 나왔다.
    기본적으로 자유로운 성정을 지니고 있는 우리 선조들의 문화 흐름은 기본과 상상력을 충실히 지키고 발현해내는 과정 속에서 새로운 전통이 창출되었다. 이것은 세계로 뻗어나가는 우리만의 가족마당의 스토리텔링에서 그 정신을 찾아볼 수 있다. 마당은 창조의 영원한 테마다. 마당잔치에서 한국인의 심상을 찾고 전통의 냄새 속에 마당의 힘을 얻기 바란다. 이 마당에서 막걸리와 김치, 빈대떡, 덕담을 나누며 근신의 황토를 뿌릴 것을 주문하고 싶다.
    마당의 표상은 일생의례, 생산의례, 신앙의례가 대자연과 어우러진 생명의 진원지였다. 우리네 고유의 사계절, 세시풍속, 구술문화, 문학작품 등과 밀접한 연관을 맺고 있는 마당의 표상은 사람과 자연, 자연과 사람, 사람과 신, 신과 사람이 상생하는 터전이라는 의미 외에도 인민들이 조상과 천신에게 감사의 마음을 전하는 거룩한 성지聖地였다.

◆ 이제는 마당유산을 가치창조해야 한다

    앞서 말한 것처럼 독특한 정서와 감성을 중요시하고 문화예술의 이면에 주목하는 시대에 들어서면서 세계적으로 문화유물산업에 대한 관심이 커졌다. 이러한 최근 흐름에 힘입어 문화유산을 재미있고 생생한 이야기-스토리텔링 형태-로 전달하여 지역 문화관광 발전으로 연결하는 움직임이 일고 있다. 한국의 드라마나 뮤지컬이 세계에서 인정받는 것 또한 우리 고유의 인문학적 상상력과 스토리텔링이 탄탄하기 때문이 아닐까. 그러니 마당을 자랑만 해서 되겠는가. 마당을 융합 학제의 가치로 새롭게 활용해야 한다.

그러자면 한국의 독자적인 역사, 전통민속, 전래동화, 설화, 민요, 놀이, 우화 등을 우리의 각종 전통문화에 덧입혀야 한다. 나아가 고전의 해학, 비틀기의 풍자, 풍류적인 가치뿐만 아니라 한국문화의 우수성까지 알려 한국문화에 대한 접근성을 높여야 한다. 이미 이러한 사업을 진행하고 있는 현장에서 큰 공감을 얻고 있다.

마당의 문사철 읽기, 마당의 민속학적 읽기, 마당의 스토리텔링 적용 등은 시의적절하다. 인문학적 상상력과 팩션의 스토리텔링은 이미 한국문화의 역사와 가치를 알리는 데에 새로운 길을 제시하고 있다. 마당의 창조적 스토리텔링은 인간다움의 진정성, 지고지순한 전통가치, 보다나은 고귀한 이상 추구 등을 계속 담아낼 것이다.

마당콘텐츠는 e-북, 인터넷, 닷컴 홈페이지, e야기 등으로 살려내야 한다. 유익한 마당의 공간성과 소통성은 보다 여러 사람이 접속할 수 있는 가능성을 지니고 있다. 새로운 사이버 마당공동체가 필요하다. 더구나 농경생업이 변화했고, 아날로그 마당이 사라진 지금 마당스토리는 전통의 광맥을 캐 명품을 만들 수 있는 보고이다.

실제로 이 책의 출발은 강좌명 〈민속학과 한류〉와 〈문화콘텐츠와 스토리텔링)에서 시작되었다. 강의 속 깨달음과 문화현장 속의 통찰이 이 책의 본론임을 밝힌다.

우리네 전통마당은 과거와 현재 그리고 미래의 사람과 자연, 자연과 사람, 사람과 신, 신과 사람이 상생할 터전이라는 의미 외에도 조상과 천신에게 고마운 마음이 전해지는 고결하면서도 자애스러운 어머니의 품같은 곳이다. 한국인의 꿈꾸는 자리인 동시에 세계와 처음으로 소통하는 장소이기도 하다.

마당은 과거 우리네 선조들의 고결한 땀과 정겨운 웃음과 생활의 지혜가 듬뿍 담긴 거룩한 공회公會의 장소이자 흥겨운 축제의 현장이었다. 열두 띠로 보아, 2013년(계사癸巳)은 뱀의 해이다. 허물을 벗는 뱀은 죽음과 부활의 상징적인 통과의례의 연속성이다. 2013년 10월 말 부산에서 열릴 예정에 있는 WCC(World Council of Church : 세계교회협의회) 벡스코(BEXCO) 총회의 주제가 마당이다.

한국인의 정서가 짙게 배어 있는 마당을 통해서 뱀처럼 과오過誤의 허물을 벗고 생명의 터전에서 전세계인들이 진정으로 거듭난 삶을 이어가는 탈바꿈의 현장이 되었으면 좋겠다. 끝으로 우리네 콘텐츠문화 발전에 초석을 다지고 이를 국내 외에 소개하는 일에 선도적 역할을 감당하고 있는 북치는마을 출판관계자 모든 분들과 이창식, 홍성남 두 공저자에게 소중한 사진을 보내주신 지인知人 여러분들에게 지면을 통해 고마운 마음을 전한다. 이 책을 읽는 분들에게 우리네 마당을 다시금 인지認知하는 계기가 충분히 전해졌으면 좋겠다.

2012년 12월 12일
이창식 · 홍성남

책머리 _ 마당문화유산의 재발견

인문학으로 읽는 마당 이창식

1부

전통마을의 마당 _ 14

마당의 민속지혜 _ 35

마당축제의 생명력 _ 54

마당의 인문학적 읽기와 가치창조 _ 67

마당의 문화지형-

제주도 신당神堂과 신화 _ 87

마당의 미학 홍성남

마당의 표상과 한국인의 삶 _ 106

춘하추동으로 본 마당과 시계성時季性 _ 128

세시풍속과 마당 _ 136

문학작품 속의 마당과 우리 공간 _ 148

마당과 성문화 _ 174

2부

춘화도와 마당 _ 213

명석마당-이야기 마당 _ 218

마당과 육지거리 _ 242

속담과 수수께끼로 본 마당 _ 267

참고문헌 _ 274

색인 _ 280

영문초록 _ 288

1부
인문학으로 읽는 마당

*전통마을의
　　마당*

1. 전통마을의 마당, 새롭게 읽기

한국 사람들의 공동체집단 대표 상징이 마을이다. 마을은 집과 집이 모여 이루어지는 삶의 공동체 최소단위다. 전통마을은 한국 사람들의 지역적 특수성을 바탕으로 적응해 온 생태적, 고향적故鄕的 공동체 집단 사회를 일컫는다. 마을에는 그들만의 독특한 조화와 아름다움이 존재하고 개성적인 얼굴을 드러나 있다. 마을 집마다 마당이 있었다. 그 마당은 전통마을의 또 하나의 매력적인 공간이었다.

인터넷 시대가 되어 세계가 한 울타리 안에 들어갈수록 역설적으로 개별공간의 토속성과 지방성은 더욱 중요해지며, 지역의 차이를 드러내 줄 것은 문화 밖에 없다. 지방자치단체마다 지역 경제를 살리기 위해 장소판촉(Place Marketing)에 나서면서 각종 문화축제를 여는 등 문화의 중요성에 눈을 돌리고 있다. 문화는 부차적인 것이 아니라 경제발전의 중요한 수단

이며 그 지역만의 독특한 문화 유산, 지역주민의 자발성이 필수적이다.[1]

지역문화는 특정한 땅에서 사는 사람들이 획득한 지식, 신앙, 예술, 법률, 관습 등의 모든 능력과 습관들을 포함하는 융합적인 총체라고 할 수 있다.[2] 곧 일정한 지역주민이 오랜 세월 속에서 같은 지역에서 상호 연결하여 살아왔던 생활양식의 총체를 말한다.[3] 이런 지역문화를 잘 알

---

1 김형국, 「고장의 문화 관측」, 대한매일, 2002.4.5.
2 한국문화정책개발원, 「2000년도 문화예산관련 국민여론조사」, 2000, 46쪽.
3 한현심, 「지역문화유산의 발굴과 발전방안의 연구 : 연기군 장욱진 화백을 중심으로」,

릴 수 있는 것이 전통마을이며 그 마을의 개성이 잘 드러나 있는 것이 마당이다.

전통마을의 마당을 들여다보면, 전통문화의 가치를 읽을 수 있다. 전통마을에는 집집마다 마당이 있었다. 시대에 따라 적절히 끊임없이 변모하면서도 본래 가치를 잃지 않으려는 지속적인 틀이 보존되고 있다. 마당의 기능은 다양하였다. 과거 사람들은 마당에서 소통과 결연을 이루어왔다.

겉으로 드러난 거주 공간의 조건들을 내포하는 문화환경 속에서, 마을 주체들이 물질, 행위, 구비口碑라는 양식으로 전승의 틀을 보여주고 있다. 특유의 구술문법과 계승원리가 누대로 이어진 측면이 있다. 전통마을 마당 읽기는 생태문화적 층위를 고려하여 사람들 중심의 역동적인 교감성과 문화소文化素을 파악하는 데 있다. 잘 알려진 전통마을일수록 그 독특한 특성에 주목해 왔는데, 이 글에서는 전통마을의 마당에 내재된 문화적 가치와 '가치창조'를 위한 문화적 특수성을 진단하고 있다.

한 고을을 형성하는 자연적 위계로서 전통마을이 마을과 마을을 이어주는 연계성도 주목해야 한다. 시행착오 속에서도 전통마을은 주체집단의 경험적 산물로 질서와 상생을 찾아가는 공동체의 살아있는 작품이다. 생명력이 출렁거리는 삶의 생태적 유산이다. 집과 집이 이어진다고 해서 드러나지 않은 사람들의 꿈꾸는 생각, 정신, 사상을 간과해서는 안 된다. 그 곳에는 주체들의 여유와 부지런함, 간절함이 나이테처럼 새겨져 있다. 사람들이 자연에 적응하면서 지혜의 총합으로서 만들어낸 창조물인 전통마을 유산에는 진정성眞情性이 있다.

공주대학교 경영행정대학원 석사논문, 2003, 4쪽.

전통마을은 철저히 기본에 충실하려는 폐쇄성이 있으나, 아울러 이웃마을, 큰 단위의 소속 고을에 대한 열린 개방성이 있다. 씨족마을의 혈연성은 전자를 지향하고, 이윤추구의 교역 중심 마을의 목적성은 후자를 지향한다. 이는 특수한 전통마을의 사례이고 대체로 한국의 전통마을은 양면성을 적절하게 조화시키면서 아주 특별한 색깔을 만들어 왔다. 필자는 이를 전통마을의 고향성故鄕性이라고 한다. 전통마을은 그만큼 느림과 곰삭음이 뭉쳐 있다.

전통마을은 고향성을 지키려는 고유유전자의 원초적인 가치와, 경쟁에 살아남기 위한 혁신적인 가치가 공존한다. 개인의 죽음과 관계없이 마을 구성원의 문화화文化化는 지속된다. 뒤집어 말하면 전통마을은 옛 것인 동시에 창조적인 일면이 끊임없이 충돌하는 보물창고 같은 곳이다. 전통마을의 담론에는 이처럼 유형에 따라 공동선共同善을 위해 사회질서가 우선하는 경우가 있고, 자연조건이 우위에 있는 경우가 있으며, 이 둘이 충돌하다가 스스로 재편되는 경우도 더러 있다.

이와 달리 마을 주체들의 지연地緣 의식에 따라 살아가는 해법이 결정되는 사례도 있다. 마을 공동체 삶의 전략은 이익사회와 달리 미풍양속을 중시하고 상부상조의 나눔을 당연시했다. 동제, 두레, 대동계, 품앗이, 대동놀이 등의 유산은 전통마을의 대표 표상이다. 가문을 내세우되 마을 공동관심사에 대해서는 적극적으로 협력하는 관행이 존재한다. 이 다양한 생태전략성을 염두에 둘 때, 한국 전통마을의 정체성에서 다른 나라의 그것과 차별화된 가치를 찾게 될 것이다.

역사문화 유적지 매력속성과 관련된 선행연구들은 꾸준히 증가하고 있는 문화관광객의 과거지향적인 동시에 새로움을 추구하는 경향을 강조했으며 역사문화유적지 관광전략으로서 과거 체험의 기회를 확대시킬 수 있는 상품개발의 필요성을 제시했다.[4]

역사문화유적지가 갖는 공간성, 예술성, 역사성, 상징성이라는 문화적 가치는 유적지 방문경험에 의해 차이가 있다. 다시 말해, 유적지 방문 후, 역사적 가치와 현대적 가치, 교육적 상징성과 전통문화로서의 상징성에 대한 평가가 높아진 것으로 나타났다.[5]

문화마케팅은 '3.0시장'의 기초요소 중 하나다. 2008년 미국마케팅협회(American Marketing Association)가 제정한 '마케팅 정의' 개정안에도 예시되어 있다. "마케팅은 소비자와 의뢰인, 파트너 그리고 사회 전반에 가치가 있는 매물을 창출하거나 소개하거나 제공하거나 교환하는 활동과 그것을 위한 일련의 제도 및 프로세스를 의미한다."[6]

이는 마케팅이 이제 '세계화의 문화적 측면'을 진지하게 다룰 준비가 되었음을 보여준다. '3.0시장'에서 필요한 마케팅은 비즈니스 모델의 심장부에 '문화적 현안'들을 자리잡게 하는 것이다. '3.0시장'은 얄팍한 홍보에 촉각을 세우는 것이 아니다. '3.0시장'을 주도할 주체들은 가치를 문화와 결합시키는 것이다.[7]

전통마을은 여전히 생활사박물관이다. 그래서 전통마을이라고 부르기엔 한계가 있는 마을들이 대부분이다. 민속박물관과 문화콘텐츠박물

---

4 정영선, 「스토리텔링기법을 활용한 경복궁 관광콘텐츠 개발에 관한 연구」, 가톨릭대학교 대학원, 2011, 10쪽.
5 박은경, 「역사문화유적지로서 경복궁 매력속성에 관한 연구」, 제주대학교, 2009, 14쪽.
6 미국마케팅협회 보도자료, 마케팅에 대한 새로운 정의를 발표하다(Tha American Marketing Association Releases New Definition for Marketing), 2008년 1월 14일.
7 필립 코틀러, <마켓 3.0>, 타임비즈, 2010.

관에 전시·공개되고 있는 유물·녹음·영상 등은 모두 수집된 '민속자료'로 민속현장을 떠난 것이지만 '살아있는 현장의 민속'을 온전히 보존하면서 다양한 체험 프로그램을 운영해 누구나 접할 수 있다. 각 지역마다 특징 있는 생태박물관형 현장, 마을, 박물관 등의 네트워크를 구축해 살아있는 고유한 민속문화를 계승 보존하면서 관광자원으로 활용하여 지역소득을 증대시키려는 목적사업이 내포되어 있다.[8] 이름 있는 전통마을에는 아직도 매력적인 요소가 철철 넘친다. 문화재 가치를 넘어서 미래로의 창조적 잠재력이 내재되어 있다.

이름 있는 전통마을에는 아직도 매력적인 요소가 철철 넘친다.
문화재 가치를 넘어서 미래로의 창조적 잠재력이 내재되어 있다.

지역문화 활성화 방안 중 하나인 '문화역사마을가꾸기' 사업이 있다. 문화역사자원을 통해 전통에 따른 마을 기능과 오늘날 체험 위주의 마

---

8 이창식, 「충청북도 민속문화 가치창조와 민속문화의 해」, 『지역문화연구』 10, 세명대 지역문화연구소, 2012.

을 기능을 동시에 활성화하는 운동이다. 전국 13개 마을이 선정되었다. 안동 군자마을[9]처럼 마무리되어 실제로 운영하고 있는 경우가 있고 필자가 관여하고 있는 충주 목계마을처럼 진행되고 있는 경우도 있다. 안동 군자마을은 애초에 우려한 것보다 순조롭게 문화역사체험이 지속적으로 이루어지고 있다.

마을 만들기는 전국적으로 다양한 사례가 선보이고 있는데 문화체육관광부가 지원하는 쪽은 실천전력이 여느 마을 만들기 운동과 다른 점이 있다. 문화역사마을가꾸기 사업은 밖에서의 전문성과 멘토성, 안으로의 자발성과 호응성을 지향하고 있다. 더구나 지역 시군의 문화원(전국문화원연합회 총괄)이 주도하고 있다는 점에서 보편적인 실현성이 있지만, 지원사업의 정치적 관계성이 노출되고 있는 것도 현실이다. 지역의 균형과 집중이라는 이름으로 시작된 지역활성화 운동은 부분적으로 미래가 보이기 시작하고 있다.[10]

전통마을은 창조적 아이디어브랜드 창고다. 한국인의 마음이 빨래같이 널려 있는 마지막 고향박물관이다. 중앙정부와 지방정부는 전통문화 보존 차원에서 상당수 마을들을 관리하고 있지만 무엇보다 마을 주민의 의지가 가장 중요하다. 지정받은 마을이든 그렇지 않은 마을이든 사람 중심깊이 들여다볼 필요가 있다. 창조적 잣대로 때로는 문화치유의 현미경으로 보듬어야 한다. 더구나 마을의 마당을 깊이 들여다 봐야 한다.

---

9 홈페이지(http://www.gunjari.net, cafe:http://cafe.naver.com/gunjal), 블로그: 네이버 블로그 '군학일계'.
10 이창식, 「목계 문화역사마을 가꾸기의 추진양상과 가치창출」, 『마을 만들기』, 민속학연구소, 2011.

2. 전통마을의 마당, 다시 드러내기

전통마을에는 겉으로 드러난 공간적 경관의 배치미학과 안으로 숨겨진 시간적 계승의 속신원리가 씨줄과 날줄로 상생되어 있다. 둘을 동시에 살펴야 한다. 전통마을답게 한 요인은 마을 주체들의 경험적 인식이 우선하고 있다. 씨족마을이냐 각성받이마을이냐 그리고 특정인물 존재 여부에 따라 마을 성향이 달라진다. 문중의 관행이 마을규범에 그대로 반영되는 마을도 있고, 역사적 인물이나 풍수적 속신에 의해 마을의 내외적 느낌이 좌우되는 사례도 있다. 그래서 전통마을은 다면적이다.

전통마을의 마당은 자리하는 생태환경에 따라 저마다 특유의 이미지를 지니고 있다. 그럼에도 불구하고 한국 전통마을에는 공통으로 흐르는 미학성과 실용성이 있다. 삶 속에 복락을 누리는 공간으로 값어치를 끌어올린 흔적이 보이면서 실무적 기능에 의해 진취적인 '이용후생'의 측면이 있다. 주로 공동체 행위를 통해 이러한 관념이 현실문맥으로 실현된다. 경관과 마을 건물 배치 역시 이러한 관념에 의해 그 마을의 자연과 어울려 조성된다. 그 대표적인 담론이 마을신앙과 세시의례, 조직 관행 등에 의해 실현된다.

마을신앙은 마을굿, 동제洞祭의 차원에서 주기적 반복행위로 표출된다. 주로 마을신神을 중심으로 전개된다. 행위의례를 통해 서열과 금기도 표출된다. 어른의 노숙함이 의례를 주도하고 젊은이들이 외경감으로 대물림을 준비한다. 마을전통의 교육적 기능인 셈이다. 마을신을 위하는 신성행위에는 지극정성의 금기적 속신俗信이 있다. 음양오행의 상징 안에서 제의적 행위가 이루어진다. 생기복덕의 원리 속에서 존재하는 마을신의 영역은 성聖의 오신적娛紳的 세계다. 이러한 엄격한 공동체의 례는 마을 구성원을 이어주는 지연적 끈이다. 이 끈은 개인 탯줄과 달리 공동체의 힘으로 작용한다.

마을굿의 제의절차에는 대동회의, 걸립, 지신, 마당밟기는 준비와 앞놀이에 해당한다. 앞놀이에서 돋우어진 흥겨움과 신명이 영신과 접신을 쉽사리 도와주고 그렇게 받아들여진 신성神聖을 다시 가무오신으로 즐

겁게 해서 난장판을 이루어 신성한 태초의 혼돈세계를 연출한다. 생명과 활성의 원천에서 바닥난 힘이 삼재三才와 소통하도록 꾸며진 신화적 모의의례를 통해 놀이화될 때 겨루기의 요소가 큰 역할을 감당한다. 이는 마을 경관에도 그대로 적용되고 있다. 신의 영역과 인간의 영역이 평소에 이원화되었다가 마을굿이 행해질 때 일원화되는 이치와 같다.

반대로 마을신앙은 성스러움의 메카니즘에만 국한하지는 않는다. 제의를 행하고 난 다음 뒷풀이의 잔치에서 신명을 누린다. 덕담을 건네고 먹을거리를 나누고 웃음을 자아낸다. 희로애락의 정서가 녹는 난장의 흥취가 있다. 마을축제의 진국이 여기에 있다. 속俗의 오인적娛人的 세계다. 농악 또는 풍물이 반드시 함께하는 까닭도 이러한 사연 때문이다. 노는 마당은 마을 주체만이 아니라 마을신들도 더불어 불러 들인다. 신과 사람이 어울리는 말 그대로 한마당이기 일쑤다. 이 소통의 끈은 마을사람들의 정신적 연대감으로 움직인다.

마을신앙의 시간적 축은 세시의례의 시계성時季性과 연관된다. 한국전통마을의 마을굿이 정월 대보름이나 단오, 백중, 추석 등 세시명절에 집중되어 있는 것도 세시축제의 원형질이기에 부합하는 것이다. 마을굿은 마을의 지역성과 생태성에 따라 지향하는 색채가 다르다. 마을굿의 특성은 제의집단의 추구하는 이념과 맞물려 있다. 대동놀이도 마을굿의 연장선에서 연행된다. 다만 세시의례의 연관성으로 생업활동의 모의의례성이 강하다. 다리밟기, 지신밟기, 백중놀이, 거북놀이, 줄다리기 등이 그것이다.

마을신앙 중 두드러지는 것은 제사와 놀이가 병행되는 대규모의 민속행사가 많다는 것이다. 단양 대강면 갈천별신제,[11] 제천 수산면 오티

---

11 갈천별신제는 단양군 대강면 성금리에서 행해지는 제의다. 9년을 주기로 1번씩 행해

별신제,[12] 충주 목계별신제, 이포의 삼신당제 등이 대표적이다. 이러한 공동체의례는 마당걸립을 통해 준비와 진행이 가능하였다.

충주 목계별신제는 서낭제 위주인데 유교식 의례가 두드러지고 별신제가 용신제龍神祭의 성격을 보인다. 예전에는 당고사가 며칠 동안 대규모로 거행되었는데, 수운水運이 쇠퇴하면서 경기가 침체되어 경비를 걷기가 어렵게 되자 40여 년 전에 회의를 열어 유교식으로 간략하게 제사하자고 의견을 모은 후에 일반 서낭제처럼 규모가 작아졌다. 예전에 10일 아침부터 부흥당에서 굿을 하기 시작하면 인근지역에서 구경꾼들이 많이 찾았다고 한다. 원형적인 별신제는 일제강점기에 사라졌고, 1977년 이후 재연되어 우륵문화제의 축제항목으로 자리 잡았다. 최근에 지역축제로 목계별신제가 기줄다리기와 함께 열리고 있다.[13]

집단놀이는 전통마을의 축제성祝祭性을 부각시켰다. 대동놀이의 공동체 연희 경험은 일상의 규범에 벗어나 몰입함으로써 흥겨움과 신명을 느끼게 한 것이다. 전통마을민의 기질까지 작용하였다. 하나되는 체험은 마을 주체들의 동질감으로 묶어주는 구실을 하였다. 이같은 지역적 실제 체험의 확장은 일상의 품앗이로 나아가고 마을의 위기에는 자연적으로 뭉치는 구실도 하였다. 쇠머리대기, 차전놀이, 고싸움놀이, 줄다리

진다. 단양군에서는 유일한 별신제로 인근의 제천, 청풍, 영주 등지에서 왔었다고 한다(이창식 외, 『단양 남한강 민속을 찾아서』, 대선, 2004, 341~348쪽).
12 오티마을에서는 정월대보름을 중심으로 일 년에 한 번 동제를 지내고 있으며, 한 해 걸러서 '별신제'를 지낸다. 오티마을에는 뒷산 중턱에 산신당(山神堂)이 있으며, 봉화재에는 상당이 작은봉화재, 구실재, 흰티재·해너물재에는 하당이 마을 중앙에는 본당이 위치해 있다. 산신당에서는 마을 최고신인 산신을 모시고, 상당과 하당, 본당에서는 서낭신을 모신다. 제의에 이은 '뒷풀이'로 풍물놀이와 허재비놀이가 전승하고 있다.
13 이창식, 「충청북도 민속문화 가치창조와 민속문화의 해」, 앞의 논문집, 2012.

기 등이 그것인데 흔히 말하는 대동단결의 잠재력이 돋보인다.

　마을공동체문화는 신과 인간의 어울림을 통해 표출된 물질전승, 행위전승, 구비전승이라는 원형자원이다. 마을굿의 제물 차리기에는 마을 주체들의 신앙적 심성이 반영되어 있다. 대체로 정성어린 모시기의 외경심이 배어 있다. 마을굿의 풍물치기, 노래하기, 이야기하기에는 마을 주체의 놀이적 정서가 녹아 있다. 흔히 신명과 재미의 오락성이 스며 있다. 전통성을 유별나게 강조하는 마을일수록 일정한 전승 문법이 있다. 이처럼 전통마을의 문화적 연대감에는 마을 구성원으로서 주체가 살아가면서 터득하고 경험의 속신적 세계관이 각인되어 있다.

　놀이문화는 마을축제의 일환으로 일상의 공동체 생업관행과 대립관계에서 그 특장이 발휘된다. 싸움, 겨루기, 점치기, 놀음 등의 행위를 바탕으로 일상 규범에 벗어나고 휴식으로 삶의 활력소를 얻는다. 주체들의 놀이정신은 대단히 민주적이다. 대동놀이의 공동체 정신은 공정한 법칙 속에 어울려 줄

1부 인문학으로 읽는 마당　25

기는 멋을 체득한다. 마을 사람들은 이 오묘한 오감의 멋을 통해 사는 이치를 깨닫는다고 하였다. 얽혀 있는 국면을 푸는 놀이의 재미, 여럿이서 하나로 빠지는 맛이 일상에도 통하기를 간절히 바란다고 말한다. 이같은 전통마을의 대동놀이 유전자는 한국인의 붉은악마 거리응원 등 긍정적으로 나타난다.

마을조직 강화를 위해 몇 가지 장치를 마련하고 있다. 향약鄕約, 계, 두레 전통이 그것이다. 향약은 자발적인 규범이기보다 마을통치의 정치적 규범에 가깝다. 전통마을에는 계조직이 다양하게 존속한다. 특히 대동계는 향약의 일면을 살린 것인데 환난상휼의 공동체적인 면을 드러내는 동계다.

계는 향약의 보완적 기능을 수행했고 지연과 혈연의 조건으로 자생적 협동체로 발전할 수 있었다. 두레는 전통마을에서 주체들이 조직한 작업 공동체다. 단순히 농사의 공동노동만 주도한 것이 아니라 마을의 안전, 재해예방 등 업무와 사업에도 관여하였다. 더구나 공동 노동과정에는 농악과 호미씻이와 같은 놀이와 행사들이 동시에 이루어졌으며 노동요와 지신밟기, 상여놀이 등의 공동연행이 수행되었다.

이처럼 조직의 끈은 주체들의 자발적인 생명력이다. 이웃과 어울려 정情을 나누고 자연환경과 더불어 순환적 정서를 밴 고갱이다. 비록 질서 지키기의 권선징악을 위한 도덕적 틀이 전제되고 있으나, 생산력 증대, 구성원 안녕, 위기대비 등 생존전략을 위한 실용적 공동체 정신이 강조되고 있다. 남녀노소와 빈부귀천 등에 관계 없이 마을 구성원 누구든 협력하고 배려해온 집단의식이다. 관의 의존보다 마을민의 자기존중감을 보였다. 전통마을 주체들은 민본적民本的 지혜로 마을 대소사들을 해결해온 것이다. 심지어 마을 주요 유형물 배치와 기능에도 고스란히 나타난다. 이러한 미덕은 한국 민족문화의 저력인 동시에 마을문화의 숨겨진 가치다.

3. 전통마을의 마당, 감성으로 가꾸기

　전통마을과 접속하면, 고향 어머니를 떠올린다. 고즈넉한 푸른 색, 그곳만의 사투리, 구수한 냄새, 가슴 찡한 이야기, 까치밥과 까치구멍의 모양새, 따스한 구둘의 손길 …… 실타래처럼 나온다. 이것도 아파트세대에게는 전통마을 문화해설을 통해 그 진면목을 느낄 수 있다. 이 정도로 전통마을은 생업공간 활동영역이 아닌 지역문화유산으로 남아 있다. 그 곳에 사는 이들도 본래 생업을 버리고 문화관광업에 매달린 경우도 볼 수 있다. 마을 민속문화자원을 통해 전통을 오늘날 문화고객에게 팔고 있다. 전통은 만들어지는 것을 지나 파는 대상이 되었다. 전통마을의 순기능을 살리면서 역기능을 최소화해야 한다.

　안동 하회마을, 강원 고성 왕곡마을, 보성 강골마을, 제천 오티마을, 순천 낙안읍성, 경주 양동마을 등을 흔히 전통마을이라고 한다. 그 곳에 가면 추억같은 옛사진의 생생함과 함께 오래된 미래가 숨쉬는 마당이 있다. 탈춤의 익명성, 풍토의 생태성, 특산품의 근대성, 신들의 축제성, 방어의 이중성, 품격의 상생성 등을 여럿 형태로 감상할 수 있어 여행복을 주는 곳이다.

　그러나 개발이라는 미명에 의해 비판의 목소리도 그 곳에는 있다. 최근에는 돈을 엄청 들여 전통마을을 복원하고 있다. 경쟁력 있는 관광마을이 만들어지고 있다. 문화체육관광부에서는 13개 전통마을을 선정하여 3년 동안 전통문화체험의 명소를 가꾸기를 시도한 바 있다. 전통마을 체험 프로그램이 마련되고 있다. 앞으로 이같은 정책은 계속 입안되어 추진될 것이다. 체험도 마당에서 이루어지는데 예전의 그 마당이 아니다.

또한 지자체의 문화정책 연구가 활성화되고 있지만 아직 협력하는 단계에 머물러 있다. 더욱이 민속사회, 민속예술, 민속물질 등 생활민속과 관련한 연구는 거의 없다. 민속학 연구가 대부분 국문학 전공자에 의해 이루어졌기 때문에 초래한 결과로 볼 수 있다.[14] 민속학 연구의 균형 있는 발전을 위해서 지역문화 분야로 민속문화 전반을 취급하는 고른 연구가 시급하다.[15] 더욱이 역사, 고고, 종교, 심리학 등 인문·사회과학 분야와 음악·미술 등 예술 분야의 관심을 민속학으로 끌어들일 필요가 있다.[16]

전통마을은 역동적인 문화박물관이다. 전통마을의 가치는 한국인의 심성과 꿈이 응축된 창조공장이듯이 마당은 한국인의 역동적인 장소성이다. 다수 사람들의 공동체 작품이다. 경관은 서정적인 반면에 인적 네트워크는 활인적活人的 서사성을 지녔다. 문화재 지정이라는 허울 때문에 특정 부문을 앞세우다보니 전통마을의 총체성과 융합성 가치가 배제되었다.

앞서 말한 전통마을의 보이지 않는 매력의 끈을 놓쳤다. 아쉽다. 보존과 개발, 지속과 변화, 잘 살기와 느림의 지키기, 이러한 이분법 때문에 전통마을을 죽였다. 새마을 운동과 도시화는 전통마을의 가치를 지워버렸다. 바뀌어야 한다. 전통마을의 문화재적 유산가치에는 여느 테마박물관과 비교할 수 없는 미덕이 있다.

전통마을의 주체가 유지해온 전통지식을 새삼 주목해야 한다. 보물창고같은 마을자원의 문화콘텐츠 확보와 마을 주체 중심의 감성 창조력

---

14 임동철, 「충북민속의 성과와 전망」, 『충북학』 제1집, 충북학연구소, 1999, 151쪽.
15 임동철, 앞의 글, 152쪽.
16 이창식, 「충청북도 민속문화 가치창조와 민속문화의 해」, 앞의 논문집, 2012.

을 복원하고 재생하는 게 중요하다. 국민소득 3만 불 시대에 예전의 보존정책으로는 전통문화의 진면목을 유지하기 어렵다. 물질전승의 솜씨, 행위전승의 맵시, 구비언어전승의 마음씨라는 전통지식까지 살펴 그 가치를 이해하고 의미부여한 때다. 대물림 질서 안에서 군불처럼 지피는 착한 사람들의 온기가 있음을 상기해야 한다. 전통적인 훈습이 비교적 잘 된 아날로그 세대가 사라지기 전에 디지털 튀는 세대를 위해 대물림의 통섭通攝을 확보해야 한다. 또 다음 세대를 고려하여 지속가능한 보존의 혁신 발상이 요구된다.

또한 전통마을 활성화를 위한 사업 시 전통마을에 관한 주민들의 올바른 인식을 통하여 전개되어야 성공하는 만큼 사업 자체를 개방해야 한다. 일상에 가려져 있던 마을의 중요한 문화역사자원의 발굴과 그에 대한 가치를 인식하도록 마을공동체 문화역사자원의 상품화와 활성화에 주민이 직접 참여하도록 해야 한다. 이와 같은 주민참여에 의한 마을 문화역사자원의 발굴과정은 그 가치에 대한 인식이 무엇보다도 소중하게 다가가게 될 것이다.[17]

전통마을의 고향성은 사이버 속에서도 영원한 에너지다. 한국인다운 상상력은 전통마을의 바탕에서 나온다. 세계화라는 화두가 고개를 들수록 전통마을의 멋과 맛은 더욱 우러날 것이다. 곰삭은 고향의 미학, 체험하지 못한 미래세대를 위해 일반박물관 이상의 감성과 창조력을 불러일으킬 전통마을의 가치를 거듭 일깨워야 한다.

마당에서 소리판을 보아야 소리답다. 마당은 주체와 객체가 따로 없다. 문화재, 손때와 온기가 닿지 않으면 단순 골동품이 된다. 변화하는

---

17 이창식, 「목계 문화역사마을 가꾸기의 추진양상과 가치창출」, 앞의 논문집, 2011.

첨단사회 속에서 끊임없이 살아숨쉬고자 애쓰는 전통마을, 우리들의 영원한 자화상이다. 발상의 전환으로 전통마을의 가꾸기 목숨론이 절실하다고 하겠다.

4. 전통마을의 마당, 한류의 고향현장으로 키우기

마당은 주거공간의 열린 터전이다. 한국인이 마지막 떠나는 곳이다. 전통마을 마당의 단순 옛것의 역기능을 배제해야 한다. 아직도 문화향수의 목마름에 때문에 시골과 도시를 이원화하려는 자체가 잘못 되었다. 마을문화의 회귀성, 고향성을 살리자는 것이다. 대도시인들이 오히려 전통마을의 장점을 즐기려 지역 곳곳으로 나들이를 오는 이른바 체험문화 1번지가 전통마을의 마당이

될 수 있을까? 지역마다 앞서 말한 것처럼 아주 특별한 전통마을의 마당이 산재해 있다.

마당이란 말은 맛, 맏, 묻과 관련되는 말로 맏-포, 맏-뭍으로 육지와 관련되고 묻은 무덤으로 지地, 토土, 전田 즉, 땅의 의미로 사용되고 당은 장場 즉 장소場所의 뜻을 포함하고 있다. 그러므로 마당은 땅에 있는 장소, 곧 외부공간의 의미를 갖고 있으면서 장소적 개념뿐만 아니라 활동과 생활을 담는 기능의 의미를 내포하고 있다.[18]

전통공간에서 건물의 영역 외 마당은 동네마당, 우물마당, 작업장, 나무그늘 및 공공마당으로 나누어 볼 수 있다. 또 농촌사회에서는 주로 마을 마당이 모임 및 공연의 장소가 되어왔다. 마당은 장터와 같이 사람의 왕래가 빈번한 곳이나 마을마다 가지고 있는 고유한 장소를 일컫는다. 일반적으로 이러한 장은 마을 주민의 경제기관인 동시에 오락기관도 되며 따라서 마을 주민의 생활은 장場으로 집중되는 양상을 보인다.

이와 같이 마을마당은 동네의 공동작업장으로써 뿐만 아니라, 마당놀이를 행하였던 놀이마당의 기능도 수행했으며, 일마당이 놀이마당으로 전환되는 경우 놀이는 집단적인 신명과 현실적인 상황, 나아가서는 독립적인 표현방법을 기반으로 하여 성립되며, 또한 놀이의 성격에 의해 마당의 공간적인 활용이 달라지게 된다. 놀이마당은 타작마당과 같이 어떠한 행위가 수반되는 장소적 개념을 포함하고 있다. 공간개념으로 우리의 전통적 관념은 마당이라거나 대청과 같은 거주공간에만 국한된 것이 아니라 마을 어귀라거나 장터, 광장, 심지어 산과 들판까지 포

---

18 우경국, 「조선시대 주택마당에 관한 연구」, 환경과 조경, 1985, 89쪽.

함한다.[19] 마을마당은 한 가구단위나 가족단위의 전용공간으로서의 주택마당과는 달리 마을 전체 주민이 활용하고 한 장소에서 다양한 활동을 행하면서 다양한 기능으로 활용된다.[20]

마당은 잔치를 벌이던 신명밭이었다. 가족의 혈연공간이다. 지신밟기, 결혼잔치, 빈상여놀이, 윷놀이 등이 이루어진 곳도 마당이다. 술과 노름이 끓었다. 욕설과 인사치레가 있었다. 딱지치기, 장치기, 숨박꼭질 등 유년 놀이터였다. 할아버지의 헛기침이 들였다. 어머니의 민요가 들였다. 안택굿도 열였다. 이처럼 마당의 민속, 오래된 우리의 자화상이다.

이제는 대부분 마을의 마당을 잃었기에 여유가 없다. 마당을 버린 세대, 무엇이 남았는가. 마을민들이 여유 있는 삶을 살 수 있는 그 곳의 마당에서 삶의 활력을 얻으려는 또다른 사람들이 만나는 현장이 전통마을의 마당으로 자리매김되어야 한다. 마당의 미학은 천연성과 소통성에 있다.

---

19 장태현, 「도시광장의 공간구성에 관한 연구」, 홍익대 대학원 박사논문, 1996, 58쪽.
20 박지연, 「한국 전통마을의 길과 마당에 나타난 공공성에 관한 연구」, 성신여대 대학원 석사논문, 2008, 31~32쪽.

마당잔치와 모꼬지를 팔아야 한다. 경쟁력 확보와 문화 기반이 조화를 이룰 때 신명이 나고 살맛이 나는 법이다. 한류의 근원에도 이러한 마당의 재미와 신명이 녹아있기 때문이다. 다른 나라 사람등에게 이 마당의 매력을 알리고 주객의 하나로 만나야 한다. 찾아오는 사람이 왕이면, 전통마을의 마당을 지켜내는 사람은 왕후이어야 한다.

　마당은 세시행위와 통과행위가 이루어졌던 곳이다. 전통마을은 더 이상 오래되고 지나간 동네가 아니라 새로 오는 사람과 전통을 붙들고 있는 사람과의 문화사랑, 문화창조의 감성산실이다. 마당은 한국인의 고향터전이다. 마당에서 안과 밖이 소통되었다. 특히 전통마을의 마당은 법고창신화, 우리시대에 민족아이콘의 살아있는 콘텐츠다. 마당의 내면적 가치는 연대감과 인간다움의 영원한 공간성에 있다. 한류의 체험장은 전통마을 마당 레파토리에서 시작해야 한다.

*마당의
민속지혜*

1. 마당의 풍수속신

풍수는 경험적 축적물의 소산이다. 한국 사람들에게 땅의 다스림 상징이 마당이다. 마당은 집의 본채와 연결된 터전의 공동체 최소단위다.

이상적인 마당은 바람 잦아들고 햇빛이 다사로워져야 된다고 믿었다. 전통마당은 한국 사람들의 건축적 특수성을 바탕으로 적응해 온 본향적本鄕的 기초인 동시에 가정 중심의 공간 인 위물을 일컫는다. 한옥에서 마당의 풍수 사고는 매우 합리적이었다.

집집 마당만의 독특한 조화와 아름다움이 존재한다. 마당마다 지속과 변화

속에 독특한 얼굴을 드러내고 있다. 집 안의 질서, 가족의 인정어림, 풍수적 자연관이 서로 조화를 이루었다. 한지가 발린 조선문살과 마당, 동네 길로 통한 대문, 변소가 빗겨가 있는 담 모두 안으로의 조화다. 특히 안마당은 전통 농경사회에서 매혹적인 장소성을 지녔다.[1] 마당을 통해 복 부르고 운 불러들이고 평상시 인덕을 모았다.

마당문화는 전통유산의 출발점에 해당한다. 향토문화는 '어느 한 방면의 땅에서 사는 사람들에 의해 획득한 지식, 신앙, 예술, 법률, 관습 등의 모든 능력과 습관들을 포함하는 복합적인 총체'라고 할 수 있다.[2]

---

1 이창식,『제천학과 청풍명월』, 지역문화연구소, 2003.
2 한국문화정책개발원,『2000년도 문화예산관련 국민여론조사』, 2000, 46쪽.

곧 일정한 지역주민이 오랜 세월 속에서 같은 동일 지역에서 상호 연결하여 살아왔던 생활양식의 총체를 말한다.[3] 이러한 향토문화를 잘 알릴 수 있는 것이 전통마당인데 그 공간이 전통가옥과 농경방식의 변화로 이제는 찾을 수 없다.

원시적 마당은 자연과 조화를 이루면서 주인의 성향을 드러낸다. 전통마을의 마당은 마을의 진산鎭山에 비중을 두고 조성되었다. 유교식 마당은 진성위지盡誠爲之, 곧 정성을 다해 행하라고 하는 엄격함이 보인다. 한옥 건물에 매달려 마당의 조형 감성을 놓치고 있다. 누대의 풍수 사고가 반영되어 있다. 답사를 가도 마당을 보지 못하는 게 태반이다. 왜 그럴까.

김천 원터마을 마당은 자연스럽고 사람을 품는다. 아산 외암마을 마당은 깐깐한 주인의 지혜가 묻어난다. 강원 고성 왕곡마을 마당은 비밀스러운 뒷마당 때문에 절마당 같다. 봉화 닭실마을 마당은 내방가사, 베틀노래와 한시 읊는 소리가 들릴 듯한 질서의 느낌이 있다.

반면에 나주 도래마을 마당은 동네 안길과 잘 이어져 밖으로의 멋이 있다. 보성 강골마을 마당 역시 자꾸 마을 사람들을 오란 듯이 밖으로 배치가 돋보인다. 순천 낙안읍성 마을 마당도 그렇다. 성터 마당에는 줄다리기, 덕석기 뺏기, 농악 등이 울린다. 서귀포 표선 성읍마을 마당은 올레와 이어져 있으면서 입구 막이가 있어 폐쇄적이다.

경주 양동마을, 안동 하회마을 마당은 집구조에 철저히 부합하여 권위적이다. 거기다가 포장이나 시설이 연결되어야 친근하다. 밖은 신앙

---

[3] 한현심, 「지역문화유산의 발굴과 발전방안의 연구」, 공주대학교 경영행정대학원 석사논문, 2003, 4쪽.

길과 통해 탈놀이, 서래술놀이, 호미씻기 등으로 놀게 한다. 대구 동구 둔산동 옥골마을 마당도 예외가 아니다. 범접할 수 없는 기운이 있다.

강릉 선교장 마당을 밟으면 열화悅化와 안도安堵가 잡힌다. 생기 혈처가 통한다. 이처럼 전통마을의 마당 관련 민속지식(folkknowledge)은 속신적 성격을 띠나 나름대로 풍수미학의 경험론이 녹아있다. 마당의 건축학을 다시 성찰해야 한다. 마당의 전통풍수학, 양택의 건강성이 함축되어 있다. 한국인이 마음껏 뛰던 마당은 정말 사라진 것일까?

최근 전원주택은 서구식인데, 그나마 한옥 짓기에도 예전 마당을 살려내지 못하고 있다. 생명력이 강한 집을 위해 풍수에 근거한 마당을 잘 만들어야 한다. 조용히 주인 존재감 중심을 잡아가며 멋지게 살기 위해 느림, 소통, 인정을 누릴 수 있는 마당이 중요하다. 가족의 사랑이 숨쉬는 따뜻한 마당, 풍수의 현대적 재발견이다.

툇마루, 텃밭, 사립문, 멍석, 개집, 나무절구 등이 있는 마당은 한국인에게 모천회로와 같다. 마당의 가치는 도시적 논리로 잴 수 없다. 가족의 울타리, 식구-소, 개 등 포함-의 보금자리가 마당이다. 마당은 결국 드나드는 이들에게 새로운 에너지와 활력소를 제공한다. 놀고 일하며 늘 즐거운 정주공간이다. 사는 집을 풍수론에서 양택이라 하는 것도 앞마당 때문에 붙여진 것이다.

2. 세시 순환의 체득공간

마당은 평생주기와 더불어 일년주기의 세시행위가 이루어지는 공간이다. 24절기와 세시명절은 철갈이의 상징이다. 철이 바뀌고 이에 따라 삶의 원리를 깨닫는 이치에는 전통사회에서 진정 어른 대접받는다고 믿었던 생각이 담겨 있다. 이것이 대물림 마당 공부다.

'철이 든다' 또는 '철이 들어 사람이 되었다', '철 따라 맛이 있다' 등의 표현은 철갈이의 뜻을 간접적으로 말해준다. 너무나 자연스럽게 계절 감성을 터득하는 것이다. 봄, 여름, 가을, 겨울 철갈이에 따라 마당은 분주하였다. 사람만 순환하는 게 아니라 마당 텃밭, 장독대, 화단의 분위기와 모습이 변한다.

봄철갈이에서 한식, 청명, 삼짇날, 곡우는 봄철의 세시명절 또는 24절기다. 여름철갈이에서 단오, 유두, 칠석이 중요하다. 가을철갈이에서 추석, 중구重九, 단풍놀이가 주목된다. 겨울철갈이에서 동지, 섣달, 설 등이 널리 기억된다. 가을철 마당에서 김장 담그기 풍정은 감동적인 김치 그림이다.

전통세시는 철저히 주기성에 부합하려는 시계성이 있으나, 아울러 생업력과 세시단위로 열려있는 생태성이 있다. 아주 특별한 경우를 제외하고는 계절에 따른 개성과 색깔을 만들어 왔다. 필자는 이를 전통세시마당의 순환구조라고 한다. 전통마당은 계절적 변화와 이에 적응하려는 사람들의 마음씨가 살아 있다.

　전통마당의 세시성을 하나씩 살피면 선인들의 지혜와 재치를 엿볼 수 있다. 전통마당의 세시원리는 옛것인 동시에 창조적인 일면의 끊임없이 생성된다. 새롭다는 뜻도 된다. 전통마당의 정담에는 생업, 음식, 놀이, 속신 등 맞물려 전승되고 있다. 이처럼 마당의 사계는 춘하추동, 24절기 순환의 고리가 있다.

　미풍양속의 마당 가치는 인간다움의 정 나누기를 만들어온 것이다. 상부상조의 나눔을 당연시한 것이다. 전통마당의 대표 표상은 철갈이의 이치에 따라 마당놀이, 마당굿, 마당판 나누기 등이 있다. 놀 때, 마당 없이 무엇을 사람답게 할 수 있었을까? 한국 전통마당의 정체성을 다른 나라의 그것과 차별화된 가치를 느끼게 될 것이다.[4]

　가난한 세월 속에서 한국인에게 어머니를 닮은 마당이다. 이웃 배려, 농사 도리깨질 희생, 찾아오는 쉼터의 융화, 고향 이미지의 향수 등이 그것이다. 마당을 떠올리면 게을리 하지 말고 부지런하라는 어머니 가르침이 연상된다. 철따라 나타나는 어머니 정성과 손길은 마당의 세시성과 별반 다르지 않다. 깊고 오래된 마당에는 한국 어머니가 늘상 앉아 있다.

　지역의 전통마을 마당의 특성과 연고를 찾아 세시문화산업화를 시도하여 지역이 향부론鄕富論으로 살아나야 한다. 마당의 계절감은 단비처럼 현대인의 또다른 향수를 자극할 수 있다. 철갈이의 맛도 미래의 문화산업이다. 전통세시 지식도 황금을 낳는다. 전통지식의 마당, 다시 읽어야 한다.

---

[4] 마당의 정서는 역동적이다. 건축구조에 따른 기질론도 여기서 기인하지 않을까.

3. 세상과의 소통 체험공간

마당은 추억의 공간이다. 꿈을 낳고 호기심을 느낀 자궁과 같은 곳이다. 마당에서 많은 경험을 한다. 한국인의 서정적 정감을 준 곳이다. 한창기(韓彰琪, 1936~1997)의 뿌리깊은나무 박물관처럼 이야기노천박물관인 셈이다. 가족 간의 웃음과 즐거움을 나눈 울타리 안이다.

마당은 일생 죽음 없이 사는 부동不動의 표상으로 위 아래를 나는 날짐승, 기어다니는 길짐승들에게 시공간을 가리지 않고 생生을 연명해주는 공간이자 시계時季에 관계없이 자유롭게 드나들 수 있는 축제의 장을 제공하기도 한다. 또한 마당은 해, 달, 별, 비, 바람, 눈을 맨 얼굴로 대하되 구김살없이 묵묵하게 제자리를 지키며 천지天地의 기운을 교감하게 하는 인간의 화신이다.[5]

---

5 정효구, 『마당이야기』, 작가정신, 2008, 93~158쪽.

돌담집, 살구나무 울타리 안
마당 멍석 위 할머니 무릎에서
할머니 이야기 속 소녀 땜에
엄청 울다가 오줌 쌌네.
쑥향 모깃불 위로 반딧불 날던 날
쏟아진 별, 별잔치가 꿈결 밥상이었네.
마당 안의 식구들 별 찾아 뿔뿔이
지금은 흩어져 또다른 별 달겠지만,
그래도 다시 그 집 마당에서 도란도란
오래도록 놓쳤던 기억을 꺼내들고 놀고 싶네.
그 땐 꼬쟁이로 마당에 환그리면
영락없이 그 소녀 보조개가 살아났네.
그 보조개가 마음 속의 별이라는 걸
대처에서 각인되자 별등을 달았네.
붉은 별등, 커진 그 날 이후 하늘에서
별들이 코러스로 늘상 나를 격려하네.
별 하나 나 하나 별 둘 나 둘……
유년의 별마당, 나의 미래 곳간이네.
내 몸에는 아직도 황토 냄새 나네.

-이창식의 시 <별이 쏟아진 마당>

 마당에서 굿이라도 열리던 날은 신비의 무대다. 대 잡고 신들을 데리고 놀던 올드보이의 무당들은 마당꾼이다. 주로 재수굿, 안택굿, 성주굿 등을 할 때는 신명이 넘쳤다. 그 사설, 그 춤, 그 소리 모두 한국인의 정감어린 마당문학이다.

가정신앙은 개인굿의 차원에서 주기적 반복행위로 표출된다. 주로 가신家神을 중심으로 지속된다. 행위의례를 통해 비손과 금기도 표출된다. 집안어른의 노숙함이 의례를 주도한다. 여성 중심으로 대물림한다. 가정신앙의 교육적 기능은 화합이다. 가정신을 위하는 신성행위에는 지극정성의 관습이 있다. 집 안 순차에 따라 의례 행위가 이루어진다. 족제비, 구렁이, 두꺼비 등과 같은 업신도 위했다. 조상신과 가신의 영역은 마당과 집 안이다. 이러한 신 좌정공간은 혈연적 끈이고 탯줄이다. 이 끈과 줄은 가족의 힘으로 작용하고 건강의 지표가 된다.[6]

전통혼례도 주로 마당에서 이루어졌다. 그래서 잔치마당은 흥성거렸다. 음식을 나누고 혼례의 이야기 꽃을 피웠다. 혼례는 중매나 선보기 등의 의혼을 거쳐 혼약婚約이 되면, 납채·연길涓吉(또는 택일(擇日))·납폐의 예를 행한다. 남자 집에서 여자 집으로 사주四柱를 보내면, 여자 집은 남자 집으로 택일을 보내고, 그 후에 남자 집은 여자 집에 함을 보낸다. 어떤 경우에는 신랑이 초행初行 길에 함을 가져가기도 한다.

전통사회에서 대례大禮는 대개 여자 집 마당에서 행한다. 그러나 형편이 여의치 않으면 여자 집에서 하지 못하고 남자 집 마당에서 한다. 대례를 위하여 신랑은 초행 길에 나선다. 여자 집에 도착을 하면 대문 앞에 피워 둔 짚불로서 액막이 의례를 하고 합혼례를 한다. 잔치마당은 가장 밝은 집안잔치인 셈이다.

마당에서 장례를 치르면, 양택에서 음택으로 가는 공간이다. 마당 밖, 대문 밖이 저승이라 했던가. 버리고 갈 것만 남아서 참 홀가분하다(박경리 시 〈산다는 것〉)는 듯 마당에서 한국인들은 모두 버렸다. 삶의 고미ㅡ인

---

6 이창식, 『충북의 민속문화』, 충북학연구소, 2002.

생의 쓴맛—조차 버렸던 것이다. 아련한 기억만 남기도 떠나는 공간, 마당의 만가다. 망자를 축제의 터전이다. 추모의 노래가 불려졌다.

4. 마당놀이의 건강성

마당의 만남은 다양하다. 이야기 마당에는 여러 사연이 빨래처럼 널린다. 웃음과 슬픔이 동시에 나타나기도 한다. 외부인으로 인한 사건과 사고도 있다. 윤흥길의 〈장마〉처럼 구렁이 업도 만나고, 장돌뱅이가 주인과 물건을 흥정하는 곳이다. 그만큼 마당의 기능은 삶 속의 서정적 맨땅이다. 색과 미, 정이 섞여 다져진 터전이다.

> 며칠 후 굴비장수가 다시 마을에 나타났다.
> 그날 저녁 밥상에 굴비 한 마리가 또 올랐다.
> —또 웬 굴비여?
> 계집이 굴비를 발려주며 말했다.
> —앞으로는 안 했어요.
> 사내는 계집을 끌어안고 목이 메었다.
> 개똥벌레들이 밤새도록
> 사랑의 등 깜박이며 날아다니고
> 베짱이들도 밤이슬 마시며 노래 불렀다.
> —오탁번의 시 <굴비> 일부

마당에서 흥정이 이루어진다. 음담도 놀이처럼 논다. 오탁번 시처럼 빈곤의 마당에서 역설적으로 원초적 사랑과 웃음이 마당에는 늘상 있었다. 보부상, 각설이, 탁발승, 소장수 등이 찾던 마당, 그 집의 손님 창구였다. 게다가 똥장군지게꾼, 옹이장이, 나무꾼, 거름애비, 북청물장수 등도 나타났다.

　마당의 신명, 인정, 정신, 상상력을 다시 봐야 한다. 이를 두루 통하는 행위전승이 놀이다. 마당은 한국 민속놀이의 대표 놀이터였다. 놀이를 통해 가족끼리, 찾아오는 이들과 어울리고 나누고, 서로 하나로 통한다.[7] 전통사회에서 각 지역마다 마당에서 놀았던 놀이는 다양하다. 다음과 같이 드러난다.

7　이창식, 『대기치기의 울림과 신명 파대놀이』, 민속원, 2011, 28~31쪽.

지방의 풍속과 생활 모습이 반영된 민간에 전하여 오는 여러 가지 놀이다. 민간에는 예부터 경기·오락·연희·곡예 따위 놀이가 많이 전해 오고 있다. 민속놀이는 놀이가 전승되고 있는 집단의 성격에 따라 전문인들의 놀이와 일반인들의 놀이, 놀이를 하는 시기에 따라 세시歲時놀이와 평상시의 놀이 등으로 분류된다. 민속놀이는 전국에서 행하는 국중國中놀이, 일부 지역에서만 행하는 향토놀이, 황해도와 강원도 북부를 경계로 하여 이남에서 행해지는 남부놀이, 이북에서 행하는 북부놀이로 나누기도 한다. 민속놀이의 내용은 거의가 풍작을 기원하는 것이다. 전문인들의 놀이에는 고성 오광대·양주 별산대놀이 등 광대, 사당패, 무당이 벌이는 탈놀이와 영감놀이·도리강관원놀이 등 굿놀이, 그리고 꼭두각시놀음·땅재주·줄타기·장대타기·죽방울받기 등 남사당놀이가 있고, 세시놀이에는 명절이나 특정한 시기에 하는 놀이로, 정초의 연날리기·윷놀이·널뛰기, 정월 첫 쥐날의 쥐불놀이, 대보름의 줄다리기·고싸움·차전놀이·다리밟기·놋다리밟기, 3월의 화전놀이, 4월 초파일의 연등놀이, 5월 단오의 격구·씨름·그네, 8월 추석의 소싸움·거북놀이·강강술래·길쌈놀이, 9월 태기치기가 있다.

—이창식의 놀이론

　대동놀이 중 두드러지는 것은 공동체 목적과 놀이가 병행되는 대규모의 민속행사가 많다. 마당밟기, 걸궁, 농악놀이 등 지신밟기 의례와 함께 열리고 있다.[8] 집단놀이는 전통마을의 축제성祝祭性을 부각시켰다. 대동놀이의 공동체 연희 경험은 일상의 규범에 벗어나 몰입함으로써 흥겨움과 신명을 느끼게 한 것이다. 전통마을민의 기질까지 작용하였

8　이창식, 「남한강 민속문화의 정체성과 가치창조」, 『온지논총』 26집, 온지학회, 2010, 16~19쪽.

다. 하나되는 체험은 마을 주체들의 동질감으로 묶어주는 구실을 하였다. 이같은 지연적 실제 체험의 확장은 일상의 품앗이로 나아가고 마을의 위기에는 자연적으로 뭉치는 구실도 하였다. 쇠머리대기, 차전놀이, 고싸움놀이, 줄다리기 등이 그것인데 흔히 말하는 대동단결의 잠재력이 돋보인다. 모두 마당놀이에서 마을 마당을 확대된 것이다.

놀이문화는 마을축제의 일환으로 일상의 공동체 생업관행과 대립관계에서 그 특장이 발휘된다. 싸움, 겨루기, 점치기, 놀음 등의 행위를 바탕으로 일상 규범에 벗어나고 휴식으로 삶의 활력소를 얻는다. 주체들의 놀이정신은 대단히 민주적이다. 대동놀이의 공동체 정신은 공정한 법칙 속에 어울려 즐기는 멋을 체득한다.

대부분 마당에서 논다. 마을 사람들은 이 오묘한 오감의 멋을 통해 사는 이치를 깨닫는다고 하였다. 얽혀있는 국면을 푸는 놀이의 재미, 여럿이서 하나로 빠지는 맛이 일상에도 통하기를 간절히 바란다고 말한다. 이같은 전통마을의 대동놀이 유전자는 한국인의 붉은악마 거리응원 등 긍정적으로 나타난다.

남한강 유역의 줄다리기는 지역마다 정월 대보름 전후로 행하였다. 집 마당에서 골목마당으로 나아가며 논다. 줄다리기의 궁극적 목적은 대동성大同性에 있으나 지역의 상황에 따라 그 기능은 다르게 나타난다. 남한강이 시작되는 영월지역의 칡줄다리기와 충주 목계 기줄다리기, 여주 쌍룡거줄다리기는 풍요다산을 기원하는 동시에 화재를 막는 등 터를 다진다는 의미가 강하다.[9] 줄을 강변에 두어 장마에 떠내려 가게 하는데 이는 기줄 자체 용신의 속신관념을 반영하고 있다고 하겠다.

영월의 칡줄다리기는 대개 마을별로 정월 대보름날에 많이 하였다. 줄다리기가 벌어지게 되면 먼저 줄을 만드는 일부터 하는데 줄은 한 마을이나 촌락의 집에서 모은 칡으로 새끼를 꼬아 만든다. 수십 가닥 꼬아 합사合絲한 큰 줄을 한 가닥씩으로 하는데 줄에는 손잡이 줄이 무수히 매달려 있어 줄잡이들은 이 손잡이 줄을 잡아당길수 있도록 되어 있다. 줄다리기에 쓰이는 줄은 암줄과 수줄로 되어 있다. 영월의 줄다리기의 경우 현재 단종문화제 행사의 일환으로 진행하고 있다.

남한강 충주 목계의 기줄다리기와 여주의 쌍룡거줄다리기는 행사를 전후해서 뱃길의 안녕과 뱃사람들의 무사고를 기원하는 제사가 두드러진다는 점과 풍요를 상징하는 용의 모의결합행위가 강조된다는 점, 줄다리기가 끝난 후 송액의 의미로 줄이 강에 떠내려 보내진다는 점 등의 공통점[10]을 지닌다. 또 음양의 겨루기를 통해 음의 생명력을 부각시키는 주술적 제의성을 강조하고 있다.

충주 목계 마을에서는 줄다리기를 기줄다리기 또는 용줄다리기라고 한다. 줄다리기는 음력 정월 대보름부터 시작되어 2월 보름께 끝난다.

---

9 한국향토사연구전국협의회, 『한강유역사연구』, 1999, 424~425쪽.
10 이정재 외, 『남한강 수운의 전통』, 한국학술정보(주), 2007, 147쪽.

줄을 다리는 까닭은 줄다리기를 안 하면 동네가 망한다고 해서 줄을 다렸다고도 하고 또 줄을 다리지 않으면 범이 내려와 사람을 해치기 때문에 줄을 다렸다고도 한다. 인근일대의 마을 사람들은 집집 마당에서 줄을 가지고 동참하였다고 한다.

먼저 정월 보름에 아이들이 골목 마당에서 20~30명씩 양쪽에서 동편(동계)·서편(서계)으로 나뉘어 줄을 다린다. 그런 다음 좀더 큰 청년들이 줄다리기를 해서 점차 큰 줄이 되고 나중에는 전체 어른들이 동·서로 나뉘어 밤에 줄다리기를 하게 된다. 동편이 지면 석전(石戰)이 나서 머리가 터지고 부상을 입곤 한다. 줄다리기는 남녀노소가 다 한다. 하지만 최근엔 줄다리기를 축제가 아닌 마당놀이의 일환으로 하는 마을이 거의 사라졌다. 청풍문화재단지나 문의문화재단지로 옮겨온 옛가옥 마당에 가면, 널뛰기, 마당줄다리기, 멍석윷놀이 등을 체험할 수 있다.

다른 예로 중부권 거북놀이는 추석 무렵 마당과 마당을 옮겨 다니며 성행한 놀이다. 남한강 이천, 안성, 음성 등 대부분의 마을 마당에서 거북놀이를 했다는 증언을 수시로 들을 수 있었다. 주로 설이나 추석에 아이들이 수숫대, 짚, 대나무 등으로 거북 모양을 만들어 뒤집어쓰고 각 집을 돌아다니며 떡 등을 얻는 등, 걸립乞粒과 비슷하게 노는 놀이다. 거북이 앞에는 거북몰이가 거북이 목에 줄을 매어 몰고 다닌다. 거북이 뒤에는 풍물패가 따르고 그 뒤로 어릿광대 등 여러 사람이 따른다.

　거북이를 뒤집어쓴 아이를 내세워 동네를 한 바퀴 돌면서 축원을 한 다음 비교적 부유한 집으로 향한다. 대문 앞에 이르면 "천석 거북이 들어갑니다. 만석 거북이 들어갑니다. 문을 열면 만복이 들어오고 땅을 쓸면 황금이 쏟아져 나오니 이 댁의 문을 활짝 열어 주소서"라고 덕담을 늘어놓는다. 주인이 문을 열면 마당에 들어가 한바탕 논다. 거북놀이는 축원과 해학이 담긴 덕담을 한다. 이때 노래 잘 부르는 이가 노래를 한다. 2010년 2월 28일 안성시 양성면 덕봉리 마을회관에서 만난 오지환(남, 1931년생)이 기억의 저편을 되살려 불러 주었다.

　　　거북아 거북아 놀아라
　　　만석 거북아 놀아라
　　　천석 거북아 놀아라
　　　이 집에 사는 사람
　　　무병장수 하사이다
　　　이 마을에 사는 사람
　　　무병장수 하사이다
　　　　　　　　　　－덕봉리, <거북놀이 하는 소리>

　이와 같은 노래를 부르며 한바탕 노는 중에 거북이가 땅바닥에 엎드려 움직이지 않는다. 그러면 거북몰이가 "이 거북이가 동해 바다를 건너

여기까지 오느라고 힘이 지쳐 누웠으니 먹을 것 좀 주시오"라고 외친다. 주인은 떡과 과일 등을 내온다. 그러면 거북몰이는 "먹이가 나왔으니 인사나 하자"라고 소리를 지른다. 거북이가 넙죽 절하고 한바탕 논다. 참가한 일행 모두 음식을 먹으며 한바탕 노는 것으로 끝난다.

오늘날 거북놀이를 온전하게 행하는 마을은 별로 없다. 마을마다 했던 흔적은 있으나, 놀이꾼과 함께 대동놀이가 사라졌다. 이처럼 원조 마당놀이가 세월에 묻혀 버린 것이다. 두레패 거북놀이, 걸립형 거북놀이, 마을굿 거북놀이를 살려낼 필요가 있겠다. 두레 싸움의 연장선에서 거북놀이의 풍물성을 새롭게 봐야 할 것이다. 도시 속의 창작 마당놀이도 과거 마당과 지신을 밟는 정신을 살려내야 한다. 연출가 손진택의 마당놀이는 이러한 전통성을 살린 측면이 있다.

놀이의 판과 마당은 둘이 아니고 하나다. 마당이란 말은 맛, 맏, 문과 관련되는 말로 맏-포, 맏-뭍으로 육지와 관련되고 문은 무덤으로 지地, 토土, 전田 곧, 땅의 의미로 사용되고 당은 장場 즉 장소場所의 뜻을 포함하고 있다. 그러므로 마당은 땅에 있는 장소, 즉 외부공간의 의미를 갖고 있으면서 장소적 개념뿐만 아니라 활동과 생활을 담는 기능의 의미를 내포하고 있다.

전통공간에서 건물의 영역 외 마당은 동네마당, 우물마당, 작업장, 나무그늘, 공공마당으로 나누어 볼 수 있다. 또 농촌사회에서는 주로 마을마당이 모임, 공연의 장소가 되어왔다. 마당은 장터와 같이 사람의 왕래가 빈번한 곳이나 마을마다 가지고 있는 고유한 장소를 일컫는다. 일반적으로 이러한 장은 주민의 경제기반인 동시에 오락기반도 되며 따라서 주민의 생활은 공공마당으로 집중되는 양상을 보인다.

마을마당은 동네의 공동작업장으로써 뿐만 아니라, 마당놀이를 행하였던 놀이마당의 기능도 수행한다. 일마당이 놀이마당으로 전환되는 경우 놀이는 집단적인 신명과 현실적인 상황, 나아가서는 독립적인 표출방식을 기반으로 하여 성립되며, 또한 놀이의 성격에 의해 마당의 공간적인 활용이 달라지게 된다. 놀이마당은 타작의 태기치기, 새쫓기의 태기치기와 같이 어떠한 행위가 수반되는 장소적 개념을 포함하고 있다.

마당의 역동적 기능은 한국인의 신명 원리와 닮아있다. 공간개념으로 우리의 전통적 관념은 마당이라거나 대청과 같은 거주공간에만 국한된 것이 아니라 마을 어귀라거나 장터, 광장, 심지어 산과 들판까지 포함한다.[11] 마을마당은 한 가구단위나 가족단위의 전용공간으로서의 주택 마당과는 달리 마을 전체 주민이 활용하고 한 장소에서 다양한 활동을 행하면서 다양한 기능으로 활용된다.[12] 마당은 집안잔치, 동네를 벌이던 현장이다.

---

11 장태현, 「도시광장의 공간구성에 관한 연구」, 홍익대 대학원 석사논문, 1996, 58쪽.
12 박지연, 「한국 전통마을의 길과 마당에 나타난 공공성에 관한 연구」, 성신여대 대학원 석사논문, 31~32쪽.

마당에서 더 이상 잔치판을 벌이지 않기에 여유가 없다. 마당의 역동성에서 삶의 활력을 얻으려는 사람들이 모인다. 그 향수가 도시 속의 놀이마당-서울놀이마당-이다. 엄밀히 말하면, 전통마을의 마당은 이제 없다. 거리의 시위가 마당의 전통을 이용하고 있다. 신명이 나고 살맛이 나는 법을 마당놀이론에서 배워야 한다. 마당축제야말로 동류의식 속에 웃음과 건강한 신명을 고조시킨 행사였다. 놀이는 일상의 상극 속에서 일상의 에너지를 제공한 상생 행위다. 마당은 이 둘을 태극형으로 순환시키는 구실을 하였다.

마당축제의
생명력

1. 마당축제의 근원과 미래

마당은 한국인의 놀이 무대다. 마당축제를 통해 한국인의 신명과 흥취를 축적하였다. 마당에서 삶과 죽음을 온몸을 느꼈다. 마당에서 죽음의 대돋음을 하면서 몸은 결국 음택의 뒷마당으로 가지만, 정신적으로 양택의 앞마당에서 태어남으로써 삶의 기운생동을 연출하는 것이다. 이 얼마나 역설인가. 마당에서 보리타작하면서 부르는 경상도 〈보리타작소리〉를 들어보라. 충북 〈말멕이소리〉를 따라 해보라. 마당놀이가 어디에서 근원하는지 알 수 있다.

마당축제가 농경문화에서 한국 축제의 근원적 시작이다. 최근 많은 축제는 경쟁력 있는 문화산업 분야로 평가받으면서 새롭게 구성되고 있다. 축제도 이제는 문화콘텐츠와 연결되어야 매력이 있다. 문화콘텐츠를 모태로 하는 문화산업은 굴뚝 없는 공장이라고 해서 콘텐츠로서 고부가 가치를 지속적으로 확인받고 있다. 한류를 강조하면서 간과한 축제가 마당축제가 아닌가 한다.

한국인, 누구나 마당에서 놀지 않았는가. 전통연희가 대체로 마당이 전승공간이 아닌가. 그렇다. 마당을 떠난 놀이가 거의 없다. 이제 마당의 본질을 살린 축제콘텐츠가 요구된다. 지역축제 관련 문화콘텐츠에 대한 연구가 활발히 진행되고, 관련 연구소와 관련 기획사 설립 등이 다양하고 다채롭게 전개되고 있다. 유비쿼터스-감성시대인 만큼 축제콘텐츠의 중요성은 더욱
높아질 것이다. 마당축제 기획은 새로운 생태마을, 한옥마을을 통해 가족, 동호인 중심의 판을 다양한 매체로 전개할 수 있다.

축제콘텐츠의 마당전승 관련 신화적 원형이 필요하다. 특히 근원적인 마당의 신화적 상상력이 매우 중요한 시기다. 정보화 시대에 체험형 관광축제의 생산자와 소비자 간의 쌍방향 커뮤니케이션이 강화되고 있다. 최근 마을 만들기 사업에서 축제체험 프로그램이 새롭게 기획되는데 마당축제를 되살리면 경쟁력이 있다. 그만큼 마당축제에는 마당의 전통적 가치와 한국인 특유의 신명마당 DNA가 살아숨쉰다.

농경사회에서 마당 소통이 새 매체 속에서 전개된다. 인터넷이나 모바일을 통해 언제 어디서든 쉽게 정보를 취득하고 공유할 수 있으며, 기존의 방식에서 탈피해서 개인이 새롭게 재창조하는 형태인 UCC방식 등으로 커뮤니케이션을 창출하고 있다. 마당축제 발상의 방송도 흡인력이 있다. 인터넷 속의 마당축제 홍보도 매력적이다. 아침마당, 마당놀이 등이 그 가능성을 선보였다.

문화감성시대에 마당 무형 유형의 문화, 문학적 유산인 작품을 대중매체를 이용해서 상품화, 산업화함으로써 마당공연 상품이 가능하다. 생태 투어리즘을 강조하는 흐름에서 관광객을 포함한 문화소비자들에게 마당이미지 축제콘텐츠는 매우 중요하다. 마당축제콘텐츠는 문화층위와 디지털 기술, 그리고 기획력 접합을 통해 바람직한 마당축제를 만들어 갈 수 있다.

· 마당굿, 마당놀이 분야 : 마당콘텐츠 놀이소재 개발을 위한 가족사, 설화(신화·전설·민담), 야담 등의 문화유형 비교, 분석, 해설을 재구성하여 마당축제의 정체성에 맞는 기획안과 스토리텔링 마케팅 세우기.

· 전통마당 체험프로그램 분야 : 감칠感ㄴ맛 나는 마당축제를 목적으로 먹을거리, 잘거리, 빠질거리, 미칠거리, 살거리, 얻을거리, 공부거리 등의 항목을 통해 독특한 한옥문화상품 가꾸기.

· 마당소극, 스토리텔러 소재 개발 분야 : 축제콘텐츠 재미 소재 개발을 목적으로 옛 이야기, 신파극, 흉내내기, 민속놀이 등의 문화원형을 활용하여 가족단위의 재구성한 마당축제 레파토리 만들기.

마당축제는 스토리텔링을 통해 축제 항목을 새롭게 개발할 수 있다.

스토리텔링은 축제콘텐츠를 만드는 창작 기법의 하나이다. 기술과 스토리를 적절히 조합하는 능력을 스토리텔링이라고 할 수 있다. 사실상 스토리텔링 곧 이야기 창작방식은 현대인과는 아주 친숙한 관계이다. 현대인은 이야기가 있는 음식, 주택, 의복, 기호식품을 선호하고 각종의 디지털 서사에 길들여졌다.

이렇듯이 마당축제를 통해 언제든 어디서든지 쉽게 이야기와 만나고 걸죽한 이야기를 찾을 수 있게 되었다. 스토리텔링은 모든 장르를 넘어서서 적용되는 기본적인 틀이다. 마당연희 자체가 마당축제다. 연희는 놀이꾼이고 스토리텔러다. 마당축제는 의례와 놀이가 하나다. 다시래기, 박첨지놀이, 상여놀이를 보라. 신놀이와 좃놀이가 뭉쳐 있다. 아픔과 웃음이 뭉쳐 있다. 오묘한 신명과 예법의 금기가 있다.

마당축제의 중심에는 어머니 본향성이 있다. 어머니 관련 신화성은 마당축제의 스토리텔링을 새롭게 상기시킬 수 있다. 마당축제콘텐츠는 가족 향수감의 스토리텔링을 통해 축제의 현재적 감동성을 강화할 수 있다. 마당축제의 본질에는 출산의 미래성이 도사려 있다. 어머니 자궁에 대한 신화적 상상력이 출렁거린다. 필자는 장례잔치에서 말멕이의 웃음을 체험하면서 너무나 깊은 울력을 보았다.

2. 마당축제의 모성애와 신화적 상상력

마당에서 놀았던 정서는 축제지향의 성향을 보여준다. 마을사람들의 기억 속에서 오래동안 전승되고 있었던 가족공동체의 본질성을 지니고 있다. 마당축제의 기능 중 가장 두드러진 특징 중 하나가 뿌리의식의 통합적 기능이다. 마당축제는 가정신앙에서 출발하여 가족공동체 유대강화로 확대되고 있다. 마당의 의례적 기능은 엄숙성과 아울러 화합성을 한국인에게 선사하였다.

마당에는 다양한 신이 있다. 한국 여성들이 마당이나 집 안에 모시던 신은 가족의 역사와 삶터를 지켜주고 나와 이웃을 지켜주며 마을 사람들의 불안과 공포를 해소시킨다. 신들을 위한 오신적 기능은 마당을 신성구역으로 만드는 구실을 한다. 결국 소망과 기대를 획득해주는 정신적 신뢰의 구심적 구실을 한다. 심지어 서원과 향교의 마당도 제향의 중심 기능을 하였다. 김인후(1510~1560)를 모신 장성군 필암서원 마당을 보라.

마당은 성속聖俗의 양면성을 지닌다. 가족공동체 성원 모두의 무사태평이며 풍요롭고 건강한 삶에 대한 소망으로 모아진다. 의례와 절차를 통한 기원은 음복의 나눔으로 연장되며 놀이와 축제의 즐거움으로 확대되어 나타난다. 나눔의 동기감응을 누리며, 어머니 손길과 같은 정서가 행위로 표출된다. 이것은 마당축제의 한 특성으로 어머니 의례의 계기이자 결과라고 할 수 있을 것이다.

마당축제가 가지는 또 다른 기능은 민속신앙적 기능이다. 일반적인 제사가 인간이 일상에서 겪는 무력감이나 공포감을 해소시키고 가정의 편안함을 기원하기 위해, 그리고 풍농을 기원하고 각종 질병과 재앙으로부터 마을을 보호하기 위해 행하는 민속신앙적인 주술행위인 것처럼 마당축제 역시 이러한 기능을 부분적으로 지니고 있다. 의례 관련 신화성과 축귀성이 내포한다.

민속사회적 기능에서 보면 어머니 중심의 마당축제는 가족의 결속을 촉진시키고 우애를 지속시키는 힘이 되는 것이다. 가족 간의 금기와 근신을 같이하는 것도 혈연적인 연대의식을 다지게 한다. 이러한 공동의 준비와 진행은 마당축제를 집단 전체의 공유적인 것으로 만들어 가는 데 그 목적이 있다. 의례의 비일상성은 일상의 목적의식에 연결되어 삶의 활력소를 불어넣는 것이다.

가신과 관련된 이야기가 표면적으로 모두 이질적 공간간의 소통만을 지시하는 것은 아니다. 집 안의 역사를 지시하면서 이질적 시간간의 소통 또한 지시한다. 시원적 시간에 대한 이야기 또한 본원적으로 마당 공간에 대한 근원적 뿌리를 찾아가는 것을 지시함으로써 시간의 통시적 이해는 바로 공간의 문제로 환원되는 것을 확인할 수 있다.

집이라는 인공물에 가족성이 부가되어 특질상 의미부여된 존재이다. 그럼으로 의미가 부여된 존재로서 마당은 애매성을 띠게 되고, 이 애매성은 이질적 공간과 시간의 소통을 가능하게 하는 매개적 장치로 활용되었다. 이러한 복합적 특질을 함유한 마당은 가족집단이 사는 집터 공간과 주변 지역인 마을 공간과의 관계를 설정하는 기능을 담당하게 된다. 마당과 관련된 많은 이야기들이 내부 구성원과 외부 손들의 소통적 의미관계를 지시하고 있다.

개인신앙의 형태는 가정신앙에만 머무르지 않고 다양한 모습으로 구체화된다. 과거 마을에 사는 사제자-경객, 점쟁이, 무당 등-가 무속신앙과 별개로 개인적 차원에서 가신을 대상으로 안택굿을 지냈다.[1] 집 안에 홍역이나 장티푸스 등 병이 든 사람이 생겼거나 우환이 겹친 경우 다른 사람 몰래 개인적으로 대문에 금줄을 치거나 손비빔을 하는 경우도 있다.[2] 또한 마당신은 과거부터 자신의 집터에 있었다는 이유로 명절이 되면 가족의 안녕을 목적으로 간단하게 음식을 차려서 제를 지낸 경우도 있다.[3]

이처럼 경건한 신성의 공간이면서 명절이나 잔치에는 마음껏 흥청거리는 공간이다. 마당에는 한국인의 어머니가 그 중심에 자리한다. 모성을 느끼고 고향의 뜨락하면 마당이다. 돌아가야 할 영토다. 성장의례, 통과의례가 이루어진 곳이다.

마당 손님 접대는 아름답다. 마당에서 혼례나 회갑, 초상 잔치에 가

---

[1] 제천시 수산면 오티마을 사례.
[2] 증평군 도안면 송정마을 사례(전경례, 79세, 여, 2012년 1월 12일).
[3] 경주시 양북면 봉길마을 사례.

족이나 손님이 찾아오면 누구나 균등하게 한 상씩 차려서 대접한다.[4] 한 상을 받아 나누는 공간 자체가 어머니 정성의 표상이다. 잔치판의 축제성은 열린 마당잔치다. 마당잔치처럼 마당축제판은 어머니 이미지로 고향성을 드러낸다. 가신을 대접하듯이 마당에서 어머니 마음으로 평등하게 시혜한다. 마당 나눔의 원리다.

아들아, 너답게 사는 이치를 말하고 싶다.
법문에 걸리지 않는 바람처럼 술술 살아라.
성난 이리떼를 만나도 뿔난 도둑떼를 보아도
오히려 어루만지며 걸림이 없이 그렇게 살아보거라.
아들아, 이 어미를 점차 잊되 내 약손을 느끼라고 주문하고 싶다.
우스개 삼아 들려준 약손 부처님 이야기,
너가 너무 눈물겨움에 군데군데 마음이 데인다고 했지.
그 때 나는 너가 네 아들이라는 게 얼마나 좋았던지,
정신의 끈이 끊어졌다가 이처럼 맑은 날처럼 들어올 때에는
너와 함께한 날들이 꿈인 듯 생시인 듯 보인다.
아들아, 내가 불러준 대천바다와 진주남강 소리 들리지.
내 죽거든 횡성 소리꾼들 불러 회심곡 길게 뽑아다오.
소리는 경계가 없는 법이여, 그래서 법음法音이여.
나도 다시 태어나면 부처님 나라 부처님 곁에서
한산모시 곱게 차려 입고 차 다리며 찬불가 한 곡 뽑고 싶구나.
아들아, 너의 숨결 안에 또 다른 너의 분신마다
내가 사랑으로 녹아 그렇게 살 것이니 슬퍼하지 마라.

---

4 임재해, 「마을의 잔치문화에 갈무리된 축제성과 인간해방의 길」, 『남도민속연구』 21, 2010, 213~214쪽.

> 훗날 누가 나를 묻거든 한 세상 기쁨 넘치도록 살다가
> 버려둘 것만 두고 아주 편하게 세상을 거두었다고 일러라.
> 그러나, 아들아, 막상 유언같은 내 장례식의 시를 쓰는 이 순간에도
> 여전히 너가 배 안에 있을 때나 갓난 아기 때처럼 눈에 밟히는구나.
> 어쩌랴, 이제 아주 가볍게 떠난다고 믿는 나, 절해다오.
> 　　　　－이창식, <어머니가 아들에게 주는 마지막 시>[5]

　마당축제의 현대적 관건은 어머니 이미지 원형을 가져오되, 그 가치를 오늘 지금 여기의 감성으로 담아낼 때 성공한다. 마당축제는 공연문화 자원으로서의 지역문화 발굴과 개발이 우선되어야 한다.[6] 자연마을들이 더 이상 사라지기 전에 마당문화를 발굴하여 풍부한 문화자원을 확보하고 이것을 토대로 다양한 지역문화산업이 이루어져야 지역축제의 경쟁력과 감동을 확보할 수 있다. 총기 있는 이야기꾼으로서 어머니가 박물관 한 채처럼 거기 있도록해야 한다. 어머니 같은 푸근한 마당신화를 살려내야 한다.

　진도 다시래기는 마당축제의 대명사다. 지역에 따라 대돋음, 손모듬, 생여댓돗리처럼 죽음의 축제다. 어머니가 주검 넘어서 아이를 낳는 역설, 이게 한국적 축제의 원형이다. 마당에서 죽음을 맞이하고 다시 새로운 생명을 만든다. 마당은 죽음을 거듭 출산하는 어머니 자궁이다. 심지어 마당에서 외설스런 성의 소재를 떠올린다. 성의 생명력으로 죽음을 데리고 논다. 마당의 어머니는 한 식구를 보내면, 다시 새 식구를 잉태한다. 이게 마당축제의 힘이다.

---

5 이창식, 『어머니아리랑』, 글누림, 2011, 78~79쪽.
6 이창식, 『충북의 민속문화』, 충북연구소, 2003.

마당의 축제적 미학은 죽음과 살아있음을 통합하여 음양으로 하나 되는 데 있다. 다시래기가 현대판 마당놀이에 재미의 DNA를 주었다. 〈마당을 나온 암탉〉 마당 뮤지컬도 다시래기의 마당론이 적용된 것이다. 김성녀가 1981년부터 해온 마당놀이도 음양의 태극적 역동성과 흥미성 때문에 오래 사랑받았다. 〈놀부전〉, 〈이춘풍전〉 등에는 성속聖俗의 교차미학이 펄펄 살아있다. 한류 K-마당놀이를 수출해야 한다. 마당축제는 농악-사물놀이, 걸궁과 걸립굿-난타, 땅재주-비보이, 솟대타기-점프 등으로 변신했던 원천인 셈이다. 마당축제, 그 깊은 맛과 멋을 다시 생각해야 한다.

3. 마당축제판의 다양한 성격

공연문화적 측면에서 마당축제는 전통놀이의 본향성과 음주가무의 향토성이 유지되고 있다는 데서 가치가 비롯된다. 특히 신명과 해소, 가족애라는 친근한 환경에서 전승되고 있는 적층성과 생명력이다. 이는 마당전승의 매력이기도 하다. 마당축제에 대한 순수한 의미의 학문적 연구와 더불어 학문적 객관성을 유지하면서도 한류의 세계화를 위한 키워드로서 활용 및 문화콘텐츠 개발과 연계할 수 있는 방향의 자료 집적이 필요하다. 마당축제의 재발견은 한국문화의 앞마당에 대한 깊이와 그 층위를 가늠하는 길임에는 틀림없다.

잔치는 마당축제의 절정이었다. 실제로 신랑 일행이 신부 동네에 도착하면 신붓집에서는 이들을 안내할 사람인 '대반'을 내보낸다. 신부 마을에 도착한 신랑은 곧장 신부 집으로 들어가지 않는다. 신부 집에서 마련한 '사처私處'에 잠시 머무른다. 신부네 집이 크고 방이 많으면 그곳에 사처처럼 쓸 방을 마련하기도 한다. 신랑은 신부 집에서 차려 준 음식으로 요기를 하고, 대례 시간에 맞추어 사모관대紗帽冠帶로 성장盛粧한다. 대례 준비를 다 마쳤다고 기별이 오면, 신랑은 가마를 타고 신부집으로 향한다.

신랑 일행이 신부 집에 도착하면 알자謁者가 나와 안내한다. 신랑 일행은 신부 집 대문 앞에 지펴 놓은 짚불을 발로 차거나 가마를 불 위로 지나가게 한다. 대문 앞에 놓은 바가지를 큰 소리가 나도록 힘차게 밟아서 깨 버리거나 신랑의 가마가 도착하면 신부 마을 사람들이 삼태기에 재를 가득 담아서 신랑에게 던진다. 신랑은 온통 재가 묻는데, 이렇게 해야 살殺이 풀린다고 한다. 초례청에 들어갈 때는 재를 대충 털어낸다. 마을 사람들은 신랑이 입장하는 멍석 아래에 콩과 수숫대 등을 깔아두기도 한다. 신랑이 순간적으로 몸을 가누지 못하고 미끄러지거나 넘어지도록 하려는 것이다. 이때에 신랑은 임기응변의 기지機智를 발휘하여 실수하지 않도록 조심을 해야 한다. 신랑이 들어 올 때에 주당이 닿는 사람의 띠를 일러주어 미리 피하게 한다.

신부집 마당에 예식을 위한 상을 마련한다. 마당 중앙에 멍석을 깔고, 그 위에 자리를 얹는다. 자리 위에는 다리가 긴 상을 놓는다. 마을에서 만들어 놓고 사용하므로 그것을 가져다 놓는다. 상의 위에는 차일遮日을 친다. 하늘에 나는 나쁜 것들이 초례상에 비추지 못하도록 하기 위해 친다. 이렇게 마련된 곳을 대례청이라 한다. 초례상 위에는 암탉과 수탉을 산 채로 잡아 올리고, 용떡도 두 개를 만들어 올린다. 용떡은 흰떡을 둥글게 말아 용처럼 장식해서 밥그릇에 담아 둔 것이다. 그 외에도 밤, 대추, 곶감, 쌀 등을 올린다. 청수를 큰 양푼에 가득 담아 둔다. 호리병에는 부부의 금슬이 변치 않기를 바라는 뜻에서 대나무와 소나무를 꽂아 둔다. 닭은 대례를 마친 후에 공중으로 날리는데, 이때 닭이 날갯짓을 하며 잘 날아야 부부의 앞날이 밝다고 한다. 결국 마당통과의례인데 마당이 지인들과 마을 사람들로 붐비는 축제장이 된다.

　이와 유사한 열린 마당축제는 화갑, 칠순, 미수 축하연이다. 송축의 열린 기능을 보여준다. 또 이와는 성격을 달리 하는 장례 역시 앞에서 언급한 것처럼 마당통과의례인 것인데 추모의 닫힌 기능을 하고 있다. 마당의 의례적 기능은 통합-분리, 단절-재생의 상징적 공간으로 한국의 집 구조에서 가장 생산적인 활인장活人場이다. 마당의 이러한 성격은 한국인에게 안정감과 세대감을 동시에 경험하게 한 듯하다.

　재담 위주의 마당축제는 마을 이야기꾼이 특정 집 마당에서 구연하면서 만들어지는 이야기판이다. 근대 매체가 없던 시절에는 마당이 이들의 공연장이었다. 소리, 고사풀이 위주의 마당축제는 명절, 특정 기념일에 마을 농악을 앞세우고 집집 마당에서 벌이던 대동놀이였다. 간혹 전문 놀이패가 와서 주도하기도 하였다. 집안 치성, 지신밟기, 덕담고사풀이 등을 통해 마당 주인과 식구들의 만사형통, 운수대통을 빌어준다. 이러한 성격의 이면에는 마당의 지연적地緣的 연대감이 존재한다.

소극, 촌극 위주의 마당축제는 임시가설극장, 또는 학예회장을 연상하게 한다. 남을 잘 웃기고 데리고 노는 소양이 있는 동네 놀이꾼들이 역할 분담하여 신파극-앞으로 이 방면에 대한 마을극 조사 필요-을 하였다. 고정된 대본 없이 임기방편으로 웃음놀이, 단막극을 구성하여 보여준다. 간혹 그림자극, 노래극, 재담춤 등도 한다.『춘향전』,『심청전』등을 소극으로 만들어 즐겼다.이는 마당축제의 공연문화적 기능이다. 그 이면에는 음주가무하던 전통에다가 근대이행기 이후 도시근대연극 영향 탓으로 유희본능의 표현욕구가 크게 작용한 경우다. 2012년 기준으로 70세 이상 시골 향유층에는 여전히 근대 마당마을극 향수가 희미한 기억으로 남아있다.

마당의 인문학적 읽기와 가치창조

1. 마당이야기의 힘, 인문학적 상상력

마당과 같은 전통유산의 감성창조가 새로운 트렌드다. 황선미의 〈마당을 나온 암탉〉처럼 감성의 공간성을 이야기로 남아있는 마당이다.[1] 감

---

[1] 황선미, 『마당을 나온 암탉』, 사계절, 2011, 52~70쪽.

성 중심의 문화콘텐츠산업에 대한 관심이 커졌다. 이러한 흐름은 유무형 문화유산을 재미있고 진정성 있는 이야기 만들기 곧 스토리텔링으로 살아나고 있다. 스토리텔링의 중요성은 문화예술 분야에만 국한하지 않는다. 문화감성시대에 수요자 마음을 움직이고자 지역의 문화관광을 포함하여 다양한 산업 항목에서 스토리텔링마케이팅이 강조되고 있다.

마당을 읽으면 한류의 근원이 보인다. 한류의 드라마나 뮤지컬, K-팝, 한국어 붐이 세계에서 인정받는 것은 한국 고유의 인문학적 상상력과 감성적 스토리텔링이 크게 작용하고 있다. 일시적인 주목이 아니라 한국인의 탄탄한 전통적 저변에서 비롯된 결과다. 동이족의 음주가무하는 기질과 활 잘 쏘고 놋저가락으로 콩 짚는 솜씨, 여건의 한계를 적절히 녹여내는 신바람 등 오랜 세월 한국인 특유에서 축적된 유산이 그 바탕이다.

더욱 손에 잡히지 않을 듯한 유산의 원형에 대한 심도있는 진단과 연구를 바탕으로 활용의 묘책을 제시해야 한다. 원효, 일연, 세종, 허균, 정약용 등 걸었던 것처럼 혁신적 비책이 절실하다. 앞으로 지속적인 발전의 처방이 필요하다. 무슨 마당이 그러하듯이 한국인의 마당에는 다양한 목소리와 몸짓이 살아숨쉰다. 한국의 유수한 문사철유산, 독특한 의식주 전통문화, 인간다움의 설화와 우화 등에 대한 소스자원을 삶 속에 적절히 녹여내는 문화지식이 한 몫을 한다.

마당은 구체적이면서 때론 추상적 철학의 국면이 있다. 창조 한마당처럼 한글의 독창성, 강릉단오제의 신화성, 제주본풀이의 의례성, 택견의 유연성 등에는 한국인의 지식과 지혜, 감성이 흐른다. 슬픔을 웃음으로 날리고, 울력으로 신명을 내고, 별을 노래하며 행복한 이야기 결말을 짓는 오묘함이 있다. 각종 전통문화에 덧입혀 고전의 해학과 문학적인 가치뿐만 아니라 한국문화의 우수성까지 알려 한류에 대한 접근성이 높아질 것으로 기대하고 있다.

문화 수출 경쟁에 힘입어 이야기자원이 돈이 되고 있다. 고유 문화유산의 가공과 재창작 사업은 새로운 대세다. 이러한 스토리텔링 사업은 여러 문화현장에서 큰 공감을 형성하고 있다. 세계인이 감동한 만큼 지갑을 열고 있다. 한국의 이야기장독대를 기웃거리고 있다. 이야기창고가 학제간의 통섭으로 마법의 돌처럼 호기심과 환상성을 유인하고 있다. 하나의 소스콘텐츠로 여러 유형의 상품을 개발해(OSMU) 지속가능한 고부가 가치를 창출하고 있다. 이게 문화강국으로 가는 길이다.

이야기의 힘은 세상을 바꾼다. 묵은 이야기가 발효되어 맛깔스런 명품으로 나타나 마음을 홀린다. 그 이야기에는 우리의 얼굴과 깊은 마음 구석이 도깨비처럼 변신을 꿈꾼다. 계절감의 한식과 감성적 영상산업의 세계화, 판소리와 아리랑의 세계화를 목적으로 한 사업에서 활용된 인문학적 상상력과 스토리텔링 기법은 한국 문화유산의 역사와 가치를 알리는 데에 새로운 길을 제시하고 있다. 결국 역사적 통찰력 바탕 위에 인간의 본질과 지순한 속성에 대한 인문학적 소양이 받쳐줘야 한다. 한국문화의 진국에 대한 깊은 성찰 없이 세계적인 한류 진면목도 기대할 수 없다. 그 사례로 마당놀이를 읽어본다.

2. 마당놀이, 마당공연의 역동성

마당놀이의 원천은 비석치기, 죽마타기, 지게놀이, 땅따먹기, 마당밟기 등이다. 전문놀이꾼을 끌어들여 논 것은 동네마당이다. 그 대표적인

것이 남사당놀이다. 5일장 시장 문화권역에서 남사당 관련 연희유산은 마당놀이의 대표성을 띤다. 장터마당의 공연에 대해 안성 사람들 기억에 남아 있다. 바우덕이축제는 예인 정체성을 확보하면서 공연 항목에서 축제적 재미를 보인다. 그 미래는 오래된 사람들의 삶과 민속문화에 살아숨쉰다. 전통마당에서 놀았던 남사당 바우덕이 희미한 옛 그림자의 흑백사진을 읽는다.

안성청룡 바우덕이 속옷만 들어도 돈 나온다
안성청룡 바우덕이 치마만 들어도 돈 나온다
얼씨구 절씨구 지화자 좋다
아니 노지는 못하리라

-<바우덕이소리>[2]

여러 이미지를 떠올리는 타령이다. 짧은 각편인데 안성 장터 마당의 신명의 놀이꾼과 이들과 어울린 구경꾼들이 떠오른다. 안성시 서운면 청룡리에서 만난 제보자 송효순은 긍정적이며 활동적인 사람이었다. 자신이 어릴 적에 본 남사당의 기억을 가지고 있었다. 특히 남사당 놀 때 재담이 있던 줄타기, 긴줄상모(열두발상모)를 하였던 기억이 생생하다고 하였다. 구전 속에 여전히 남사당놀이꾼들은 살아 있다.

축제 인물은 팩션faction의 시각으로 읽어야 한다고 본다. 남사당패의 원형 회복과 바우덕이라는 실존인물의 부각이다. 남사당패란 조선후기 장터와 마을을 다니며 춤과 노래, 곡예를 공연했던 단체로서 전문 공연예술가들로 결성된 대중연예 집단이다. 남사당은 어린아이부터 노인까지 40~50명으로 조직되었고 이 단체를 이끌어 나간 대표를 꼭두쇠라고 불렀다. 이 꼭두쇠를 중심으로 공연 계획을 수립하고 기량을 연마해서 전국 장터를 다니면서 풍물놀이, 줄타기, 꼭두각시놀음, 탈춤, 제머리마빡 등을 신명나게 공연하였다.

---

2 제보자 : 송효순(여, 81), 안성시 서운면 청룡리, 이창식 채록(2010년 4월 30일).

안성시 서운면 청룡리 청룡사 아래에 정착해서 남사당을 다녔던 패를 안성남사당의 시발로 보고 있다.[3] 물론 유랑예인의 흐름으로 보아 그런 개연성이 있다. 안성 시장과 관련이 깊다.[4] 안성남사당은 바우덕이라는 인물이 꼭두쇠를 맡았을 때 가장 전성기였다고 하는데 그의 나이가 15살 때였으며 더욱이 여자라고 전해진다. 놀이의 신화적 달인인 셈이다.

여성 놀이꾼의 면모가 여러 이야기를 만들어낸 측면에 있다. 필자는 바우덕이에 대한 이야기와 구전유전자를 서운면 청룡리 송효순 주막 마당에서 들을 수 있었다. 막걸리와 해물파전을 맛보며 기억 한켠을 끄집어냈다. 마당의 추억과 마당을 데리고 놀던 사람들의 정겨움이 파악되었다. 마당의 놀이 항목은 지식으로 풀리지 않고, 오히려 취기어린 술잔의 감성으로 풀린다. 여기에 마당놀이의 비밀이 있다.

> 떠돌던 이들이 150여 년 전에 이 마을에 들어왔다. 그래서 이 동네에서 풍물패가 생기게 되었다. 대원군시절에는 바우덕이라는 대장이 나타났다. 바우덕이는 풍물에 소질이 있었다. 나이는 15살로 여자였으며 상쇠잽이였다. 옛날에는 사당패나 스님이나 천민 취급을 받았다. 남사당 바우덕이는 병들어 죽었다.
> 그 전에 대원군이 경복궁 지경(지점)다지는 데 모든 남사당을 다 불렀는데 청룡남사당이 제일 잘했다. 그래서 정삼품 벼슬을 주고 풍악기구 일절 하사하였다. 제보자 송효순이 6살까지 남사당에 깃대가 있었던 것을 기억하고 있다.

---

3 심우성, 『남사당패 연구』, 동화출판공사, 1974, 23~24쪽.
4 허원영, 「주막의 성격과 경기지역의 주막 분포 양상」, 『필사본 조선지지자료 경기도편 연구』, 경인문화사, 2010, 109쪽.

바우덕이가 폐병으로 23살에 죽었다. 남편은 '이용'이라는 사람으로 42살이었고 자식은 없었다고 기억한다.

바우덕이의 현재 무덤은 동네 어른들이 알고 있던 것으로 그 자리를 추측해서 현재 자리에 가묘를 한 것이다. 자신이 알던 바우덕이 묘는 장마에 쓸려내려갔다.

—<바우덕이 전설>[5]

기억이 진실일 수만 없다. 왜 이 곳에 바우덕이전설이 짙게 남아 있는가. 송효순처럼 안성의 많은 사람들은 바우덕이를 기억하며 놀이를 즐겼다고 봐야 한다. 팩트와 픽션은 구술문화에서 나름대로 의미가 있다. 대상이 향유층에게 삶의 진정성을 줄 때 둘의 경계가 없이 전승력을 발휘한다. 구전의 전통이 현실의 모습으로 나타나기도 한다. 청룡리 불당골에는 2005년에 바우덕이 사당이 건립하여 세웠다. 동상도 있다. 거기에는 아래와 같은 팻말이 있다.

조선후기에 전성기를 맞이한 남사당패 중 으뜸으로 치던 패가 안성 남사당패였다. 홍선대원군이 경복궁을 중건하던 시절 바우덕이가 이끄는 안성 남사당패가 공연을 펼쳐 노역자들의 고달픔을 달래주었고, 홍선대원군은 안성 남사당패에게 당상관 정3품 벼슬 이상이 사용하던 옥관자를 수여하였다. 이때부터 안성 남사당패는 "바우덕이"라는 여인의 이름과 함께 전국 남사당패 중 최고의 기량을 가진 것으로 인정되었다.[6]

안성 남사당패의 본거지였으며, 바우덕이가 기예를 익힌 이곳 청룡

---

5 제보자 : 송효순(여, 81), 안성시 서운면 청룡리, 이창식 채록(2010년 4월 30일).
6 기존 연구 자료를 인용한 듯하다. 윤광봉, 『유랑예인과 꼭두각시놀음』, 밀알, 1994, 111~113쪽.

리 불당골에 남사당패 바우덕이의 넋을 기리고자 2005년 9월 사당을 건립하였다.

-<바우덕이 사당 건립 팻말에 새겨진 글>

바우덕이 사당 앞 바우덕이 동상(안성, 청룡사 부근)

　남사당 민속연희의 문화재적 가치를 현대적으로 수용한 양상이다. 바우덕이축제의 정체성 찾기라고 긍정적으로 평가할 수 있다. 안성 사람들의 기억과 일련의 문화 행위는 지적재산권 확보에서도 중요하다. 더구나 사당 건립 이전에는 바우덕이 묘를 찾아 비까지 세우게 되었다. 청룡리에 들어서는 길 왼편 개울가에 바우덕이 묘가 조성되어 있다. 거기에는 아래와 같은 내용이 있는 팻말이 있다.

이 묘에는 남사당 바우덕이(1848~1870)라는 여인이 묻혀 있다. 바우덕이의 본명은 김암덕金岩德으로 조선 말기에 서운면 청룡리 불당골에서 염불, 소고춤, 줄타기 등 온갖 기예를 익혀 뛰어난 기량으로 유명하였고 세상에 나가 놀이판을 벌이니 그 이름을 모르는 이가 없었다. 불당골은 조선 초기부터 사당패의 본거지로 유명하였다. 고종 2년(1865) 흥선대원군이 팔도 장정들을 동원하여 경복궁을 중수할 적에 안성 남사당패가 유명하다는 소문을 듣고 그를 불러 놀이판을 벌이니, 인부들의 위로에 큰 공을 세웠다. 이에 정3품에 해당하는 옥관자를 하사받으니 그의 영기令旗를 세상에 이르기를 '옥관자받은기'라 하여 우러러 봤다.

남사당패는 여성마당 [풍물놀이, 버나, 살판, 어름(줄타기), 덧뵈기(탈놀음), 덜미(꼭두각시놀음)]의 기예가 뛰어났다. 바우덕이의 개다리패가 유명해지자 안성에는 '복만이패', '원윤덕패', '이원보패' 등 많은 남사당패가 생기게 되었고 이로 말미암아 안성은 풍물의 고장이 되었다.

안성 남사당풍물놀이는 전국민속경연대회에 출전하여 대통령상을 받았고 1997년 9월 30일에 경기도 무형문화재 제21호로 지정되었다. 이런 영광의 근원이 바우덕에 있는지라 안성 유지들이 나서서 버려진 바우덕이 묘를 찾아냈고 이를 정화하고 1990년에 묘비를 세웠다. 바우덕이는 이곳에 묻혀 있지만 그의 공덕은 안성 남사당풍물놀이와 길이 빛나고 있다.

―<안성 남사당 바우덕이 묘비문>[7]

유적지는 인물의 또다른 증표다. 남사당유산을 선점한 효과가 있다. 또 바우덕이축제는 남사당놀이와 연관이 깊다. 남사당놀이는 국가중요무형문화재 제3호로 일찍 지정되었다. 안성시는 바우덕이 때문에 풍물의 고향성을 확보한 셈이다. 남사당놀이는 2009년 유네스코가 지정한

---

7 소재지 : 경기도 안성시 서운면 청룡리 산1-1, 향토유적 제38호.

세계문화유산에 등재되어 있다. 남사당은 조선후기 전문 공연 예술가들로 결성된 한국 최초의 대중 연예집단이다. 유랑예인의 성격을 지녔다. 현재까지 풍물, 어름(줄타기), 살판(땅재주), 덧뵈기(탈놀이), 버나(대접돌리기), 덜미(꼭두각시놀음) 등 여섯 마당과 십여 가지 세부 기예가 전승되고 있다. 민속음악, 재담, 연희기량, 몸짓 등 전통예술의 다양성을 담고 있다.[8]

안성시립 남사당 바우덕이풍물단은 옛 남사당의 근거지였던 안성에서 이를 계승하고 발전시키고자 안성시의 주도로 2002년에 창단되었다. 매년 4월부터 10월까지 매주 토요일마다 무료 상설공연을 하고 있다. 바우덕이 풍물단은 2004 아테네 올림픽과 2006 독일 월드컵 등 굵직한 세계인의 축제에서 대한민국 대표 공연팀으로 선정되어 남사당놀이를 한국대표 문화상품으로 격상시키는 데 공헌해 왔다. 전통연희의 아이콘이라는 이름으로 다양한 해외공연을 통한 한국 알림이 역할에도 앞장서고 있다. 안성의 대표적 문화자원인 남사당 풍물놀이는 지역 이미지를 제고하는 것은 물론, 안성시 전체에 커다란 경제적 문화적 가치를 창출할 잠재능력을 가지고 있다.[9]

세계무형유산의 대표성, 한국전통 예인의 정통성, 시장축제의 난장성, 남사당 연희종목의 예술성 등으로 그 가치는 무진하다. 특히 남사당 유산에 대한 가치창출은 걸음마 단계다. 정체성 연구와 문화콘텐츠산업 추진이 절실하다. 우선 바우덕이축제를 명품화하고 이를 세계화해야 한다 그 중심에 바우덕이가 자리하고 있다. 바우덕이는 지역 캐릭터로 온전히 부각되지 않았다. 이와 같이 다양한 바우덕이의 정체성 확보와 축

---

8 심우성, 「유래 및 구성」, 『남사당놀이』, 화산문화, 2000, 11~26쪽.
9 임상오, 유승훈, 「안성 남사당 바우덕의 풍물단의 비시장적 가치」, 『문화경제연구』 12집 No.2, 문화격제연구학회, 2009, 144쪽.

제의 기획에도 불구하고 바우덕이축제는 여러 문제점에 노출되어 있다. 마당론의 기능을 회복해야 한다.

　이에 대하여 고민하는 지역담론과 극복방안도 마련되고 있는 것으로 보인다. 기존에 정리된 보고서를 통해 몇 가지 문제점이 제시되었다.[10] ① 부족한 축제예산 : 당초 3억 2천만 원으로 각 부서와 참여단체별로 예산을 나누어 활용하는 과정에서 부서간 마찰이 발생하여 조기에 프로그램 확정을 추진할 수 없었으니, 현재에는 10억 원의 예산을 확보하여 부서와 단체 사이에 사전 조율을 통해 프로그램을 운영하고 있다. ② 지역 농특산물 판매 부진 : 농특산물 판매에 있어서 저렴한 소포장으로 판매하지 않고 단순히 전시하는데 그치는 등 마케팅 효과를 높이지 못했었으니, 소포장단위 판매와 택배시스템을 도입하고 농협의 사업연합회가 주최가 되어 농특산물을 직접 판매함으로서 직접적인 농가소득의 기회를 마련하고 있다. ③ 전문성과 경험 부족 : 축제추진 실무자들의 전문성과 경험 부족으로 인해 초기에는 안성 옛날장터를 활동성 있게 운영하지 못했으나 2004년부터 국제민속축전기구협의회(CIOFF)의 전통 민속 공연단을 초청하여 프로그램을 대폭 강화 중편함으로써 현재와 과거, 동양과 서양이 공존하는 다양한 볼거리 및 즐길거리를 제공할 수 있게 되었다. ④ 축제장 질서 미확보 : 음식점 등이 음식업 협회를 통해 일정구역을 정하여 먹거리 장터를 운영하도록 하였으나 축제장 일부를 노점상들이 점거하여 축제장 동선의 흐름을 막곤 하였다. 그러나 2006년부터 시설관리공단이 주관하여 공개입찰을 실시함으로써 사전 입주자

---

10 김병준, 「안성 남사당 바우덕이축제」, 『SAPA News & Platform』 7집, 서울행정학회, 2006, 11~15쪽.

를 결정하여 축제 사업비 절약 및 품질을 향상시켰으며 축제장 내 질서를 유지하는 계기가 되었다.

바우덕이축제는 애초에 안성시, 대학, 지역예술가들이 함께 참여하여 조직한 축제조직위원회로 구성되었다. 매년 축제의 주제성정, 기획, 행사운영을 준비하였다.[11] 조직위원회는 축제의 운영과 더불어 지역발전의 개발효과에도 신경을 써야 한다. 곧 안성의 정체성을 살려 안성지역의 이미지를 확고히 구축해야 한다. 그 사이 진위 논란과 더불어 지역적 갈등을 치유해야 한다. 팩션 시각에서 바우덕이의 정체성 곧, 전통 위주의 공연성과 유희 지향의 대중성에 대하여 공감대를 마련할 필요가 있다. 결국 전통적 마당놀이의 감성과 창조마당론의 문화마인드가 절실하다.[12]

앞마당에서 출발한 땅놀이, 줄놀이, 몸짓놀이는 장터로 나와 사람들을 모았다. 보부상의 지신밟기, 농악의 풍물놀이, 탈패의 세시 탈놀이 등은 동네 신명꾼에서 남사당 예인패까지 연계되었다. 그래서 심우성, 임진택, 문무병 등이 마당놀이 대본으로 전통놀이와 현대연희를 넘나들며 연출한 것이다. 이제 진정한 마당축제가 필요하다. 서울놀이마당, 남산 한옥마을 놀이마당은 한계는 있으나 마당의 현재적 가치를 그나마 보여주고 있다. 한옥이 살아나듯이 한국인의 마당과 마

---

11 정수진, 「민속지식의 환류와 '지역만들기'」, 『민속학연구』 20, 국립민속박물관, 2007.
12 스티븐 나흐마노비치, 『놀이, 마르지 않는 창조의 샘』(이상원역), 에코의서재, 2008.

당놀이를 살려야 한다. 마당놀이콘텐츠가 주목되는 이유다. 남사당의 전문성과 지역 특유의 순수한 전승성을 고려하여 마당놀이의 역동과 흥미를 재맥락화해야 한다.

3. 마당 스토리텔링의 공감성, 킬러콘텐츠 만들기

그렇다면 한류의 원천은 어디서 오는가. 한국인의 마음마당이 있었기에 가능하다. 우리 삶 곁의 작은 기본에서 온다. 문화 문면의 신화적 켜와 결에서 비롯된다. 온돌의 온기, 흙벽의 생기, 한지의 훈기가 만들어내는 한옥은 공간의 활인活人 스토리텔링이다. 아울러 한복을 입은 손길이 보태질 때 구수한 이야기와 춘향가가 화로 위에서 끓는다. 여기에 때맞추어 소곡주와 황금조기의 술상이 선보이면 풍류의 그림이 된다. 계절에 맞게 밥상에는 인정과 사연이 차려진다. 바깥 담벼락 아래에는 철 따라 이야기꽃이 핀다. 마당에는 방안의 멋과 맛을 엿듣는 가축의 귀들이 논다. 사람 소리와 들것 소리가 하나 되어 춤춘다. 이처럼 한복과 한옥은 시간의 어울림 스토리텔링이다.[13]

정초 설 쇠면 나이 먹듯 해의 축복과 덕담을 먹는다. 정월 대보름에는 마을굿, 고을굿을 하며 달을 태우고 줄다리기 하며 물러섬의 신명을 느낀다. 한식에 조상 이야기를 듣고 단오에는 씨름 하고 그네 타면서 논밭의 내력을 듣는다. 추석과 시향제에는 하늘과 조상 이야기를 고개숙여 듣는다. 동지 팥죽 새알심, 섣달 그뭄 묵은 인사를 엉킨 매듭을 푼다. 금기의 근신과 어울림의 신명이 하나로 뭉쳐 나타난다. 이러한 한해살이의 세시정점에는 먹을거리와 놀거리, 굿거리가 맞물려 장만된다. 이와 같은 원리로 평생살이 역시 의례와 정성으로 라이프스토리를 만든다.

마당세시의 순환성은 매력적이다. 이러한 전통적 삶의 이치는 대물림 된다. 멘토가 신참에게 고방 열쇠를 넘기듯 지극정성의 돌림이 작용

---

13 이창식, 「충청권 민속학연구 현황과 지역문화」, 『지역민속학』 창간호, 지역민속학회, 2009, 139~170쪽.

한다. 이 집안 지킴이 곧 마당어른은 세 가지가 전제되어야 한다. 첫째는 안팎 사정을 훤히 꿰고 있을 정도의 철든 역량을 지녀야 한다. 둘째는 마음씨, 솜씨, 맵시, 말씨를 적절하게 갖춘 자로서 존재감이 있어야 한다. 셋째는 집안과 마을과의 소통성이 있어야 한다. 이 셋을 두루 지녀야 소신껏 행복할 수 있다고 믿었다. 이를 한발 앞서 이끈 선각자 많았다. 준비하는 어른, 곧 호모프레파란스가 아름답다. 아름답게 늙어가며 주요 이야기에 밑줄 긋고 아름답게 지워진다.

손님 대접, 조상 위하기, 아이 키우기 모두 절하듯 윷놀듯 한다. 판에 따라 노래가 있고 절절한 이야기가 오간다. 한국인 누구나 이야기꾼이고, 놀이꾼이고, 스토리텔러다. 이게 한국인의 오래된 미래 이야기주머니다. 지금도 재미있는 이야기보따리를 춤판에서 장터에서 일터에서 노래방에서 푼다. 아리랑

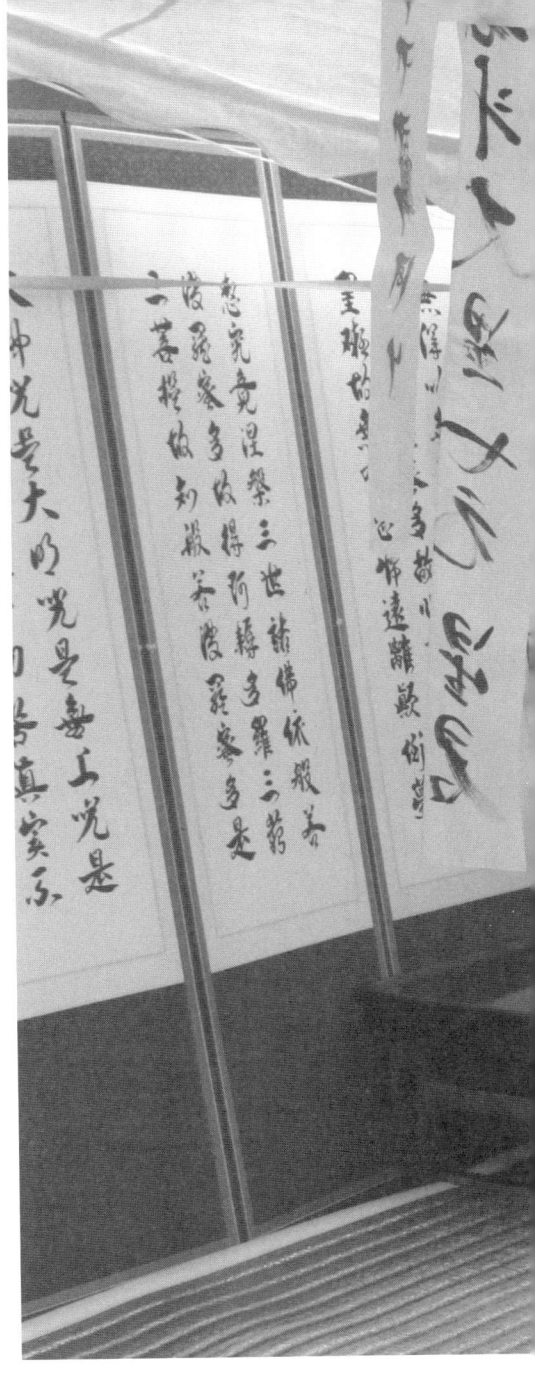

과 전설을 지게에 지고 인터넷 속에서 춤춘다. 그래서 굿판은 굿이나 보고 떡도 먹는다. 나라굿과 대동놀이에는 역사 문맥에 없는 붉은악마 소리와 촛불시위의 이야기가 살아있다.

이러한 이야기 에너지 요소가 인문학의 창조적 읽기를 통해 새로운 문화상품을 생산하고 있다. 이에 힘입어 대장금 드라마, 영웅 뮤지컬, 난타 공연, 오늘이 애니메이션, 워낭소리 독립영화 등을 스토리텔링한 것이다. IT강국 이미지에다가 가장 곰삭은 이야기가 숙성된 것이다. 종족과 국가의 경계를 넘어 세계인의 마음을 움직이고 있다. 김치의 시원한 감성 맛과 한글의 오묘한 감성 멋이 그들을 사로잡는다. 점차 공감대 확산이 지구촌화되고 있다. 이를 주도한다는 자체가 영광스럽지 않은가.

여기에 더욱 세계화의 군불을 지피기 위해 인문학적 상상력과 한국적 스토리텔러의 감성을 가치 창조해야 한다. 재미, 인정어림, 소통, 환상, 권선징악 등이 야무진 이야기로 구축된 킬러콘텐츠를 생산해야 한다. 김구가 백범일지에서 말한 민족적 문화주의 마인드로 세계인을 행복하게 해야 한다. 기존 타국가의 문화산업의 역기능을 비판하면서, 지구촌 여러 모순을 극복하는 킬러콘텐츠 명품 기획이 필요하다. 감성충만의 한류콘텐츠에 대한 프로젝트 수행은 이제 시작이다. 최근 이러한 문제의식을 지닌 호모콘텐츠 스토리텔러들-창조적인 실천공동체 (Creative Community of Practise)-가 대거 움직이고 있다. 이미 싸이의 '강남스타일' 자체가 놀이 위주의 스토리텔러 결과물이 아닌가.

4. 마당 주인의 감성 자극과 스토리텔러

마당 주인은 베풀고 정을 퍼주고 흥정을 지핀 이야기꾼이다. 허생, 김선달, 김삿갓, 전기수, 광대, 무당, 탁발승 등 모두 마당 스토리텔러들이다. 이들을 멘토로 마당유산을 세계에 팔아야 한다. 한류의 조건보다 세계인의 한국적 문화 흡인력의 요건을 따져야 한다. 단순히 마당은 집과 마을의 연결 공간이 아니다. 보이지 않은 마당, 그 이상을 보아야 한다.

마당유산의 재발견은 한국문화의 진정성과 독자성을 찾는 잣대가 된다. 다른 종족에게 없거나 놓친 문화 항목의 매력과 미학을 통해 세계인의 감성을 자극하고 문화적 오르가즘을 느끼게 해야 한다. 마당의 깊이와 오래됨, 느낌을 창조적 스토리텔러로서 녹여야 한다. 마당의 열린 이미지와 닫힌 안정성을 거듭 헤아려야 한다. 선인들의 인정어린 멋과 투박한 맛을 문제의식 속에 읽어야 한다.

마당에 대한 인문학의 튼실한 검증과 상상력 발현을 통해 1차적으로 한국문화의 가치를 혁신적으로 봐야 한다. 2차적으로 유산의 본질을 훼손하지 않는 범위내에서 피칭워크숍을 통해 생산, 유통, 소비 등 동시다발의 스토리텔링 창작이 필요하다. 3차적으로 무엇보다 몰입의 목숨론이 필요하다. 이게 마당가치창조론이다.

흉내, 짝퉁, 뻥튀기 등의 일회성 노림수는 금물이다. 내공, 품격, 역발상 등의 지속성 고수로 최선의 명품을 창안해야 세계인이 주목한다. 한류의 현상으로 보아 상당히 호응하고 있지 않은가. 목숨론의 노블레스 오블리주 정신은 한류브랜드를 높인다. 이를 위해서 세 단계 창조마당 추진전략이 요구된다.

첫째, 융합적 기본 공부다. 인문학의 본질에 대한 안목과 IT를 포함한 인접 분야에 대한 한국적 사유가 상생되어야 한다. 그나마 최근 성공한 한류의 항목을 보면, 과거 한국문화의 저력을 보인 것처럼 발상은 세계 다른 데에 있지만, 그 스토리텔링 과정은 너무나 한국적인 이야기에서 출발하고 있다. 예컨대 신화의 문학적 접근을 넘어서서 신화소의 문맥을 팩션 시각으로 읽어내고, 애니메이션 작가처럼 시뮬레이션을 보듯 이야기할 수 있어야 한다. 단군신화에서 사라진 호랑이를 산신당으로 상상해낸 한민족이다. 신화의 감성대를 융합적으로 흔들어야 한다.

둘째, 문화감성시대의 감성적 마음씨 발견에 집중해야 한다. 김치를 자랑하지만, 담그기와 지역적 종류의 홍보에 매달리고 있지, 정작 그 주체인 손길을 놓치고 있다. 손맛의 이야기성을 살리지 못했다. 솜씨의 입담을 팔아야 한다. 아리랑이 누구나 통하는 노래유산이라고만 하지, 그 주체의 삶에서 치유의 기능을 보지 못했다. 아리랑의 찡한 눈물을 팔아야 한다. 민족의 이야기 친연성과 대동성을 살려 세계와 소통하지 못하고 있다. 이러한 한국 유무형 문화유산의 감성자원은 너무 많다. 두두리와 도깨비에서 난타를 탄생해냈다. 앞으로 초감성의 스토리텔링으로 깨워야 한다.

셋째, 지구촌 문화공동체를 위한 한류 명품화 만들기에 주력해야 한다. 올림픽이나 월드컵 같은 축제판의 공동선을 위한 국제공동체를 만들어야 한다. 세계인 누구나 모순 없이 문화적 자기존중감을 가져야 한다. 매체의 발달로 축제같은 공동체사회가 가능해졌다. 한류의 호응과 확산의 여세를 몰아, 감성이야기 공동체를 주도하자는 것이다. 한국이 중심이 된 각 종족 고유의 놀이대회를 시작으로 문화감성올림픽을 하자는 것이다. 이제 과거처럼 육체나 기술의 겨루기를 통한 화합의 시대는 끝났다. 남사당과 태견이 세계유산으로 등재된 것은 우연이 아니다. 놀이의 상상력, 쌍방방성의 재미, 미래우주의 환상적 호기심, 한국다운 서사 등이 세계인의 관심을 갖게 한다.

한국인은 일찍 고유의 원형질에 충실하면서 외래의 선진성을 중시해 왔다. 한국인에게는 앞서 말한 대로 자기체질화하는 열린 감성지수가 높다. 이 잠재된 창조 DNA가 21세기의 문화적 여건에 온전히 부합하여, 엄청난 고부가 가치를 창출할 기세다. 한류식 감성 스토리텔링은 진행형이다. 잘만 굴리면 눈덩어리처럼 확대된다. 한국문화 속의 창조유전자는 미래의 힘이다. 이 힘을 발빠르게 읽는 매니아들, 문화콘텐츠산업의 순기능과 진정성 있는 지구촌을 만드는 전사다. 이들의 꿈을 소통하면 마음까지 행복감이 들 수 있게 해야 한다.

〈민속학과 한류〉 강좌는 이러한 미래인재를 위해 집의 온기와 한류, 마당의 흔기와 놀이한류, 마실의 공동체와 신명한류, 두레활동과 울력한류, 논매기아리랑과 K팝한류, 제주신화와 콘텐츠한류산업, 축제와 한류관광 등 1차 제시했다. 이어서 2차로 원효 화쟁和諍사유와 풍류한류, 삼국유사와 이야기한류, 세종 한글과 한국어한류, 정약용 실학과 시장한류, 노블레스 오블리주정신과 명품한류, 김구의 문화주의와 통일한류 등을 다루었다. 반응이 좋았다. 이 글 여러 곳에 이러한 내용이 간접적으로 담겼다.

　마당을 깨운다. 깨워 한국인, 한국문화의 저력마당을 말하고 싶다. 마당 관련 한류 스토리텔링은 미래 세계화의 창조적 표현이다. 2만 불에서 3만 불 시대로 가는 길목에서 마당유산은 인문학 관련 민족문화유산의 원소스는 멀티유즈의 대표자원이다. 〈창조마당론〉은 이러한 점에서 한류의 비판적 일침경一針經이다. 똥침론이 아니라 자기 얼굴 곧 자아화에 대한 반성론이다. 21세기 지구촌 문화감성 혁명을 창조적 스토리텔러로서 한국인이 주도하기를 바란다. 아자, 마당에서 다시 어깨를 들썩이면서 신나게 허튼춤을 추는 마당날을 꿈꾼다.

마당의 문화지형_제주도 신당神堂과 신화

신당은 한국인의 아주 오래된 영성의 성지聖地다. 본풀이 공연은 신당의 마당에서 구연되었다. 공연터고, 신과 인간의 교감 터전이다.

제의祭儀 장소는 신성한 공간이다. 제주도 마을 공동체 의례 공간은 신당神堂이다. 신당은 신들의 마당이면서 집이다. 신당에는 본풀이 무가巫歌가 구연되었고, 전승주체의 지극정성이 깃들여졌고, 신들의 굿놀이가 신바람을 내었고, 아울러 신들의 영험도 확인되었다. 본토 신당의 원형이 심하게 변했거나 소멸하였다면 그나마 제주도 신당 원형이 흑백 사진처럼 그 곳 그 자리에 남아 있다.

신당은 한국인의 아주 오래된 영성의 성지聖地다. 본풀이 공연은 신당의 마당에서 구연되었다. 공연터고, 신과 인간의 교감 터전이다. 이 마당에는 큰굿 할 때 제물도 엄청 차려졌던 곳이다. 어머니, 할머니의 정성이 깃들어 있다. 그 곳에서 논다. 즐기고 이야기를 나누었다. 마당의 고향성이다.

제주돌문화공원 내 어머니방

주요 신당神堂을 공원으로 재현해 놓았기에 제주 신화의
장소성場所性을 상징한다.

제주돌문화공원은 설문대할망신화를 형상화한 신화예술박물관이다. 그 테마파크에는 본풀이 본향의 주요 신당神堂을 공원으로 재현해 놓았기에 제주 신화의 장소성場所性을 상징한다. 신화의 한국적 감성과 상상력을 즐기려면 제주돌문화공원 여행이 제격이다. N7W재단(설립자 버나드 웨버)에서 이 장소성 자산의 가치를 공감하여 공식 심벌을 세운다고 하였다.

그 곳에 가면, 신들과 놀 수 있고, 예전 사람들과 어울릴 수 있다.

제주돌문화공원은 신화마당이다. 제주도 한라산 동측 중산간 지역에 위치하며 행정구역상 제주시 조천읍 교래리에 속한다. 제주시에서 17km, 서귀포시에서 36km에 입지하며 제주시에서 약 20분내, 서귀포시에서 약 40분 정도가 소요된다. 주요 접근로는 남조로와 국가지원 지방도 97호선 및 지방도 1112호선을 이용하여 접근이 가능하다.

부지 서쪽의 큰지그리오름(596m), 바늘오름(552m)으로 이어지는 능선이 발달하여 사업지구를 둘러싼 형태를 하고 있으며 서쪽으로는 전형적인 중산간 특성을 나타내는 초지를 형성하였다. 그 곳에 가면, 신들과 놀 수 있고, 예전 사람들과 어울릴 수 있다. 신화마당의 매력을 마음껏 느낄 수 있다.

제주의 돌, 흙, 나무, 철, 물을 주제로 100여 만 평에 종합적인 관광문화마당을 조성함으로써 제주의 전통문화를 세계적인 관광자원화를 위한 초석으로 활용함과 더불어 자랑스런 문화유산을 후손에게 물려주기 위한 향토 종합문화 사업으로 발전시켜 나가는데 그 목적이 있다. 우선적으로 1단계 약 30만 평을 개발하여 제주도내 각 지역에 산재해 있는 자연운치석과 민속 민예품을 한 곳에 집성 관리 보존함으로서 귀중한 자원의 소실을 방지하고 시대적으로 퇴색되어가는 향토문화의 교육강화를 위한 돌문화공원을 건립하는데 중점을 두고 있다.

제주 엉장매코지(설문대할망 발자국)

제주도는 돌의 고장이다. 돌신화의 보고다. 화산활동으로 빚어진 제주도는 온 섬이 돌로 이루어졌다 해도 과언이 아니다.

　북제주군은 100만 평의 부지 위해 본 공원의 건설에 들어가게 되었다고 밝혔다. 이렇게 해서, 가장 제주도적이면서 세계적으로도 유례를 찾기 힘든 기념비적인 제주돌문화공원이 태어날 수 있었던 것이다. 제주도는 돌의 고장이다. 돌신화의 보고다. 화산활동으로 빚어진 제주도는 온 섬이 돌로 이루어졌다 해도 과언이 아니다.
　"문화는 크게 두 가지로 구분한다. 신화, 전설, 민요, 종교 등 인간의 정신적 활동으로 나타나는 정신문화와 인간이 자연 환경에 적응하며 살기 이하여 물질을 바탕으로 이루어 놓은 도구, 건조물, 교통, 통신 등의 물질문화가 그것이다." 제주사람들은 인생은 '돌로 시작해 돌로 끝나는 삶'이라고 해도 과언이 아니다. 유형의 돌은 무형의 신화로 말을 건다.

설문대할망 이야기(해녀 이정자, 고천순 외)

제주사람들은 인생은 '돌로 시작해 돌로 끝나는 삶'이라고 해도 과언이 아니다.

설문대할망신화는 제주도 전역에 전설의 편린으로 남아 있다. 성산일출봉, 엉장매코지, 솥덕, 산방산, 표선, 물장오리 등이 그것인데 지명의 장소성이 창세신화의 퍼즐처럼 분포되어 있다. 이 신화의 수수께끼 퍼즐을 꿰어낸 테마파크가 설문대할망공원이다.

　　설문대할망 전설은 그 내용은 신화인데 전승과정에서 전설화되었다고 한다. 이 전설은 제주 여러 지역의 지명의 유래를 설명하는 지명전설로 정착되었다.
　　① 관탈섬, 및 주변의 여러 섬 : 다리가 그 섬(여러 섬)에 걸쳐졌다.
　　② 한라산 : 할머니의 베개
　　③ 한내 위 큰 구멍 난 바위 : 할머니 감투

④ 제주도의 여러 오름 : 할머니가 흘린 흙
⑤ 용소龍沼, 홍리물 물장오리 : 깊이 측정(빠지지 않거나 빠짐)
⑥ 마라도, 우도, 일출봉, 표선리 해안 모래밭 : 할머니 신체 부위가 닿았던 곳
⑦ 구좌읍 도랑쉬오름 분화구 : 할머니가 주먹으로 친 곳
⑧ 일출봉 기암괴석 : 할머니가 불을 켰던 등잔
⑨ 곽지리 지경 바위 : 솥을 앉혀 밥을 짓던 곳
⑩ 성산과 우도 : 오줌줄기의 힘

세솥바리(설문대할망 솥 건 자리)를 알려주는
현창훈(곽지리 사람)

　설문대할망에 관한 이야기는 제주도에 살았던 사람들이라면 누구나 한번 쯤은 들어봤을 것이다. 설문대할망은 제주도를 만들었다는 여자 거인이다. 어딘가에서 흙을 치마폭에 담아와 바다한가운데 그것을 부으니 섬이 되었고 섬이 밋밋하여 재미가 없자 가운데 산을 만든 것이 한라산이며, 구멍이 송송 뚫려 있는 치마폭에 흙을 담아 나르다가 구멍으로 센 흙들이 만들어낸 것이 제주도의 오름들이라는 이야기들은 제주도의

제주용강궤당 위 신목

독특한 자연지형을 설명하기 위한 옛사람들의 수단으로써 설문대할망이 등장했을 것이라 추측할 수 있다. 이 설문대할망 전설을 분류한다면 신성한 거인, 창조자로서의 거인으로 분류할 수 있을 것이다. 그러나 현재까지 전해져 오는 이야기들 속의 설문대할망의 모습은 그런 신성성은 사라지고 희화화된 모습으로만 남아 있다. 몇몇 문헌에 정리된 설문대할망의 이야기들을 살펴보면 다음과 같다.

신엄리 당(당제, 포제 같이 지냄)

설문대할망은 제주도를 만들었다는 여자 거인이다.

옛날 설문대할망이라는 키 큰 할머니가 있었다. 얼마나 키가 컸던지 한라산을 베개 삼고 누우면 다리는 제주시 앞바다에 있는 관탈섬에 걸쳐졌다 한다. 이 할머니는 키가 큰 것이 자랑거리였다. 할머니는 제주도 안에 있는 깊은 물들이 자기의 키보다 깊은 것이 있는가를 시험해 보려하였다. 제주시 용담동에 있는 용연龍淵이 깊다는 말을 듣고 들어서 보니 물이 발등에 닿았고, 서귀읍 서홍리에 있는 홍리물이 깊다 해서 들어서 보니 무릎까지 닿았다. 이렇게 물마다 깊이를 시험해 돌아다니다가 마지막에 한라산에 있는 물장오리에 들어섰더니, 그만 풍덩 빠져 죽어버렸다는 것이다. 물장오리가 밑이 터져 한정 없이 깊은 물임을 미처 몰랐기 때문이다.[1]

설문대할망 이야기 제보자 임두연 외

설문대할망의 이미지가 제주 자연경관인 셈이다. 그 경승은 세계자연유산급이다.

이 전설은 '물장오리'라는 한라산 동쪽 중턱에 있는 큰 늪지대에 대한 신비감을 설문대할망 같은 큰 거인이 빠져죽은 장소라는 것으로 만들어내고 있다.

설문대할망의 이미지가 제주 자연경관인 셈이다. 그 경승은 세계자연유산급이다. 설문대할망은 신화적 기억의 저편과 꿈꾸기의 진정 관계 속에 존재하는 신격神格이다. 제주 전승주체는 찬탄하면서도 짙은 아픔이 배어 있는 것처럼 받아들이고 있다. 설문대할망설화는 신화적 진실

---

1 현용준, 『제주도 전설』, 서문당, 1996.

이 감동의 지속성으로 작용하고 있다. 제주도가 꿈의 신화섬이라는 랜드마크를 확보할 수 있다. 감성창조의 섬, 그 활인活人의 아이콘에는 제주신화가 있다. 세계문화유산 1번지가 되기 위해 신화의 가치창조는 매우 중요하다. 특히 설문대할망의 브랜드는 가치창조의 중심에 있는 키워드다. 제주 본풀이는 세계 수준급의 무형유산이다. 제주신화의 세계무형문화유산 등재화가 시급하다.

고 이중춘 심방의 아들 이진보(행원리)

감성창조의 섬, 그 활인活人의 아이콘에는 제주신화가 있다.

행원리 남당(중앙 슬레이트 집)

창세신화유형의 텃밭은 마을 신당이다. 신당은 공동체 문화공간인 동시에 신인神人 교감의 현장이다. 신당에서 전승주체는 사제자로서 심방을 통해 신들의 본을 풀어서 듣고 신들의 권능을 몸소 느꼈다. 해녀를 비롯한 마을 사람들은 신당의 장소성을 이용하여 다면적인 문화행위를 하였다. 제주 사람다운 이치를 신당의 다양한 구술물口述物을 접함으로써 터득하였다.

제주도에는 송당마을을 비롯해 마을마다 수호신으로 좌정한 본향당신이 있다.[2] 제주도 사람들에게 출신지역의 본향이 저마다 있다. 이곳은 선조인 조상이 정착하여 후손을 낳아 기른 곳이다. 이곳을 본향당이라고 하며 마을과 가족의 안위를 빌며 당굿을 봉제하는 사람들을 단골이라고 한다.

신년이 되면 단골들은 본향당신에게 세배하러 가는 것을 중요한 일로 생각한다. 그래서 섣달그믐부터 마음과 몸가짐을 조심하며 정월 제일까지 정성을 다한다. 단골들은 일 년에 한번이나 두번 본향당굿은 조상신을 모시는 자손이 당신과 일체감을 느끼는 과정이라고 할 수 있다. 당굿을 통해 단골들은 당신본풀이를 신화로 인식하며 당신을 숭모한다. 본향당굿은 이러한 상황이 토대가 되어 이루어진다. 본향당굿의 요서인 당과, 제일, 심방이 본향당굿에서 당신에게 봉제하여 올리는 당신본풀이는 신화 기능이 살아있다는 반증이 된다.

---

2 '본향당신'의 직능으로는 마을내의 토지, 산수, 나무 등이 자연의 주인임과 동시에 주민의 호적, 출산, 사 등 생활전반을 차지하고 있다. 토지, 산수, 나무 등이 자연의 주인이라 하는 것은 그 지역의 토지의 임자와 같은 성격을 말해 주는 것이다. 그래서 이 본향당신을 지금도 '토주관' 또는 '토지관'이라고 부른다. 현용준, 「제주도무신의 형성」, 『탐라문화』 창간호, 제주대학교탐라문화연구소, 1982, 17쪽.

제주 건입동 미륵불

제주 동회천 미륵

제주도에는 300여 개 자연마을이 있고, 행정구역상 등재된 232개 마을마다 전통신앙 성소인 본향당이 있으며, 다른 마을에 살던 사람이 이사를 올 때 모시고와서 본향당처럼 모시는 가지당들이 있다.[3] 신당의 수는 400여 개소로 조사된 바 있다.[4] 그 중 본향당 수는 175개며 현재 7군데가 폐당되고 3군데는 멸실된 것으로 보고 있다.[5]

---

3 문무병, 『제주도 본향당本鄕堂 신앙과 본풀이』, 민속원, 2009, 24쪽.
4 제주전통문화연구소, 『제주신당조사』, 제주시권 2008 · 서귀포시권 2009 참조.
5 김승연, 「제주도 송당마을 본향당의 굿과 단골신앙 연구」, 제주대학교 대학원 석사논문, 2011, 1~3쪽.

신당에서 구연하던 본풀이는 구술신화로서 제주 사람들의 스토리텔링 원형자산이다. 설문대할망이 표선리 당캐할망의 당신화 편린에 유사하게 남아 있는 것처럼 제주도 무속신화는 애당초 제주도 마을 신당에서 구연되었던 유래담이면서 장소설명담이다. 흔히 말하는 제의의 구술상관물이다. 신화 속의 캐릭터는 제주도 사람들의 얼굴과 마음을 닮았다. 제주 신당 경관은 아테네 신전보다 생태적生態的이다. 마을 땅의 생김새와 마을 사람들 마음씀씀이에 따라 저마다 유별하다.

당신본풀이를 통해서 보면 본향당신들은 자신이 차지할 곳을 찾아 돌아다니다가 알맞은 마을을 정해서 좌정하는 것을 볼 수 있다. 먼저 들어온 신이 '마을도 땅도 내 차지다 다른 데로 가라'하면 여기 저기 돌아다니다가 신이 차지하지 않는 마을을 찾아간다. 그렇게 한 마을에 당신으로 정착해 가는 당신의 노정기가 본풀이에 나타난다. 당신본풀이에서 이러한 것이 나타나는 것은 마을 선주민이 정착지를 선정해서 삶의 터전을 개척했던 과정이 반영된 것이라고 할 수 있다. 그래서 처음 도착한 곳이 마을 사람들에게 제향을 받는 신성한 곳이고 신당이 된다.

본향당신 직능은 마을의 토지·산수·나무 등 자연의 주인임과 동시에 마을의 호적·출산·사망·생업 등 생활 전반을 차지한다. 본풀이에서 심방이 '어디가면 무슨 당, 어디가면 무슨 당'이라고 당명을 열거하는 것을 볼 수 있다. '웃송당 백주할마당'은 송당본향당의 명칭이다. 송당마을에 웃송당이라는 자연마을이 있고, 당오름에 백주할망이 당신으로 좌정해 있는 본향당이 있다. 이렇게 제주도의 당은 산·숲·냇물·연못·언덕·물가·평지의 나무나 돌이 있는 곳에 있다.[6]

---

6 김승연, 위의 글, 21쪽.

제주 함덕 알카름서물당과 멸치

신당을 보면 팽나무를 비롯하여 꽉찬 신림神林이다. 신화 속의 우주나무다. 송당 본풀이 당과 월평 다라쿳당에는 하늘올 레로 향하는 명품 나무들이 산다. 동굴 신당도 있다. 용강궤당 과 김녕궤내기또당은 굴을 이용

제주 종달리 생개납돈짓당

한 신당이 자리잡았다. 삼성혈신화처럼 신화주인공이 굴에 좌정한 까닭 이다. 숲과 굴이 어울려 성전이 된 멋진 신당은 무수히 많다. 거기에는 할망과 할방 신들이 좌정하고 있다. 제주 건입 복신미륵이나 동회천 석 불미륵(회천동 화천사)처럼 민중불교의 신당도 있다.

　신당은 나무와 궤(굴), 돌 등이 어울려 신성성과 영성靈性을 보이고 있 다. 지금도 제주도 신당에는 마을 사람들이 다녀간 흔적이 있다. 신당은 살아 있다. 이 형상이 불태우고, 일제강점기와 4·3 사건 그리고 새마을 운동 때 불타고 없애려는 시도가 있었지만 용하게도 신당은 살아 있다. 신당은 이처럼 제주도 조상들이 물려준 기막힌 유산인 동시에 신화창조

1부 인문학으로 읽는 마당　99

의 재산이다. 힘든 삶 속에서 위안을 받고 역사의 상처를 치유했던 성소 聖所다.[7]

실제로 제주도 신당에는 어머니같은 생명성, 치료성, 영혼성 등이 두루 녹아 있다. 애기또 방쉬, 당올레 소통, 나락(밥)의 풍요, 멜(멸치)의 도깨비, 돗〈돼지〉의 의례와 나눔 등 민속 유전자가 찍혀 있다. 이것이 서사무가와 같은 신화스토리와 맞물려 끈질긴 생명력을 발휘해 주었다. 이 원초적 향수감은 신화의 고향 코드다. 불리한 자연환경을 극복하고 행복을 일구려 했던 제주 어머니들의 눈물 어린 보물창고다.

제주도 신당

조각나서 흩어진 전설이 제주도돌문화공원으로 창출되듯이 제주도 당신화〈오늘이〉등과 같이 애니메이션, 영화, 뮤지컬 등으로 탄생되고 있다. 신화스토리텔링의 장소성은 신당이다. 이 신당의 장소성을 소홀히 하였다. 제주도에서 기껏 5개 밖에 지정되지 않았다. 제주문화의 본향, 메카로서 신당은 문화관광자산으로까지도 인식되지 못했다. 마을

---

7 이창식, 「설문대할망설화의 신화적 상상력과 문화콘텐츠」, 『온지논총』 21, 온지학회, 2011, 11~23쪽.

문화경관 보존의 가치를 강조하는 요즘, 왜 신당의 복합문화유산적 가치를 읽지 않았는가. 매우 부끄러운 일이다.

제주도 함덕 신당

신화스토리텔링의 장소성은 신당이다.

경쟁력 있는 영상매체 문화콘텐츠산업은 지역문화 위주의 스토리텔링이 주도한다고 말해도 된다. 소비자 입장에서 현실적 관계 작용을 드러내는 유일한 방식은 스토리이다. 세계화도 한 몫을 한다. 국경, 민족, 이념을 초월하는 문화콘텐츠산업의 흥미로운 힘은 그 지역 삶에 기반한 스토리텔링에 있다. 한류가 이를 입증한다.

원래 문화콘텐츠가 서로 합쳐지거나 변화하면서 새로운 형식의 스토리텔링으로 발전하고 있다. 하나의 갱변 원천자료가 여러 장르에 이용함으로써 새로운 다양한 콘텐츠 결과물이 나오고 있다. 〈대장금〉 드라마와 〈한국인의 밥상〉 르포는 역사 사료와 구술자료 몇 줄에다가 음식 흥미와 사연 스토리 및 감칠맛 담론을 섞었다. 섞어서 전혀 다르면서 납득할 팩션을 만들었다. 노래와 이야기, 놀이 등이 뒤섞여 게임, 오페라, 공연 프로그램, 문화관광산업 등 레저킬러콘텐츠가 되고 있다. 과거 신당 마당공연이 사이버마당으로 살릴 수 있다.

거인설화를 활용한 사례를 살펴보면 게임부문을 보면 2005년도에 출시한 '완다와 거상'이라는 게임이 있다. '완다와 거상'은 일본의 소니 컴퓨터 엔테테인먼트(SCEI)에서 발행한 플레이 스테이션 2용 액션 어드벤처 게임이다. 2005년 10월, 일본과 북미에 발매되었고, 같은 해 12월에는 대한민국, 2006년 2월에는 PAL 지역에서 발매되었다. 설문대할망 거인과 다시 놀아야 한다.

게임을 만든 것은 컬트적인 인기를 누렸던 '이코'의 개발 팀인 SCEI의 프로덕션 스튜디오 1이다. 게임은 '완다'라는 이름의 소년을 중심으로 펼쳐지는데, 소년은 죽은 소녀의 생명을 되돌리기 위해 거상이라 알려진 열여섯 거인들을 차례로 물리쳐야 한다. 이 게임은 액션 어드벤처 장르로서는 드물게 돌아다닐 마을이나 던전, 혹은 다른 상호작용할 캐릭터 같은 것이 없고, 거상들 외에는 물리쳐야할 적들도 없다. '완다와 거상'은 각 거상들을 물리치려면 그 약점을 찾아서 밝혀내야 한다는 점에서 퍼즐 게임으로 묘사되기도 한다.[8]

『그리스로마신화』, 『반지의 제왕』, 『해리포터』 등 일련의 서구의 문화산업보다 더 풍부한 당신화堂神話 스토리텔링은 매력적이다. 제주 길 위의 올레 경관에다가 신당과 신당, 마을과 신당, 신당과 마을 사람들, 사람들과 집마당이 이어지는 신화올레의 측면을 다시 읽어야 한다. 올레로 이어지는 마당의 가치를 회복해야 미래가 있다.

본풀이의 메카인 제주신당은 세계 최고의 신화 장소성을 내포하고 있다. 종교적인 측면보다 공동체의례의 스토리텔링 측면을 활발하게 논

---

8 위키페디아 백과사전(http://ko.wikipedia.org/wiki/).

의되어야 한다. 〈아바타〉 영화 속의 우주나무가 생생하게 숨쉬는 제주 신당은 오래된 미래다. 신당 마당을 다시 보고 그 신비의 소통공간을 되찾아야 한다.

남아 있는 제주도 마을 신당은 잠시 놓친 복합문화경관이다. 고통스럽게 지켜온 신화 속의 마을 브랜드다. 신당마다 제주다운 미학美學이 내재되어 있다. 마을마다 독특한 신당 관련 이미지화와 브랜딩은 제주문화의 정체성正體性을 통해 세계화의 신화올레로 나아가는 대안이다. 제주 본풀이의 장소성에 대한 응집력, 신당의 가치창조는 무한한 변신이 가능하다. 이미 제주돌문화공원(백운철 단장)이 이를 짙게 암시하고 있다. 이 신당의 마당과 제주신화를 통째로 묶어 세계문화유산에 등재해야 할 것이다. 제주 바다마당, 신마당, 집마당 등을 새롭게 주목해야 할 것이다. 잃어버린 마당, 제주인 또는 한국인의 또 다른 고향터전이다.

2부
마당의 미학

마당 Madang, Yards의
표상과
한국인의 삶

마당이란 '집의 앞이나 뒤에 평평하게 닦아 놓은 땅' 혹은 '어떤 일이 이루어지고 있는 곳'이다.

울타리나 담안에 있으면서 집 앞이나 뒤, 옆에 딸려 있는 평범한 빈터를 가리키는 말로 뜰과 마당이라는 낱말이 있는데 놀이와 노동이라는 범주를 중심으로 차이가 있다. 한마디로 '뜰(庭 뜰 정)'이 화초를 가꾸는 여가의 공간이자 즐겨 구경이 이루어지는 곳이라면, '마당(場 마당 장)'은 어떤 일을 하거나 어떤 일이 이루어지는 곳으로서 놀이나 활동, 노동의 공간이라고 할 수 있다.[1] 그래서 '뜰'은 관상용 식물이 중심을 이루는 반면에, '마당'은 사람이 중심을 이루고 있다는 점에서 '뜰'은 정적靜的이고 개인적이며, '마당'은 동적動的이고 공동체적이라고 할 수 있다.

마당을 지날 때 맨발에 다가오는 그 바닥(흙)의 감촉은 어머니의 품처럼 포근하여 대지를 여성의 상징이라고 동서양의 많은 논자들이 설파했을 만하다.

우리네 전통 마당은 바닥이 편편한 흙으로 되어 있고, 배수排水가 잘 되고 물웅덩이가 없고, 통풍通風과 채광採光이 잘들고, 네모진 형태를 구성하고 있는 곳이 적정하다고 하였다.[2]

마당은 안이면서 바깥이다. 마당이 내부인 것은 낮지만 울타리가 있기 때문이다. 그러나 마당은 외부이다. 그것은 막힘없는 하늘 쪽으로 마당이 '무한히' 열려있기 때문이다. 그러므로 마당은 인간의 땅이면서 우주의 땅이다. 이런 마당은 우리에게 안온함과 개방감을 동시에 가져다 준다.[3]

---

1 최용기, 뜰 · 마당 · 정원, naver.com.
2 최동호, 「한국전통 주거공간의 마당구성원리에 관한 연구」, 홍익대 환경대학원 석사논문, 1995, 8~9쪽.
3 정효구, 『마당 이야기』, 작가정신, 2008, 26쪽.

바깥마당은 울타리의 범위를 알 수 있는 영역(주택의 경계)의 인지認知 공간, 주택의 규모의 짐작 장소, 주택 경계(대문과 연못, 나무 등)의 시작점이다. 이에 반하여 안마당은 폐쇄적인 공간으로서 마당의 중심이 되며 주택의 상징적인 중심부도 된다. 안마당의 기능은 안채의 각방으로 출입하는 통로가 되며 그 동선動線의 역할, 가사家事의 작업과 활동공간, 의식儀式과 집회공간, 공기, 바람의 통풍과 빛을 제공한다.[4]

마당은 사람이 태어나 성장하면 성년식에 이어 혼례를 치르고 나이가 들어 수壽가 다하여 죽게 되면 무덤에 묻힌다. 사람은 흙에서 태어나서 흙으로 돌아가는 것이므로 흙은 우리 생명의 근원이나 다름없다.

부모님이 돌아가시면 육신은 흩어져 흙이 된다. 고인故人의 후손들이 초상 1주년이 되는 소상小喪, 2주년이 되는 대상大喪을 이 터전에서 제례祭禮를 지낼 때까지 일생의례의 과정을 누구나 겪는다.[5] 3년상은 자식이 태어나 혼자 먹고 활동할 수 없는 젖먹이 3년 동안 부모가 품 안에서 온갖 정성과 사랑으로 길러준 은혜에 대한 보답이다. 때문에 부모가 영면하면 육신을 땅에 묻고 혼령이 깃든 신주를 모셔와 탈상할 때까지 만 2년 동안 갓 태어난 아기를 품 안에서 보살피듯 모시는 것이다.[6] 적어도 서구적인 예식장이나 장례식장이 경향각지에 들어서기 이전(1990년대)에는 우리네 전통마을의 마당에서는 혼례 잔치나 상례喪禮와 같이 큰일을 치르는 경우 이웃집이나 마을 사람들이 모두 즐거움과 슬픔을 함께 공유하는 공동체적인 장소였다.

잔치는 사람들의 일상 속에서 개개인의 생일이나 혼례와 같은 축하

---

4 최동호, 앞의 논문, 21~24쪽.
5 임경순, 『한국문화의 이해』, 한국외대 출판부, 2009, 175쪽.
6 정종수, 『사람의 한평생』, 학고재, 2008, 241쪽.

에서 발전되었을 것이지만, 기록으로 전하는 한민족韓民族 잔치의 기원은 멀리 제천의식祭天儀式에서 찾을 수 있다. 한민족은 고대국가 시기부터 나라 안 사람들이 모두 모여서 천제天祭를 올리면서 성대한 잔치를 벌였는데, 이는 나라 안이 두루 태평하기를 바라는 것과 무관하지 않다.[7]

천제天祭는 모든 생업의 결실을 하늘에 감사 드리는 나라 잔치였다. 결실을 기뻐하는 마음에는 태평함을 비는 염원이 담긴다. 이와 같은 제천의식에는 사람 뿐만이 아니고 제사를 받는 신격을 함께 모심으로써 인간과 신이 함께 어울어지는 잔치마당이 되는 것이다.[8]

앞서 살펴 보았듯이 잔치의 기원을 고대 사회의 천제에서 비롯된 것이다. 우리 개인의 삶을 돌아보더라도 한평생 지나는 마디마디에서 수많은 잔치를 거치기 마련이다. 출생을 축하하는 잔치를 시작으로 성인이 되면 혼인 잔치가 있고, 노년에는 장수를 축하하는 수연壽宴, 부부가 해로하여 60년이 되면 회혼 잔치가 있는데 대부분의 잔치는 마당에서 행해졌다. 성장하는 과정에서 맞는 잔치들은 각오와 희망을 새롭게 하며, 늙어가면서 맞이하는 잔치는 지난 날을 감사하고 마음을 다잡는 좋은 계기가 된다.[9]

농업, 어업, 임업 등의 생업활동이 바쁜 철에는 이웃간에 서로 도와주는 품앗이가 마당, 전답, 막장, 산야 등지의 터전에서 이루어지는 등 전통마을은 가족 같은 공동체였다. 그러나 이제는 급격한 산업화로 인하여 도시 이농에 따른 마천루 같은 고층 아파트의 확장과 증축으로 인한

---

7 윤서석, 『한국의 풍속 잔치』, 이대출판부, 2008, 16~17쪽.
8 위의 책, 18쪽.
9 위의 책, 18쪽.

전통마을의 마당은 점차 우리네 곁에서 멀어지고 있는 듯하다.

근년에 들어와 신축되는 아파트는 과거의 이웃과의 소통부재라는 삭막한 이미지와는 달리 이웃과 함께 소통할 수 있는 마당이라는 공간이 마련된 하우스타운이 많은 사람들에게 큰 호응을 얻고 있다.

관혼상제의 의례는 이제 전통마을의 마당보다는 예식장, 호텔, 교회, 성당, 사찰, 장례식장 등에서 행해지는 것이 당연하게 여기는 일이 애석하다.

본래는 주거생활에서 사당祠堂을 제외하고 마당, 마루, 방 등은 일상공간과 의례공간으로 뚜렷하게 분리되지는 않았다. 하지만 이런 공간들은 일상공간으로 사용하다가 의례가 있을 때는 의례공간으로 사용하기 위해 청결하게 함으로써 공간을 다시 명확히 구분지었다.

마당은 나무, 짚, 대나무, 싸리나무, 실, 박 등을 이용하여 지게, 멍석, 소쿠리, 빗자루, 채반, 어망, 바가지, 새끼와 가마니, 장승만들기 등 집안에서 필요한 물품들을 엮거나 마을의 재앙과 질병을 막아주는 성물聖物을 만드는 장소였다.

대나무로 유명한 전남 담양 고을의 마당에서는 예전에 솜씨 좋은 어른들이 며칠 동안 손바닥이 다 닳도록 공들여 결여 만든 소쿠리, 상자, 돗자리, 죽부인竹夫人, 베개, 쟁반 등속의 대나무 살림살이가 이제 플라스틱 용기用器의 위세에 밀려 이전보다는 왕년의 영화는 되찾지 못하고 있다. 무더운 여름날 죽부인을 끌어안고 자면 시원하여 많은 사람들의 사랑을 받던 귀한 물건은 이제 선풍기나 에어컨이 그 자리를 차지하여 애석하기만 하다.[10]

---

10 김용태, 『옛살림 문화이야기』, 대경출판, 1977, 52~61쪽.

마당은 집안의 아낙네들이 명절이나 집안에 애경사哀慶事가 있을 때에는 부엌 외에 마당에서도 가마솥 뚜껑에 들기름, 돼지기름 등을 바른 후에 전이나, 부침개, 장국, 국수, 찌개 등의 음식을 정성껏 경건한 마음으로 만들던 장소였다.

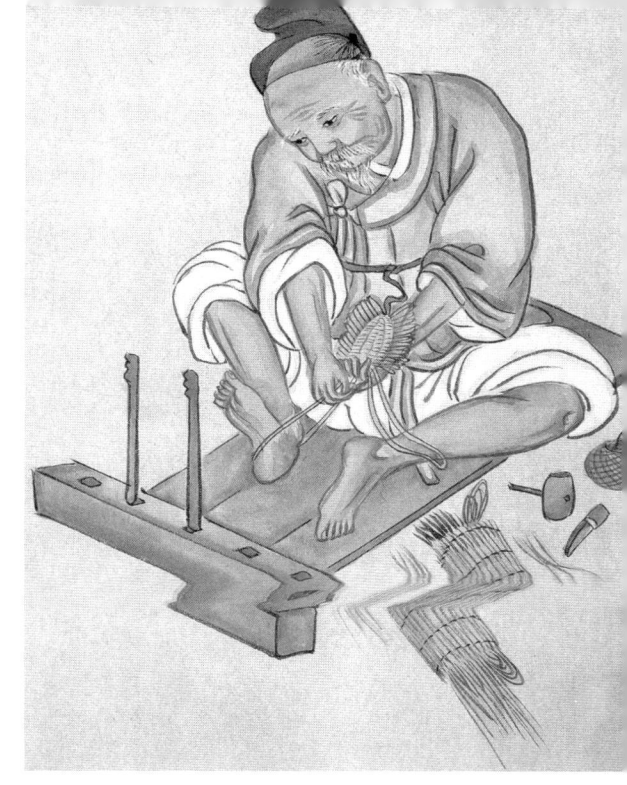

마당은 사철에 나오는 온갖 나물, 시래기, 오곡五穀, 생선, 메주, 육포, 엿기름, 빨래를 건조시키는 공간이자 김장, 장작이나 짚 등의 땔감 야적장野積場, 우마의 엔실리지 등 겨울 채비를 대비하던 공간이자 동네 청년들의 닭서리가 묵인된 공간이었다.

마당의 가장자리에는 짚과 땔나무를 쌓아 두며, 구덩이를 파서 무를 묻어두기도 한다. 또 감나무를 심어 조경적 효과를 가질 수 있고, 경제적 수익을 올린다. 채소밭을 일구어 일상의 반찬거리인 파, 배추, 무, 우엉 등을 수확한다. 장독간이나 돼지우리, 토끼장도 마당을 이용하여 설치한다.[11]

마당에 놓인 평상은 휴식의 공간, 멍석은 밥상 공동체이자 얘기 공간, 뒤꼍은 일상에서 모자간母子間의 흉금을 털어 놓는 장소이자 마을잔

---

11 이영진, 『공간과 문화』, 민속원, 2007, 220쪽.

치 후 할머니 혹은 어머니가 먹을거리나 용돈을 쥐어주던 곳이고, 마당과 마루 사이에 있는 뜰방은 신발이나 농기구 등속이 널브러져 있는 공간으로 바다의 항구와 같은 곳이라고 이재무 시인은 언술하고 있다. 이재무 시인의 수필 「아우라가 살아있는 마당 있는 집」을 살펴보자.

(…전략) 어릴 적 나는 비교적 마당이 넓은 집에서 살았다. 당시 우리 집은 뒤꼍 대숲을 배경으로 둔 일자 식(맨 왼쪽에서 오른 쪽 방향으로 부엌, 안방, 건넌방, 건넌 방 뒤에 골방, 사랑방)의 동향 가옥 구조였다. 앞산을 향해 난 사립 양 쪽으로는 어른 어깨 높이의 흙 담이, 들녘에서 먹이를 물고 처마 밑 둥지로 돌아온 어미 제비가 쩍쩍 입 벌려 먹이를 보채대는 새끼들을 바라보면서 양 날개를 막 접어 가는 형상으로 반원을 그리며 둘러쳐 있었다.

마당 안에는 사립 쪽에서 바라볼 때 오른 쪽 담장 아래 닭장이, 뒤꼍으로 돌아가는 곳에 돼지우리가, 왼쪽 부엌 앞에 작두 샘이 있었고, 그곳에서 서너 걸음 떨어진 담장 아래 아무도 돌봐주지 않아도 제철마다 잊지 않고 기특하게 갖가지 색깔들을 피워대는 서너 평의 꽃밭이 있었다.

마당이 넓은 집에서 오래 살았던 사람은 추억이 두꺼운 사람이다. 마당은 알게 모르게 우리들에게 얼마나 많은, 유의미한 생의 경험과 지혜들을 안겨주었던가. 마당 안에서 세계의 일원으로 살았던 어린 시절은 충분히 아름다웠다. 마당은 우주의 비밀을 하나하나 깨달아가는 노천학교였다. 비록 지금은 그 꿈으로부터 너무 멀리 걸어왔지만 어린 시절 한때 나는 명석한 과학자가 되어 천체의 수수께끼를 밝히는 아름다운 상상에 젖곤 하였다. 나에게 마당은 생의 둥우리 같은 곳이었고 세상 바깥과 안을 연결시키는 하나의 문이었으며 가족 구성원들과 스킨십을 주고받는 소통과 교감의 열린 광장이었다.

평상에 관한 명상

마당에 놓인 평상은 규율이 엄하던 시절 하나의 해방구였다. 지금도 나는 어쩌다 시골집에 들르게 될 때면 곧잘 평상을 찾곤 하는데 그곳에서 나는, 땜내 나는 가장을 벗고 헐렁한 건달로 갈아입는다. 평상에서마저 예의와 격식을 갖출 필요는 없다. 평상에 앉으면 까닭도 없이 마음이 한가롭고 느긋해진다. 평상 위에서는 시간의 흐름마저 완만해진다. 어릴 적 나는 평상에 누워 밤하늘을 수놓은 이루 셀 수 없이 많은 별꽃

들을 우러르며 휘파람과 노래를 부르곤 하였다. 지상에서의 모든 슬픔들이 하늘로 올라가 별이 되는 꿈을 꾸기도 하였다. 평상에 엎드려 소리 내어 국어책을 읽었고, 당시에는 아주 귀한, 어찌 어찌 해서 손에 들어오게 된 동화책 속 향기 나는 이야기들을 맛있는 음식을 아껴 먹듯 천천히 몸 안쪽에 새겨 넣었다. 그날에 내가 읽고 쓰던 말과 글자들은 훗날 나무와 꽃이 되었으리라 확신한다.

　안방에서는 엄하여 감히 맞바라볼 수 없었던 아버지도 이상하게 평상에 오서서는 더러 농을 거시기도 하였다. 그날의 평상에는 아버지의 권위를 무장 해제시키는 무슨 비밀이라도 간직하고 있었던 게 확실하다. 술에 취한 아버지가 흘러간 유행가를 청승맞게 불러댄 곳도 평상이었다. 자기 통제에 엄격하던 식구들도 이곳에서만은 꽁꽁 동여맨 감정을 헤프게 풀어놓기 일쑤였다. 부엌에서 근심이 잦던 엄마도 평상에 와서는 사춘기 소녀처럼 깔깔대었다. 별일 아닌 것에도 박장대소하며 즐거워하는 엄마가 어린 내 눈에도 철없어 보였다. 평상에 누워 나는 잔기침이 잦은 할머니로부터 구슬픈 전설이며 민담들을 들었고 아버지로부터 마당 밖에서 일어난 마을과 나라의 큰 걱정거리들을 전해 듣기도 하였다.

　코 밑 거뭇해진 소년기의 어느 여름날 다 늦은 저녁 평상에 누워, 졸음 고인 눈두덩을 굴려 머리맡에 낙과처럼 떨어지던 산사의 종소리를 듣던 그날의 애틋한 평화가 어제 일인 듯 눈에 환하다. 평상은 내 어린 날의 친구이자, 스승이고, 애인이었다.

멍석에 관한 명상

멍석을 떠올리면 여름날의 저녁 밥상이 떠오른다. 어둠의 홑이불이 시나브로 마을을 덮어오면 논과 밭을 빠져나온 식구들이 하나 둘 집으로 모여든다. 연장들이 돌아오고 들판에서 긴 여름의 하루를 보낸 가축들도 들어와 마당 가득 흥성거린다. 이렇듯 저녁은 사립을 나섰던 식솔들과 가축들이 돌아오는 시간대이다. 시골의 저녁은 시간의 문이다. 낮의 시간과 밤의 시간이 서로 임무를 교대하는 시간대인 것이다. 낮이 질서와 합리와 경쟁으로 무장된 아버지의 시간대라면 밤은 화해와 평안이 동심원을 그리며 퍼져가는, 전일적 세계관이 세계를 지배하는 어머니의 시간대이다. 밤으로 들어서는 출입문이 저녁이다. 그러므로 저녁은 소박하나마 축제의 시간이기도 한 것이다.

논과 밭에서 만 리보다 더 긴 하루를 보내고 돌아오는 어른들은 동네 우물에 들러 등허리 가득 내를 이루었던 땀이 남긴 허연 소금기를 등목으로 씻어내고 바가지 가득 시원한 샘물을 퍼 올려 갈증을 달랜다. 그런데 가만히 들여다보면 그 바가지 속 투명한 물속에 성질 급한 초저녁달이 떠 있다. 벌컥벌컥 달빛을 마시는 장정의 목울대가 땡볕에 약 오른 가을날의 고추처럼 붉게 꿈틀거린다. 저녁연기가 싸리울 밖으로 이중으로 풀리면 마당엔 둥근 멍석이 펼쳐진다. 모깃불은 맵차게 피어오르고 연애질에 분주한 하루를 보낸 누렁이도 돌아와 마루 밑 제 집 앞에 꼬리를 말아 감고 쭈그려 앉아 있다. 이윽고 저녁 밥상이 펼쳐진다. 둥근 밥상에 차려진 건건이(반찬)이라고 해봐야 김치 일색이다. 무김치, 파김치, 총각김치, 배추김치 등속. 그런데 오늘은 특별한 메뉴가 눈을 확 잡아끈다. 다름 아닌 민물새우 된장국이다. 이것은 오늘 내가 방죽에서 된장을 미끼로 삼아 소쿠리로 건져 올린 것들이다. 된장 밝히다 죽은 새우들을 된장에 넣고 끓인 새우 된장국은 별미 중의 별미다. 둥근 밥상을 둘러싼 식구들의 말없이 분주한 수저질-그 틈을 비집고 논둑을 타고 넘어온 개구리들의 울음소리가 된장국 속에 손을 담근다. 산을 에돌아오는 전라선 상 하행 기차 기적 소리도, 태기봉 7부 능선을 헉헉, 땀 흘리며 기어오르던 초승달과 개밥바라기별도 김칫국물에 손을 뻗어온다. 대나무 숲 소속 밤무대 가수인 밤새 울음소리도 무김치에 혀를 대오고 반쯤 무너진 흙 담을 무너뜨리며 떼 지어 달려 나오는 텃밭 클럽 풀벌레 아이돌 가수들도 냉수 사발에 가득 떠 있다. 그렇게 해서 생겨난 '달국'과 '별국'과 '풀벌레 냉채'를 배부르게 떠먹고 마신다. 요컨대 작은 시골 마을의 초라한 밥상에 전 우주가 동참해온 것이다. 어찌 위대하지 않을 수 있으랴. 우리는 하늘의 별과 달과 숲과 벌판을 반찬으로 먹고 살아온 셈인 것이다. 그런 날 저녁을 달게 잡순 할머니의 트림 소리는 십 리 밖에서도 또렷이 들렸을 게 분명하다.

뒤꼍에 관한 명상

　뒷마당 일명 뒤꼍에는 한낮에도 산에서 흘러온 그늘이 고여 늘 출렁거렸다. 게으른 해가 맨 나중에 찾아오고 바지런한 어둠이 가장 먼저 찾아오던 곳이 뒤꼍이다. 외로울 때 나를 부르던 곳도 뒤꼍이었고 이유도 근거도 없이 감상에 젖어 고아 공포증에 시달릴 때면 스스로 찾아가 울던 곳도 뒤꼍이었다. 나만의 비밀이 여름풀처럼 웃자라던 곳, 내 마음의 고향이자 습지인 뒤꼍에서 나는 앞마당에서 보여주던 명랑의 가면을 벗어던지고 우울의 나체로 서 있고는 하였다.

　뒤꼍은 할머니와 어머니가 곧잘 펼치곤 하던 정치의 마당이기도 하였다. 마을에서 잔치가 벌어지는 날이면 일을 돌봐준 대가로 주인이 준 전이며 떡이며 과일 등속을 호주머니에 싸가지고 와서는 안마당으로 동생들과 나를 불러들여서는 닭 모이를 주듯 골고루 하나씩 나누어주신 다음 은밀하게 뒤꼍으론 나만을 불러들여 "너는 이 집 장손이니까 특별히 더 주는 거다. 누가 볼까 무섭다 얼른 먹어라" 하시며 털 숭숭 박힌 돼지비계를 손 안에 얹어 주면서 눈을 찡긋, 거리곤 해서 나를 매번 감동시키고는 하였는데 나중에 알고 보니 동생들도 그렇게 하나씩 불려갔던 것이다. 이 얼마나 교묘한 정치한 인치의 기교인가.

　뒤꼍은 내가 맨 처음 문맹을 떨치고 문자를 익힌 학습의 장이기도 했다. 입학 전 해의 여름 저녁, 낮 동안 신작로와 들길과 지붕을 지글지글 볶고 달구던 해가 몸을 거둬 노송 사이로 빠져나가고 있었다. 해가 빠져나간 빈자리로, 골짜기 여기저기 잠복해 있던 어둠들이 스멀스멀 기어나와 먹물처럼 번져가고 있었고 뒤꼍 장광 옆에 임시로 걸어놓은 가마

솥엔 아홉 식구들이 먹어야 할 보리밥이 구수한 내음을 풍기며 익어가고 있었다. 아궁이 밖으로 혀를 날름대며 기어 나오는 불의 줄기들을 바라보면서 모자母子는 말이 없었다. 늦여름 잡초들의 식욕은 얼마나 무성했던가. 장광 둘레는 어느새 그들의 차지가 되어버렸다. 어머니는 사나운 불길을 달래 가까스로 아궁이 속으로 들여보내는 한편 잡초 뽑는 일에도 열중하셨다. 그리고는 한참 후 화염이 드리운 황홀경에 취해 넋이 나가 있던 나를 불러 세우고는 '너도 내년이면 학교에 가야 하니 이름자 정도는 미리 배워야 하지 않겠느냐'며 내게 부지깽이를 쥐어주셨다. 어머니가 사금파리로 쓴 글씨를 나는 부지깽이로 따라 쓰고 또 쓰고 하는 동안 집 안팎으로 어둠이 들어차 출렁거렸다.

이것이 내가 문자와 만난 최초의 경험이다. 그 해 여름이 끝나갈 때까지 어머니가 쥐어준 부지깽이를 연필 삼고 아궁이 밖으로 날름대는 불의 주둥이가 밝힌, 잡초가 뽑혀나간 두어 평의 땅바닥을 공책 삼아 나는 한 글자 한 글자 서툴게나마 글자를 익혀나갔던 것이다.

뜰방

마당을 떠올릴 때면 더불어 자연스럽게 딸려 나오는 공간 영상이 있다. 뜰방이다. 뜰방은 마당과 마루 사이에 있는 공간으로서 지금의 가옥 구조로 말하면 현관에 해당되는 곳이다. 뜰방에는 문수가 다른 신발들이 어지럽게 놓여있다. 또한 호미나 낫 맷돌 등속 농기구들이 함부로 널브러져 있다. 뜰방은 항구와 같은 곳이다. 저녁이면 항해를 마친 선박들(신발들)이 항구(뜰방)에 하나 둘 귀항하여 정박해 있다가 다음날 아침 선박 주인들을 신고 항구를 떠나 연안(마당)을 가로질러 바다(바깥세상)를 향해 출항을 서두르는 것이다.

마당을 잃어버린 현대인들은 마음의 여유가 없다. 환금성의 가치로 전락해버린 현대식 가옥구조. 아우라가 사라진 집에서 단절과 유폐와 고립을 겪고 있는 현대인들의 심성은 시멘트처럼 딱딱하게 메말라가고 있다.

여기 마당 있는 집, 구석에 놓여있는 돌확에는 어제 내린 비가 고여 있다. 그 빗물을 마시려고 대숲 참새들이 종종 걸음으로 돌확을 다녀간다. 구름 나그네도 내려와 갈증을 달래고 난 후 그 물을 거울삼아 화장을 고치고 간다. 이렇듯 마당이 있는 집은 자연과 인간이 더불어 살아가는 곳이다. 아우라가 살아있는, 마당 있는 집이 그립다.[12]

도시의 한옥마을에서는 이러한 풍경을 더러 볼 수 있을지 모르겠지

---

12 이재무, 「아우라가 살아있는 마당 있는 집」, 『대한지적공사보』 10월호, 대한지적공사, 32~33쪽.

만 지금의 도시화된 농촌이나 마천루가 늘어선 대도시 아파트 단지에서는 이전의 정겨운 모습들은 이제 좀처럼 보기 어렵게 된듯 싶다. 하지만 다행스러운 것은 최근에 삭막한 대도시보다는 자연과 더불어 지낼 수 있는 하우스타운이 조성된 곳으로 이주해가는 사람들이 점차 늘어나는 것은 정신적, 육체적으로도 이전의 피곤감보다는 주변의 이웃과 더불어 친숙해질 수 있기 때문에 정서적으로 안정된 삶을 누릴 수 있을 것이다.

우리네 조상들은 마당에는 '마대장군'이라는 가신家神이 있다고 믿었다. 주거공간을 규정 지어 주는 울타리 안쪽은 잡귀신이 넘나들어 집의 평안을 해친다고 믿었다. 모든 잡신은 출입구를 통하여 들어온다고 믿었다. 그래서 출산, 세시의례(정월 보름 손빔, 2월 초하루 손빔, 10월 도신, 동짓달, 섣달 그믐날)에는 출입구에 있다고 믿는 수문장군이라는 가신家神에게 의례를 행한다.[13]

마당은 마을에 라디오, 텔레비전이 없던 시절 마을 사람들의 노래 잔치, 판소리, 굿, 농악대, 행상인들이 드나들던 물물교환의 터전, 유랑극단의 공연장, 세시歲時놀이가 펼쳐지던 축제의 무대였다. 또한 마당은 날짐승, 길짐승이 물과 먹이를 마시고 먹던 곳이자 소나 말, 개의 목욕과 후세의 종족 보존을 위한 암수 교배가 이루어지는 자연스러운 사랑의 둥지(보금자리) 같은 장소였다.

예전에는 귀한 손님이 찾아오면 번선발로 마당으로 내려가 손님을 맞는다는 하당영지下堂迎之라는 속담이 있을 정도로 마당은 손님을 극진히 맞이하는 장소였다.

무더운 여름날 저녁 시골 할아버지, 할머니가 계신 고향집 마당에는

---

13 이영진, 앞의 책, 221쪽.

휴가 온 원근 친척과 이웃이 멍석이나 평상에 마주 앉아 마른 쑥과 생초를 지핀 모깃불 더미 속에 감자와 옥수수가 익어갈 무렵이면 맛있는 공동식사를 하였다. 이후에는 깔린 멍석에서 밤하늘에 뜬 달, 별 구경을 하며 익은 감자와 옥수수 그리고 낮에 따온 수박과 참외를 시원한 우물에서 건져 내어 먹다 보면 어느새 무더위도 잊고 남녀노소 할 것 없이 마당에 드러 누워 정겨운 옛이야기를 나누다 보면 아이들은 저도 모르게 먼저 꿈나라로 빠져들고 말았다. 웃어른들의 무릎에 앉아 동화나 옛 설화를 듣던 시골 아이들은 성장하여 이제 어엿한 한 집안의 가장이나 전업주부가 되었지만 그분들의 옛 자취의 흔적은 희미해지고, 도시의 자녀들은 줄곧 학원으로 내몰리는 신세가 된 아이들의 삭막한 유년기의 모습은 지금 우리와 이웃의 슬픈 자화상이다.

마당은 또한 우리네 근현대사에 있어서 가슴아픈 질곡桎梏으로 남아 있는 일제강점기 조선인 학살, 남한의 단독정부 반대를 외치다가 무고하게 처참당한 제주도 도민의 4·3 항쟁 사건, 6·25 전쟁 중에 인민군이 반공反共에 반기를 든 마을 사람들의 인민재판과 공개처형, 충북 영동 노근리 등지에서 일어난 미군의 양민학살, 광주 5·18민주화 시위 도중 무고한 시민들과 인근 지역 주민들의 군부의 강제 무력진압에 따른 학살 등이 자행된 비극의 현장이었다.

큰잘못을 저지른 처녀 총각을 잡아다 멍석에 말아 놓고 사형私刑을 집행하던 마당은 전통마을의 규율을 강조하여 풍기를 단속하는 장소였다.

마당은 편평하고 둥글기 때문에 마당 앞에 서면 자신도 모르게 조금씩 조금씩 마음이 원만해지고 평온해져 갈등과 화해가 조성되는 공간이다. 또한 마당은 그 집의 착공과 준공연대, 주인 내외, 식구 수, 그 집 가장의 신분, 아이들의 성격 등을 파악할 수 있는 단서의 구실 외에도 전답에서 수확한 곡식을 마당에 말리는 수량이나 가축의 수를 통해서 그 집의 재산 정도를 가늠할 수 있는 척도가 된다.[14]

전통주거의 마당은 "빈것과 자연自然"이 하나로 만난다. 이 둘은 모두 비어 있다. 이 빈 공간성空間性은 마당에서 시작되어 자연으로 휘몰고 간 후에 다시 마당으로 되돌아온다. 전통주거의 마당은 "있는 것(존재)만이 아니라" 가지고 있는 것(소유와 존재)이다.[15]

마당은 부동不動의 표상이다. 마당은 태어난 자리에서 일평생 죽음 없이 산다. 마당은 발이 없다. 마당은 휘둘리는 마음도 없다. 부동의 적막과 평화, 안심과 안정이 마당의 실체이다.[16]

우리네는 일상생활 속에서 이따금 '마당발', '마당쇠'이라는 말을 쓰고 있다. 전자의 '마당발'이란 '마당 같은 발'을 의미한다. 후자의 '마당쇠'는 예전에 양반집에서 마당을 쓰고 잔심부름을 하던 하인을 일반적으로 부르거나, 가산 오광대의 여섯 번째 과장에 나오는 탈을 의미한다.

본래 마당발은 볼이 넓고 바닥이 평평하게 생긴 발을 가리킨다. 이런 발을 가진 분들은 신을 살 때도, 그 신을 신고 다닐 때도 불편을 감수해야 한다. 마당발에는 맞는 기성화가 드물기에 수제화 전문점에서 만들어 신는 경우가 있다. 여성이 마당발일 때 작은 발을 신비화한 전족纏足

---

14 정효구, 앞의 책, 260~262쪽.
15 최동호, 앞의 논문, 34쪽.
16 정효구, 앞의 책, 80쪽.

이라는 남성중심의 이데올로기의 횡포 속에서 그 발의 주인공들은 신체의 고통 못지 않게 정신적 고통을 겪어야만 하였다. 하지만 평발이 아니라면 마당발은 건물의 견실한 토대처럼 한 인간의 건강성을 입증한다. 때문에 마당발은 심성이나 배짱이 좋고, 주변 사람들을 모르는 이 없을 정도로 두루 알고, 일의 해결도 힘들이지 않고 해내는 통이 큰 전방위적 사교인이자, 해결사를 뜻한다. 마당발의 배포도, 그 사교 범위도, 일의 해결 범위도 마당처럼 크고 원활한 것이다. 『대동여지도大東輿地圖』를 만든 김정호金正浩, 『택리지擇里志』를 간행한 이중환李重煥이나 현대의 여행 작가들 역시 두 발로 경향각지를 떠돌며 귀한 유산을 남긴 까닭에 또다른 마당발이라고 할 수 있다.[17] 그러나 권력에 빌붙어 공공기관이나 회사의 수장들에게 보이지 않는 권력을 이용한 영향력을 행사하다가 사회적인 물의를 일으켜 감옥에 출입하는 브로커 역시 마당발이라고 할 수 있으나 전자의 인물과는 다른 몰지각한 부류의 마당발이다.

마당쇠는 신분제가 뚜렷한 조선시대에 양반집 잔심부름을 하던 천한 하인을 지칭하는데, 조선후기 신분제가 와해되는 시기에 성행한 탈, 판소리, 광대굿놀이, 재담 등에 등장하는 지나치게 노골적인 음담과 패설, 방언의 구사 등은 양반문화에 서민문화가 함께 어울어지는 신명나는 공간으로 탈바꿈 되어진 것으로 이해될 수 있다.[18]

마당은 흙과 바람, 비와 눈, 물과 태양, 달과 별, 하늘과 구름, 새와 곤

---

17 위의 책, 215~220쪽.
18 서연호, 『한국전승연희학 개론』, 연극과 인간, 2004, 125쪽.

충, 꽃과 나무, 사람과 들짐승, 가족과 나그네가 함께 머물며 살아가는 상생의 터전이다.[19]

제의祭儀는 신과 인간의 교환을 통해서 집단의 일체감을 꾀한 메커니즘이다.[20] 제의성은 마을의 안녕과 풍요의 성격이 강하다. 인간이 발을 디디고 사는 땅에는 지신地神이 있다. 인간과 가장 가까운 신격이면서 상대적으로 소홀히 하는 신격일 수도 있다. 지신밟기는 흔히 집들이, 마당밟기 등으로 불린다. 대개 정초에 행해지지만 더러는 공동체 차원의 행사에 쓸 경비를 마련하기 위하여 다른 시기에 행해지기도 한다.[21]

마당에서 행해지는 지신밟기는 풍물패가 중심이 되어 마을 집집마다 다니며 한 해 각 가정의 평안과 풍요를 기원하는데 그 대신은 지신이다. 하늘을 우러러 기원하지만, 땅은 밟으면서 고개숙여 기원한다. 땅은 인간을 비롯한 온갖 생명체가 사는 곳이기에 땅에 부정이 끼지 않기를 기원하는 것이 그것이다.[22] 이런 마을 신앙의 대상인 제당祭堂에는 서낭당, 당산, 도당, 부군당, 골맥이서낭당, 산신당 등으로 다양하게 불리며, 이를 중심으로 종교의식인 동제洞祭, 마을굿이 형성된다.[23]

굿에는 살아있는 사람들의 복락을 추구하는 굿과 죽은 사람의 영혼을 천도시키기 위한 굿이 있는데 이를 사가私家의 굿(집굿)이라 하고, 한 마을의 주민 모두가 참여하여 마을의 번영과 주민들의 안녕을 마을의 수호신을 비롯한 모든 무속의 신들에게 기원하는 집단적 축제의 장인 마

---

19 정효구, 앞의 책, 264쪽.
20 안기수, 『한국 전통문화 탐방』, 보고사, 2007, 117쪽.
21 김의숙 · 이창식, 『민속학이란 무엇인가』, 북스힐, 2003, 302쪽.
22 안기수, 앞의 책, 136쪽.
23 위의 책, 76쪽.

을굿과 강신무가 되기 위한 입무제入巫祭로서 내림굿과 일단 강신무가 된 다음 자기가 모시는 신들에게 바치는 무당의 집굿이라고 할 수 있는 진적굿인 신굿이 있다. 그러므로 신굿은 강신무 자신을 위한 굿이다.[24]

전통마을에서 행해지는 놀이는 마을 신앙과 밀접한 관련을 맺는다. 동제洞祭가 이루어지는 시기에 농악(두레)이나 줄다리기, 달집태우기 등은 세시풍속에서 행해지는 경우가 많으며, 농경의 풍요와 연결되는 경우가 허다하다. 즉 다시말하면 현실 속에서 반복되는 일의 단조로움에서 벗어나 심신의 피로를 풀고, 집단 작업 과정에서 행동을 통일하고 이를 통해 증대시켰다.[25]

마당은 동네 아이들의 무한한 놀이터였다. 공기놀이, 술래잡기, 줄넘기, 땅지치기, 구슬치기, 제기차기, 자치기, 팽이돌리기, 동전치기, 폐지치기(딱지치기), 비석치기(강치기), 연날리기, 오징어(마이 또는 달구지)놀이, 땅따먹기, 말뚝박기(말타기) 등의 놀이가 그것이다.

마당에 수놓은 화단이나 꽃, 밤하늘에 내리는 비와 이슬, 바람과 눈, 단풍잎 등의 풍광風光은 시인·묵객의 시상詩想의 공간이자 집안 식구들의 심성수련의 공간이라고 할 수 있다.

조선시대는 신분에 따라 안마당과 사랑마당에는 상위계층, 중문마당에는 중간계층, 행랑마당에는 하위계급으로 분화되어 주거내에서도 분명한 질서가 유지되었다.[26]

마당은 크게 협의적狹義的인 마당과 광의적廣義的인 마당으로 분류할 수 있다. 전자는 주택 내의 안마당, 뒷마당, 고방(곳간 혹은 창고)마당 주택

---

24 김의숙·이창식, 앞의 책, 226~227쪽.
25 안기수, 앞의 책, 58~59쪽.
26 최동호, 앞의 논문, 18쪽.

외의 바깥마당, 행랑마당, 정원 등을 한정하여 말한 것이고, 후자는 주택 외의 동네마당, 우물마당, 마을어귀 공동마당 등을 확대하여 말한 것이다.[27]

넓은 의미에서 보면 상술한 동네마당 외에도 학교마당, 성당마당, 절마당, 교회마당, 관공서마당, 체육관 등을 큰마당이라고 할 수 있다. 이런 마당들은 국외에서 들어온 근대적인 문물의 산실이기는 하지만 우리네 고유의 전통 마당과 기능면에서 보면 상통하는 바가 있다. 장소면에서 인간생활의 양식과 밀접한 공공公共의 마당을 가지고 있다는 점, 이곳에서 남녀노소 만남 및 놀이, 휴식, 작업을 할 수 있다는 점, 이곳들의 마당을 보면 그 터의 이력履歷이나 용도, 그곳에 사는 분들의 의식 등을 구명해낼 수 있다는 점이 그것이다.

매년 불교, 기독교, 천주교의 신자들이 상대방의 종교를 비방하기보다는 서로의 종교를 인정하는 가운데 서울 소재 한신대 신학대학원 운동장이나 인근의 송암교회 마당에서 펼쳐지는 바자회를 통한 불우이웃돕기 행사는 우리네 전통마당이 가지는 공동체 의식의 기능과 상통한다.

학교에서 매년 행해지는 입학식, 졸업식, 운동회, 소풍 등의 학사 의례가 운동장, 교실, 강당에서 이루어지는 것처럼 개별 종교 역시 연중 예배, 미사, 법회 그리고 절기에 따른 놀이나 의례 등이 성전聖殿 내부와 외부의 마당에서 행해진다. 선조들이 일년 사계절 동안 생산활동을 위한 풍요로운 생장과 결실을 축원하는 세시의례가 마당에서 행해지는 것과 학교의 운동장, 성전의 마당과는 크게 다를 바 없다.

이로보건대 마당은 거룩한 순례의 공간, 평안의 휴식처, 놀이의 축제 무대임이 분명하다.

---

27 위의 논문, 19~21쪽.

2013년 부산 벡스코에서 진행되는 제10차 WCC(World Council of Churches : 세계교회협의회) 총회 주제가 마당이다. 일부 보수적인 교단 목회자들의 반대가 있기는 하나 한국의 전통마을의 표상인 마당을 세계에 부각시키려는 의도는 신선하며, 마당은 우리네 뿐만 아니라 전세계인의 기독인들이 공동체 의식을 구현하는 표상表象으로 부각될 것이다.

춘하추동으로 본 마당과 시계성 時季性

일찍이 하서河西 김인후(金麟厚, 1510~1560)가 지은 『백련초해百聯抄解』[1]에 보면 사시四時를 응축凝縮한 한시漢詩가 실려 있는데, 이 시를 제시하면 다음과 같다.

> 춘난백화홍(春暖百花紅) 봄이 따뜻하니 온갖 꽃이 붉고,
> 하열만수청(夏熱萬樹靑) 여름이 더우니 모든 나무가 푸르다.
> 추량황국발(秋凉黃菊發) 가을이 서늘하니 누런 국화가 피고,
> 동한백설래(冬寒白雪來) 겨울이 차가우니 흰눈이 내린다.[2]

위의 한시는 우리네 사계四季의 변화하는 봄-화홍花紅 : 붉은 꽃, 여름-수청樹靑 : 푸른 나무, 가을-황국黃菊 : 누런 국화, 겨울-백설白雪 : 흰눈의 변화하

---

[1] 정대림, 『실용 한문의 길』, 태학사, 1999, 145쪽. 『백련초해』는 김인후가 한시 연구聯句 100 수를 뽑아 엮은 책으로, 한시 입문서이다.
[2] 위의 책, 146쪽.

는 이미지를 시각적으로 잘 표현해내고 있다.

흔히 봄은 탄생, 재생, 청춘, 환희, 사랑, 부드러움, 따사로움, 성장, 상응, 희망 및 생리적인 발정의 의미를 가진 철이다.[3]

움츠림과 칩거된 긴긴 겨울의 폐쇄된 삶이 풀리는 봄은 인간이 대지에 생명에 씨앗을 뿌리는 노동의 계절인 것과 병행하여 남녀가 서로 사랑의 존재로 만남을 갖는 계절이다. 자연의 재생 원리 및 농경심성農耕心性과 인간의 행위는 동일시된다.[4] 때문에 봄이 되면 한 해의 농사를 준비하는 때이다. 봄철에는 마당에서 볍씨를 경건한 마음으로 물에 담그는 파종 준비는 물론이고, 산과 들에 갓나온 쑥, 취나물, 돈나물, 고사리, 고비나물, 냉이, 원추리 등 온갖 나물들을 뜯어다가 마당에 멍석을 깔아 말리기도 하였다.

또한 마당구석에다 두엄자리를 만들고 닭과 개의 분糞이나 쇠똥을 주어다 부지런히 모으거나 아지랑이가 가물거릴 쯤이면 겨울을 씻은 흰옷들이 마당 가운데의 빨랫줄에서 바람에 흩날리는 모습은 멀리서 보면 그것은 선녀들의 군무群舞였다.

강남갔던 제비가 처마밑에 집을 지을 쯤이면 마당 가운데 갓 깨어난 병아리가 어미닭을 따라 종종 걸음을 치기도 하였다.[5]

태양이 작열하는 여름은 발전과 원숙, 무성茂盛, 열기의 표상으로, 농경農耕에 있어서 가을의 풍요를 위한 일과 노동의 고역이 전제되는 계절이며, 삶을 극렬하게 만드는 자연적 재난災難과 시련의 통과과정이다.[6]

---

3 이재선, 『한국문학 주제론』, 서강대출판부, 1989, 413쪽.
4 위의 책, 417쪽.
5 하종갑, 『한국인의 정서』, 도서출판 우석, 1981, 53~55쪽.
6 이재선, 앞의 책, 420~422쪽.

　예전에 식량이 부족하거나 흉년이 들면 초근목피로 연명하던 때에는 송피松皮, 고사리, 쑥 등이 구황救荒식품이었으며, 보리가 누렇게 익으면 마당은 장정들의 도리깨질로 보리타작 마당으로 변하였다.

　여름 날 저녁때면 시골집 마당에 늘 멍석이 깔린다. 이 멍석 위에서 풋고추와 애호박을 넣고 만든 칼국수를 푸짐하게 먹고 나면, 식구들은 땀을 흘리며 함께 누워 쉰다. 이런 마당위에서의 푸짐한 식사와 느긋한 휴식은 인간들의 고된 하루를 소리없이 위로하고 치유해준다.

　저녁이 깊어지는 여름날의 마당에 세속적인 의심과 유력한 힘을 빼고 누워보면, 한 존재에 대한 온전한 신뢰와 맡김의 신비가 무엇인지를 알게 된다. 그리고 진정 순수하고 무력해진 존재가 어떻게 그 힘으로 오히려 균형의 아름다움을 느끼며 보기 좋게 중생重生하게 되는지도 알게 된다. 무작정 누울 수 있는 이런 마음과 마당이 있다는 것, 그것은 축복이자 은혜이다. 그런 마음과 마당이 있다면 하루의 시작과, 그 하루의 모든 중간 과정과, 그 하루의 마무리가 다 평안함 속에서 순조롭고 싱싱해질 수 있을 것이다.[7]

---

7 정효구, 앞의 책, 25쪽.

여름날 저녁 마당은 일가 친척들이 모여 평상이나 멍석을 펼친 곳에서 엉겅퀴, 쑥, 풀이 타는 모닥불을 피우고 위대한 식사를 함께 하며 정겨운 담소를 나누던 곳이었다. 여름날 저녁마당의 운치를 더한 모깃불과 할아버지, 할머니의 무릎을 베고 엿듣던 정감있는 이야기는 대중매체가 대신하고 그 자리는 주차장으로 내어준 듯 싶다.

연중 사계 중 가장 시적인 계절은 가을이다. 농경의 심성에 있어서는 가을은 보편적으로 결실과 풍요와 완성의 의미를 지닌다. 세시歲時 풍속을 그린 사시조四時調에 나타나는 가을은 모두 결실의 풍요함과 연관된 축제적인 감흥의 대사이다. 봄과 가을의 고된 노동의 비지땀을 흘린 농민에게 있어서는 풍요한 수확의 가을은 인과因果의 순리와 흥겨운 축복을 깨닫게 하는 계절일 것이다. 결실과 완성이 성취되는 계절이요 넉넉한 풍요가 실현되기 때문이다.[8]

가을이면 마당은 오곡五穀의 창고였다. 한쪽에선 나락 타작이 한창이고 거두어 들인 콩, 깨들이 제풀에 튀어 온 마당에 어지러졌다. 이때면 마당엔 멍석이나 겨릅발에 빨간 고추가 널리고 여문박이 따내려지면 그동안 키우던 돼지를 잡아 뜨거운 물에 털이 벗겨진 돼지를 냇가에서 씻어 마당어귀로 옮겨진 가마솥에서 맛있는 냄새를 풍겼다.[9]

한 집안에 큰일이 있으면 돼지를 잡아 큰일 치르는 집안 식구 뿐만 아니라 동네 어르신들과 아이들까지도 함께 음식을 나누던 곳이 마당이었다.

가을 마당은 가을 걷이가 끝나면 잿빛으로 퇴색한 초가지붕은 당년

---

8 이재선, 앞의 책, 423쪽.
9 하종갑, 앞의 책, 56~57쪽.

누런 짚을 말려 둔 새 짚으로 이엉을 엮어 만든 새옷의 탈바꿈 장소뿐만 아니라 아이들이 고추잠자리를 쫓아 헤매던 곳이고, 짚, 생초生草, 건초乾草, 콩줄기를 잘라 여물을 만들거나, 닭, 거위 등의 먹이를 주던 장소였고, 어업

이 발달한 곳에서는 황태 말리는 막장이었다.

겨울은 대지가 차가운 냉기의 바람과 얼음, 눈 속에 휘덮이고 마는 계절이기 때문에 흔히 차가움, 비정, 고난, 잠, 죽음, 하강下降으로 표상되는 계절이다.

겨울은 또한 흰눈을 노래하는 시편詩篇들이다. 순백의 눈은 정결과 고결함의 색채적인 상징이다. 흰눈이 내린다는 것은 곧 황막하고 참혹한 현실의 일상을 완전히 덮어버리고 세상을 맑고 깨끗하게 정화한다는 의미 외에도 그리운 소식을 마침내 접하게 된 상태의 기쁨이나 여인의 옷 벗는 소리와도 같은 화평하고 안온한 상태를 뜻한다.

또한 겨울은 기다림의 계절이다. 그 기다림의 대상이란 바로 봄이다. 겨울의 한복판에서도 봄을 기다리는 것은 시간의 진행적인 순리를 따라 유폐幽閉와 죽음의 상태에서 재생의 상태를 기다린다는 의미이다.[10]

---

10 이재선, 앞의 책, 423~430쪽.

겨울철이면 마당에서는 귀마개를 하고 소나무나 참나무 둥치로 팽이를 깎아 닥나무 껍질과 삼(麻 삼 마)을 섞어 꼰 팽이채로 팽이 돌리기에 땀을 흘리기도 하였다. 설 명절이 돌아오면 동네 누나들은 갑사댕기를 너울거리며 널띠기를 했고, 머슴아들은 제기를 찼다.

음력 정월 14일에는 가난한 사람이 부유한 집 흙을 훔쳐다가 자기집 부뚜막에 바르면 자기도 잘살게 된다는 속신에서 복토福土 훔치기가 성행했다.[11]

이상에서 알 수 있듯이 사계四季의 순환적인 흐름이 일정한 우리네 봄 마당에서는 과거 농경에 근간을 둔 시기부터 이미 한 해의 농사를 경건한 마음으로 일을 준비하고, 겨울철에 얼었던 대지의 틈바구니 사이로 움트는 온갖 나물과 빨래의 건조, 가금류 먹이 찾기 등이 마당에서 이루어졌다.

여름 마당에서는 보리 타작, 구황식품 만들기, 어른들의 노동과 가족들의 휴식 공간이자 푸짐한 식사를 하던 정겨운 장소였다.

가을 마당에는 풍성한 오곡의 창고이자 수확한 고추, 깨, 콩과 강과 바다에서 잡은 고기를 건조시키는 장소였고, 초가지붕 개량, 겨울에 먹일 우마牛馬의 사료 준비, 닭, 개의 먹이를 주던 장소였다.

겨울 마당은 아이들의 팽이치기, 제기차기, 여인들의 널띠기 같은 민속놀이나 복토 훔치기 등의 풍습이 행해지던 곳이다.

도시화된 농촌 마당에는 해질 무렵 작두로 우마牛馬의 여물을 썰던 모습은 이제 기계가 그 자리를 차지하였고, 대체로 짚보다는 값비싼 사료로 대체되어 축산업에 종사하는 분들의 고통이 크다.

---

11 하종갑, 앞의 책, 57쪽.

또한 부엌 아궁이의 짚이나 산에서 간벌한 소나무 가지 등의 땔감은 LPG천연가스로 대체되었고, 마당 모퉁이에 쌓아 둔 짚단의 형상은 거의 자취를 감추고 말았다.

마당에서 먹이를 찾던 닭과 오리 등속은 가금류를 기르는 농장주의 생계수단이 되었고, 한 집안의 혼례, 장례, 제례 등의 일상의례가 행해지던 마당은 이제 서구적인 예식장이나 사찰, 성당, 교회, 장례식장에 그 자리를 내어주고, 혼례의 경우는 서울시 명륜동 성균관대학교 구내의 유림회관, 공원 등지에서 근근이 예전의 전통을 이어가고 있는 실정이다.

우리네 선조들의 애환哀歡이 고스란히 남아 있던 전통마을의 마당은 생존의 필수적인 일, 노동의 생산성을 높여주는 놀이, 집을 지켜주는 가신家神의 공동체 의례는 예전보다는 많이 퇴색되었지만 앞으로는 변화된 세상에 걸맞는 축제의 장으로 거듭나기를 바랄 뿐이다.

세시풍속과 마당

　세시풍속은 일년을 단위로 하여 자연의 변화, 생산활동, 각종 의례와 놀이가 주기적으로 반복되는 양상을 말한다. 시대에 따른 생업방식이나 일상적 생활방식의 변화에 따라 세시풍속도 바뀌고 있다.

　우리네 세시풍속은 해와 달의 움직임을 바탕으로 했기 때문에 농경세시農耕歲時라고 해도 지나친 말이 아닐 것이다. 일년 열두 달의 세시풍속은 농사의 시기, 풍요에 대한 예측, 풍요기원 의식, 수확에 대한 감사의식 등이 복합적으로 어우려져 있으며,[1] 그 대부분의 의례는 공동생활을 하는 구성원들에게 생활의 변화를 주고 나아가 공동체 의식을 진작시킨다.

　역사적 측면에서 볼 때, 세시풍속은 역대 왕조의 개국이나 시조始祖의 탄생을 숭모하는 가운데 형성되었다. 이 경우의 행사는 건국신화나 시조신화와 관련되어 있는데, 씨족신화의 영향이 크다. 씨족의 시조에

---

1 안기수, 앞의 책, 148쪽.

숭앙이 곧 자기정체성을 확인할 수 있는 한 방편이기 때문이다. 철에 따라 시행되었던 시조묘 참배, 집단적 제례와 같은 시제時祭나 시향時享 외에 민족적 차원에서 역사적으로 이름난 최영, 임경업 장군, 무명 의병, 민간의 영웅에 대한 숭모나 존경심이 역사적 측면의 세시풍속이라고 할 수 있다.[2]

종교적 측면에서 볼 때, 세시풍속은 전래의 민간신앙 및 유·불·도의 영향으로 형성되었다. 민간신앙과 관련한 세시풍속으로 고사, 동제, 재수굿, 풍년굿 등 가정과 이웃을 위한 제액초복 내지 풍년을 기원하는 행사를 들 수 있으며, 유교 관련 세시풍속으로는 양반층에 한해 행해진 석전제의 釋奠祭儀, 종묘제례宗廟祭禮, 문묘제례文廟祭禮 등과 서민층을  포함한 가례에 바탕을 둔 관혼상제를 들 수 있다. 불교 관련 세시풍속으로는 석가 탄신일, 석가 출가일, 석가 열반일 등 석가의 일생과 관련한 행사를 들 수 있다. 특히 초파일 연등행사 및 효 사상과 어울러져 초신공양을 올리는 우란분재일盂蘭盆齋日 행사가 성대하였다. 도교와 관련한 조선

---

2 이창식, 『전통문화와 문화콘텐츠』, 역락출판사, 2006, 105쪽.

조 소격서昭格署의 세시풍속은 유교, 불교 행사보다 성하지 못하였다.[3]

봄철(3·4·5월)은 농경이 본격적으로 시작되는 철이다. 봄철의 대표적인 명절은 정월초하루 설날과 대보름이다. 설날은 음력 1월 1일로서 한 해가 시작되는 첫 날로서 중요한 의미를 지닌다. 우리네 조상들은 정신과 몸가짐을 새롭게 다지고 첫 날을 맞았다.

음력 1·2월의 세시풍속은 신년의 첫 출발과 관련하여 행해진다. 각 가정마다 조상을 숭배하며, 점복占卜으로 풍·흉을 점치며, 모의행위를 통해 풍년을 기원하며, 마을 단위의 동제가 이루어진다. 한 해의 길흉을 예견하는 예측성, 그리고 마을 집단의 대동성과 축제성이 두루 드러난다.[4]

정초에 즐기는 마당 놀이에는 윷놀이, 척전(擲錢 : 돈치기), 지신밟기 등이 있다. 돈치기는 정초에 청소년들이 마당 같은 곳에서 동전을 가지고 놀던 놀이이다. 지신밟기는 정월 초이틀부터 대보름 사이에 하는 것으로, 일년 간의 제액초복(除厄招福 : 액을 없애고 복을 부름)을 위해 대지의 신에게 올리는 제의祭儀였으나 점차 놀이로서의 성격이 강해진 것이다.

농경국가에서 보름 명절은 중요한 의미가 있다. 고대로부터 동아시아권에서는 초승달이 점차 커져서 만월이 되고, 다시 작아지는 현상을 곡물穀物과 대비시켜 달을 풍요와 다산의 상징으로 여겼다. 때문에 우리 민족은 정월대보름은 물론 6월 유두, 7월 백중, 9월 한가위, 10월 하원 등 만월이 떠오르는 15일 보름을 명절로 삼았다.[5] 대보름날 저녁 마당에서 달이 뜨는 모습을 보면서 한 해의 풍흉을 점치기도 하며, 달에게

---

3 위의 책, 105쪽.
4 위의 책, 118쪽.
5 위의 책, 122쪽.

한 해의 소원을 빌기도 한다.

보름날 아침에는 밤, 호도, 잣, 은행銀杏 등을 단 한 번에 깨물어 먹거나 마당에 버린다. 이를 부럼이라 한다. 깨물 때 '1년 동안 무사태평하고 만사가 뜻대로 되며 부스럼이 나지 말라'고 되뇌이는데, 이는 이를 튼튼하게 하여 부스럼이 나지 않도록 하기 위한 것이다.[6]

음력 3월 3일은 삼짇날이라고 한다. 삼짇날은 삼三의 양陽이 겹친다는 날이다. 삼짇날은 봄을 알리는 명절이다. 이날은 강남 갔던 제비가 돌아오고, 뱀이 동면冬眠에서 깨어나 나오기 시작하는 날이라고도 한다. 또한 나비나 새도 나타나기 시작하는데, 이날 뱀을 보면 운수가 좋다고 하고, 또 흰나비를 보면 그 해 상喪을 당하고 노랑나비를 보면 길하다고 한다. 또한 이날 장을 담그면 맛이 좋다고 하며 집 안수리를 하기도 한다. 아울러 농경제農耕祭를 행함으로써 풍년을 기원하기도 한다. 전국 각처에서는 한량들이 모여 편을 짜 활쏘기를 하기도 하며, 닭싸움을 즐기기도

---

6 임경순, 앞의 책, 158~160쪽.

한다.[7] 사내아이들은 물이 오른 버드나무 가지를 꺾어 피리를 만들어 불면서 놀이를 즐기고, 계집아이들은 대나무쪽에다 풀을 뜯어 각시인형을 만들어 각시놀음을 즐기기도 한다.

4월 초파일은 욕불일浴佛日, 관등절觀燈節, 부처님 오신 날로 불리기도 하는데, 이 날은 가정이나 사찰에서 등燈을 만들어 연등행사를 하는데 사찰 마당에서의 탑돌이, 거리에서의 연등행렬 등의 행사에서 소원을 빈다.

초파일을 여러 날 앞두고 가정이나 사찰에서는 여러 가지 등을 만든다. 연등의 모양은 과실, 꽃, 어류, 동물 등 헤아릴 수가 없다. 초파일 며칠 전부터 뜰에 등간燈竿을 세워두고 간상竿上에 꿩 꼬리털을 꽂고 물들인 비단으로 기를 만들어 다는데, 이를 호기呼旗라고 한다. 살림이 넉넉하지 못해 등간을 만들지 못하는 집에서는 나뭇가지나 추녀 끝에 빨랫줄처럼 줄을 매고 그 줄에 등을 매달아두기도 한다.[8] 불가佛家의 명절이 이제는 일반으로까지 확장된 셈인데, 이는 마치 기독교에서 신자信者들이 성탄절 새벽에 성도들의 집안, 지역 관공서의 마당이나 문 앞에서 예수 탄생를 기리는 성탄 트리장식이나 점등식 및 새벽 송은 이같은 맥락이다.

음력 5월 초닷새 단오는 여름을 대표하는 명절이다. 단오날에는 창포 삶은 물에 머리를 감는 풍습이 있고, 이 날에 식욕이 왕성해지고 속병이 없어진다 하여 아침에 익모초 즙을 내어 웃어른께 바치기도 하였다. 단오 아침에 상추 잎에 묻은 이슬을 털어 세수를 하기도 한다. 이렇게 하

---

7 이창식, 앞의 책, 106~107쪽.
8 위의 책, 108쪽.

면 얼굴이 고와지고 여름에 더위를 타지 않으며 버짐이나 땀띠가 나지 않는다고 한다.[9] 단오놀이에는 그네뛰기와 씨름 등이 있다. 우리네 설이나 추석 명절에는 어김없이 체육관의 모래 마당에서 천하장사 씨름대회가 열리고 있다.

여름은 음력 4월부터 6월까지로 생장의 시기이다. 봄에 파종播種을 하고 여름에는 농작물을 가꾸는 시기여서 바쁘다.

삼복 더위의 복날에는 드물게 마당에서 큰항아리의 덮개에 개나 닭을 덮고서 흙으로 주변을 공기가 통하지 않게 하여 잡은 개와 닭 또는 산간 계곡에 들어가 물고기를 잡아 매운탕, 개장국, 삼계탕 등을 끓여 먹으며 더위를 식히는데 이를 복대림 혹은 복다림이라고 한다.[10]

7월 15일 백중은 풋굿 또는 호미씻이, 머슴(일꾼)의 날, 망혼일亡魂日 등으로 일컬어진다. 칠석七夕 직전에 세벌 김매기가 끝나서 호미를 씻어 보관해도 좋다는 백중은 봄부터 여름 내내 고생한 머슴들을 휴가를 주고, 마을마다 풍물을 치며 하루를 즐기는 날이자 망친亡親의 혼을 위로하기 위해 갖가지 음식과 과일을 차려 놓고 천신께 기도하는 날이기도 하다.[11]

칠석의 세시풍속으로 여자들이 길쌈을 잘할 수 있도록 직녀성織女星에게 비는 행사가 있다. 이날 새벽에 부녀자들은 참외나 오이 등의 초과류草果類를 상위에 놓고 절을 하며 여공(女功 : 길쌈질)이 늘기를 기원한다. 잠시 후에 상을 보아 음식상 위에 거미줄이 쳐져 있으면 하늘에 있는 선녀가 소원을 들어주었으므로 여공이 늘 것이라고 기뻐한다. 혹은

---

9 위의 책, 108쪽.
10 임경순, 앞의 책, 163쪽.
11 안기수, 앞의 책, 150~151쪽.

처녀들이 장독대 위에 정화수를 떠놓은 다음, 그 위에 고운 재를 평평하게 담은 쟁반을 올려놓고 바느질 재주가 늘게 해달라고 기원하는데, 다음날 재 위에 무엇이 지나간 흔적이 있으면 영험이 있다고 믿는다.[12]

---

12 이창식, 앞의 책, 111~112쪽.

충북 제천에서는 주로 양력 7월 말에서 8월 말까지 파대치기(파대놀이)가 시작된다. 파대(破帶 : 풀이 떨어지게 치는 띠)란 가을철 논밭의 새를 쫓기 위한 도구를 뜻하는 용어다. 파대는 짚을 꼬아 만든 줄 끝에 삼이나 말총, 짐승가죽 따위를 매어 만드는데, 이것을 둘러서 치면 그 끝이 휘감기게 되어 폭폭소리와 같은 소리를 낸다.

양력 7월 말~8월 말에는 곡식들이 여물 시기이므로 새나 들짐승들이 몰려들기 때문에 이들을 내쫓기 위해 고안된 도구이다.

파대놀이는 입장 → 파대제작 → 축이기 → 고르기 → 분칠하기 → 파대치기 → 뒤풀이 → 퇴장의 순으로 구성된다.

파대놀이는 칠월, 칠석, 백중, 호미씻이 그리고 주로 가을철 새 쫓기 때 많이 놀았다. 파대놀이는 역동적인 민속놀이로 남성위주의 태기치기, 빠방치기인데 일찍 개인의 역량과 집단협력이 조화를 이루어 소리를 내는 전통연희다.[13]

음력 7~9월은 가을에 해당한다. 이 기간은 수확을 준비할 철이다. 음력 8월 보름 한가위는 추석, 중추절仲秋節, 가배일嘉俳日 등으로 불리는데, 설, 정월대보름과 함께 우리네 3대 명절 중의 하나이다.

추석날에는 햇곡식으로 빚은 음식과 온갖 과일(복숭아를 제외한 이유는 축귀의 속신에 의함)을 차려 놓고 조상들에게 차례를 지낸다. 그리고 조상의 묘가 있는 산소나 납골당을 찾아서 성묘를 한다.

추석의 음식으로는 햅쌀로 지은 밥, 떡, 송편 외에도 백주白酒, 황계黃鷄 등이 있는데 이 가운데 송편이 대표적인 음식으로 보아진다. '두 놈은 구덩이 파고 여덟 놈은 등두리는 것이 뭐냐'의 수수께끼는 "제 손으

---

13 이창식, 『파대치기의 울림과 신명 ; 파대놀이』, 민속원, 2011, 11~31쪽.

로 만지면서도 몰라?" 송편(송병 松餠)을 두고 이르는 말이다. 또 다른 송편에 관한 시도 있다.

> 손바닥 위에 돌리고 돌려 새알을 이루고
> (장상회회성조란 : 掌上回回成鳥卵)
> 손가락 끝에 하나하나 조개 입술 합치네.
> (지간개개합방신 : 指端個個合蚌脣)
> 금 소반에 일천 봉우리 깎아 세워 포개었고
> (금반삭립천봉첩 : 金盤削立千峯疊)
> 옥 젓가락으로 날아올 제 반달이 둥그러이
> (옥저현래반월원 : 玉箸懸來半月圓)

위의 시는 김삿갓이 지은 것이다.[14] 송편은 먹는 그날보다도 전날 저녁 온 가족이 둘러앉아 오순도순 얘기하며 만드는 과정이 더 따사롭다. 그러면서 송편이 동그렇게 생기지 않은 것은, 보름달이 될 희망을 나타내기 때문이다.[15]

추석 놀이는 정월 대보름 놀이가 반복된다. 줄다리기, 지신밟기, 탈놀이, 달맞이 등이 그것이다. 특히 수십명의 부녀자들이 드넓은 마당(운동장, 공터)에서 노래하며 원무圓舞를 추는 강강술래는 대표적인 추석 놀이다.[16]

---

14 이훈종, 『재미있고 유익한 이훈종의 사랑방이야기』, 전통문화연구회, 2001, 335~336쪽. 이창식, 『김삿갓문학의 풍류와 야유』, 세명대 지역문화연구소, 2011, 160쪽.
15 이훈종, 앞의 책, 337쪽.
16 임경순, 앞의 책, 164~165쪽.

겨울은 음력 10월에서 12월까지이다. 겨울철은 수확을 마무리 하고 한 해를 마무리하는 철이다.

10월은 상월(上月 : 상달) 즉 으뜸 달이라 한다. 각 가정에서는 길일吉日을 잡아 성주고사를 지낸다. 성주는 가신家神 가운데 집안의 길흉화복吉凶禍福을 관장하는 으뜸 신이다. 햇곡식으로 붉은팥 시루떡, 술, 과일 등의 제물로 고사를 지내 무병無病, 평안을 빈다.

또 이달에는 무껍질이 두꺼우면 겨울이 춥고, 얇으면 따뜻하다는 속신이 있고, 겨울 동안 먹을 김장을 담아 울 밑에 묻기도 한다.[17]

음력 11월 동짓달에는 춥고 눈이 많이 온다는 대설大雪과 겨울이 정점에 달하고 양기가 생기기 시작한다는 동지冬至가 있다.

동지는 양력 12월 22일로 조선시대까지만 해도 작은 설에 해당했다. 동지 팥죽을 먹으면 나이 한 살 더 먹는다고 한 것으로 보아 새해가 시작되었음을 의미한다.

동지에는 붉은 팥을 쑨 팥죽을 집안의 가신家神에게 올리고, 대문, 벽, 부엌, 마당, 담장 등에 뿌려 잡귀를 막았다. 이는 붉은 색이 가진 주술적呪術的인 힘을 이용해 잡귀를 몰아내고자 한 상징 행위[18]이기도 하지만 좌정한 가신들을 대접하고 이를 나누어 먹는다 '고시레'와 유사한 의례에 기인한다.[19]

붉은 색과 관련된 민속행위는 팥죽을 쑤어 뿌리는 것 뿐만 아니라 당산제를 지낼 때 화주와 제주 집 앞, 동네 입구, 당산 주변에 황토를 까는 것이라든가, 정월보름에 마을 여자들이 인근 마을에 가서 디딜방아를

---

17 김의숙 · 이창식, 앞의 책, 98쪽.
18 임경순, 앞의 책, 165~165쪽.
19 김의숙 · 이창식, 앞의 책, 99쪽.

훔치다가 동네 앞에 거꾸로 세워 놓고 여자의 붉은 피가 묻어있는 고쟁이(속곳)를 씌워 놓는 놀이에서도 찾아볼 수 있다.[20]

세시풍속을 통하여 조상들이 누려온 갖가지 음식 철마다 다른 오락과 유희 등의 미풍양속이 시행試行되는 주된 공간[21]은 마당이었음은 의심의 여지가 없다.

이상에서 살펴본 바와 같이 우리네 세시풍속은 해와 달의 움직임과 그에 따른 사계四季의 변화에 적기適期를 놓치지 않는 농경을 삶의 근간으로 삼은 우리네 조상들은 종종 마당이라는 공간에서 한데 어울어

져 전통마을의 공동체의식을 발현하고 이를 진작시키는 계기가 되었다. 이를 중심으로 다양한 세시歲時에 따른 생산의례, 신앙의례, 일상의례가 연중 사계의 순환처럼 연결됨을 알 수 있었다.

근년에 나라 밖에서 들어온 밸런타인데이(양력 2월 14일), 화이트데이(양력 3월 14일), 블랙데이(양력 4월 14일), 로즈데이(5월 14일), 키스데이(6월 14일), 할로윈데이(10월 31일), 빼빼로데이(양력 11월 11일) 등등 얄팍한 상술商術이 판을 치는 이국적인 문화의 진입에 우리네 고유의 세시풍속이 점차 설자리를 잃어가고 있는 듯하여 애석하기만 하다.

우리네 고유의 세시풍속은 한 해의 시작을 축원하는 설, 수확과 천신

---

20 이창식, 앞의 책, 118쪽.
21 김의숙·이창식, 앞의 책, 82쪽.

薦新=천신天神 및 조상에 대한 감사의 인사, 팥죽을 집안 곳곳에 뿌려 액 厄을 쫓거나 가신家神들을 대접하는 동지 등등 우리 세시歲時 명절은 일의 시작과 마무리가 모두 감사의 마음으로 이루어졌다고 해도 지나친 말은 아니다.

  나라 밖에서 무분별하게 들어온 ○○○day처럼 이기주의적 성향과 소비적 경향이 짙은 외래문화보다는 우리의 세시 명절이 사람과 자연, 조상과 천신이 사람과 함께 어울어진 진정성과 고결성이 우월한 축제의 장(마당)이었음은 틀림없다. 급변하는 세상에 맞게 사라져가는 세시마당이 거듭나고, 이 축제 마당에 지대한 관심을 갖는 분들이 진정 많아지기를 바란다.

문학작품 속의 마당과 우리 공간

우리네 고전과 현대문학 작품 외에도 역사서 등의 문헌에는 마당에 연관된 기록이 곳곳에 산재해 있다. 여기서는 우리 고전과 현대문학에 수록된 마당 관련 예문만을 살펴보기로 하자.

먼저 일연一然의 『삼국유사三國遺事』 가락국기駕洛國記 조목에 실린 마당 기문을 살펴보자.

> 탈해가 마침내 항복하여 말하기를, "제가 술수를 다투는 마당에서 매가 독수리에게서, 참새가 새매에게서 죽음을 면한 것은 아마도 성인이 살생을 싫어하는 인자함때문일 것입니다(解乃伏膺曰 僕也適於角

術之場 鷹之於鷲 雀之於鸇獲免焉 此蓋聖人惡殺之仁而然乎).¹

위의 기사는 탈해가 왕권 이양 문제를 놓고 왕과 논쟁하던 중에 탈해가 왕에게 항복하여 언술한 구절이다. 참새는 탈해의 상징이고, 새매는 왕의 상징이다. 왕권 찬탈을 꾀하려 탈해보다는 왕의 위세가 더 우위에 있었음을 알 수 있고, 술수를 다투는 장소는 궁궐 혹은 성소聖所가 마당이었을 듯 싶다.

다음에는 권별權鼈의 『해동잡록海東雜錄』에 실린 일화를 살펴보자.

> 근래 김씨 성을 가진 사람이 우스갯소리를 잘하였다. 하루는 친구집에 찾아갔더니 친구가 술상을 차렸으나 안주가 채소뿐이었다. 그 친구가 먼저 "집이 가난하고 저자도 멀어 맛있는 것을 차리지 못해 싱겁고 박하기만 한 것이 부그럽네" 하고 사과하였는데, 때마침 닭들이 모이를 쪼고 있었다. 김이 자기 말을 잡자고 하자 주인이 "말을 잡으면 무엇을 타고 돌아갈 건가?"라고 묻자 김이 "닭을 타고 가면 되지"라고 했다. 주인이 껄껄 웃으면서 닭을 잡아 대접하였다.²

위의 일화는 우스갯소리를 잘하는 잘하는 김씨가 그의 친구 집에 갔다가 친구에게 재치 있는 말로 응대하여 마당에서 모이를 쪼는 닭을 대접 받았다는 이야기로 서거정의 『태평한화골계전太平閑話滑稽傳』에도 실려 있다. 『해동잡록』과 유사한 『태평한화골계전』의 한 대목을 제시해 보이면 다음과 같다.

---

1 강인구 외, 『역주 삼국유사』 II, 이회문화사, 2002, 245쪽(원문), 261쪽(역문).
2 이강옥, 『말이 없으면 닭을 타고 가지』, 학고재, 1999, 286~287쪽.

마침 닭의 무리가 뜰(마당)에서 어지럽게 모여 모이를 쪼아대고 있었다(適有群鷄亂啄庭除).³

위의 두 화집話集에 실린 기사는 닭들이 뜰(마당)에서 모여 모이를 쪼는 장면을 그려내고 있다. 추운 겨울이 지나 따뜻한 봄이 되면 마당에서 모이 쪼는 닭의 장면은 계란을 얻기 위해 장시간 전등을 켜놓은 양계장에서 사육되는 탓에
가정에서는 이제 좀처럼 보기 드문 장면이 되었다.

다음으로 심재(沈鋅, 1722~1784)의 『송천필담松泉筆譚』에 보이는 마당 기문을 살펴보자.

겨울 11월 보름날 대궐 뜰에서 팔관회를 거행하였다. 윤등을 설치하고 향등을 늘어 놓았으며, 또 채붕을 만들어 온갖 놀이와 가무를 바쳤으니, 모두 신라의 고사이다(冬十一月望日 設八關會於闕庭 置輪燈 列香燈 又結綵棚 呈百戱歌舞 皆新羅故事也).⁴

위의 기사는 대궐의 뜰(마당)에서 11월 대보름에 팔관회가 열린 사실을 기록하고 있는데, 이 행사에 온갖 놀이와 가무가 연시演試되었다는

---

3 시귀선・유화수・이월영 역주, 『고금소총』, 한국문화사, 1998, 73쪽. 차계기환(借鷄騎還 : 닭을 빌어서 타고 돌아감).
4 신익철 외, 『교감역주 송천필담』 2, 보고사, 2009, 59쪽.

것은 이전부터 성행하던 불교의 의례가 궁중의례에 편입되었음을 알 수 있다.

다음에는 상기한 『송천필담』에 수록된 일화 한 편을 살펴보자.

> 『명신록』에 보이는 이야기다. 윤회尹淮 공이 일찍이 여관에 투숙했다가 마당가에 앉아 있었다. 주인집 아이가 커다란 진주를 가지고 나왔다가 마당 가운데에 떨어뜨렸는데, 곁에 있던 흰 거위가 그것을 삼켜버렸다. 얼마 지나 주인이 진주를 찾았지만 찾을 수 없자 공이 훔쳐간 것으로 의심하여 포박하고 아침에 장차 관에 알리고자 하였다. 공이 변명하지 아니하고 단지 말하였다. "저 거위도 또한 내 곁에 묶어두시오." 다음날 아침에 진주가 거위의 똥에서 나오자, 주인이 부끄러워 사례하면서 말하였다. "어제는 어찌 말씀하지 않으셨는지요?" 공이 답하였다. "어제 말을 했다면 당신이 반드시 거위를 잡아서 구슬을 찾았을 것입니다. 까닭에 욕됨을 참고서 기다린 것입니다."(名臣錄 尹公淮 嘗投逆旅 坐於庭畔 主人兒 持大眞珠 出來落於庭中 傍有白鵝含之 俄而主人索珠不得 疑公竊取 縛之 朝將告官 公不與辨 只云 彼鵝亦繫吾傍 明朝珠從鵝後出 主人慙謝曰 昨何不言 公曰 昨日言之 則主必割鵝覓珠 故忍辱而待)[5]

위의 일화는 '인욕이대(忍辱而待 : 욕됨을 참고 기다림)'의 고사故事로 세인에게 널리 알려져 있다. 숙소의 마당에서 진주를 삼킨 것을 목도한 윤회의 이야기는 윤회의 인내忍耐로 말미암아 생명의 존엄성을 읽어낼 수 있고, 거위가 마당에서 먹이를 먹는 장면에서 한가로움을 느낄 수 있고,

---

5 위의 책 1, 412쪽(역문); 위의 책 3, 144쪽(원문).

집주인은 마당에서 거위가 삼킨 진주를 삼킨 것도 모르고 성미가 급하여 남(윤회)을 의심의 눈초리로 여긴 사람임에 틀림없다.

다음에는 조선 후기 3대 야담집 중의 하나로 평가되는 이원명(李源命, 1807~1887)의 『동야휘집東野彙輯』에 실려 있는 마당의 기사를 살펴보자.

> 조금 후에 감영의 마당에서 죄인을 심문하는 소리가 났는데 '문지기로서 능히 들어오는 손을 막지 못했다'고 죄를 주는 것이었다. 조씨는 그 소리를 듣고 몰래 상심하며 자탄할 따름이었다(俄而 營庭有推閱之聲 以聲卒不能拒客 罪之也 趙聞之 暗自傷嘆而已).[6]

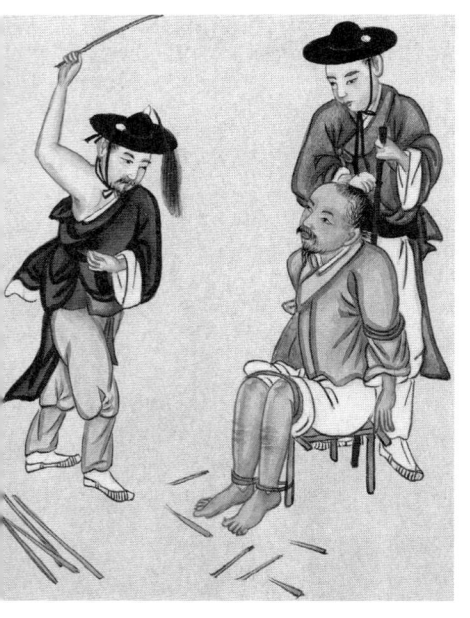

『동야휘집』 123화 〈통배은투환금전(痛背恩偸換金錢 : 은혜를 배반하고 돈을 훔쳐 바꿔 가니 애석하다)〉는 연산조 때 갑자사화甲子士禍로 부관참시剖棺斬屍를 당한 한치형(韓致亨, 1434~1502)의 손자를 기른 역관譯官 조생趙生과 한치형의 손자 그리고 녹림호객(綠林豪客 : 도적)의 사이에서 벌어진 신의信義와 보수報讐를 다룬 설화이다. 위의 기문으로 보아 죄수의 심문이 감영監營의 마당에서 이루어졌음을 알 수 있다.

다음에는 『청구야담靑邱野談』에 수록된 우정의 마당 공간 이야기를 살펴보자.

---

6 이원명 원저, 정명기 편, 『원본 동야휘집』 상, 보고사, 1992, 806쪽.

아들에게 진정한 우정을 보여준 아버지[7]

옛날에 어떤 한 부자父子가 같은 집에서 살고 있었다. 아들은 벗 사귀는 것을 무척 좋아하여 날마다 밖에 나가 벗들과 더불어 노닐었다. 집을 나섰다 하면 그때마다 잔뜩 취하여 돌아왔고 혹은 다른 곳에서 밤을 지내고 돌아오지 않기도 했으며, 심지어는 여러날을 밖에서 머물기도 했다. 혹 밖에 나가지 않는 날이면 사귀어 놓은 벗들이 사방에서 모여들어 신발로 집안이 가득 찼고 술잔과 그릇들이 낭자하였으며 즐기며 웃는 소리가 떠들썩하였다. 하루는 그의 부친이 아들에게 물었다. "이들은 모두 왠 사람들이냐?" "모두 절친한 벗들입니다." "벗을 사귀는 것은 천하에 지극히 어려운 일인데 벗이 이처럼 많다는 말이냐? 게다가 이들이 모두 지기知己 지심知心하는 사람들이라는 말이냐?" "뜻이 같고 생각하는 것이 합치되어 금난(金蘭 : 사람이 마음을 같이하면 그 예리하기가 쇠를 자르고, 마음을 같이하는 말은 그 향취가 난같다에서 유래된 말로 벗사이의 사귐이 매우 두터움을 말함)같은 사귐을 맺어 의탁하고, 금과 재물을 서로 통용하고 화란을 당했을 때 서로 돕기로 한 자들입니다." "그렇느냐? 내 장차 시험해 보겠다." 하루는 부친이 돼지를 잡아 삶아서 털을 벗겨내 하얗게 만들어 그것을 가마니로 싼 뒤 새벽종이 치자마자 아들로 하여금 그것을 짊어지게 하고 말했다. "네가 가장 믿고 있는 벗의 집으로 가도록 하자." 그 벗의 집에 도착하여 문을 두드리니 한참 후에야 벗이 나오며 물었다. "이처럼 깊은 밤에 무엇 때문에 왔는가?" 아들이 대답하였다. "내가 불행히도 사람을 죽였는데 형세가 매우 궁하고 급하여 지금 시체를 메고 이곳으로 왔네. 그러니 나를 위해서 어떻게 잘 처리해주었으면 하네." 그 벗은 겉으로는 놀라는 모습과

---

7 원제(原題)는 裹蒸豚中夜訪神交(과중돈중야방신교 : 돼지를 잡아 삶고 포장하여 밤 중에 절친한 벗을 찾아가 교유함).

가여워하는 얼굴빛을 보이며 말했다. "알겠네! 들어가서 곧 도모하도록 하겠네." 식경(食頃 : 한 끼의 밥을 먹는 동안)을 서서 기다려도 다시 나오지 않았다. 불러도 대답하지 않아 분명하게 거절하는 뜻을 드러냈다. 부친이 탄식하며 말했다. "너의 절친한 벗이란 것이 모두 이와 같으냐?" 다른 곳을 찾아가 그 곳의 벗에게 또 말했다. "내가 오늘 늦은 시각에 사람을 죽여 형세가 급한지라 갑자기 찾아왔으니 자네와 더불어 일을 도모했으면 하네." 그러나 그 벗은 다른 일이 있다는 핑계를 댔다. 그래서 또 다른 곳으로 가 그 곳에 사는 벗에게 또 전처럼 말하니, 그 벗은 질책하였다. "이것은 큰 사건이네. 어찌 나에게 그 화를 옮기려 하는가? 다른 말할 것 없이 빨리 가게. 만약 지체하면 나에게 죄가 연루될 것이네." 이처럼 그 짐을 진채 무릇 서너집을 찾아 달려갔어도 모두 다 한결같이 접하는 것을 용납하지 않았다. 부친이 말했다. "너의 벗들은 모두 이 정도에 불과하느냐? 나에게는 서로 친한 한 벗이 있는데 그는 모 동(洞)에 살고 있어 서로 만나 보지 못한 지가 이미 10년이 되었다. 그 벗을 찾아가서 어떻게 하는지 보도록 하자." 마침내 그 사람의 집을 찾아가 문을 두드린 뒤, 아들의 벗에게 고했던 것과 똑같이 고하였다. 그 사람은 깜짝 놀라며 말했다. "이곳에 머무르게나. 곧 먼동이 틀 것이고 사람들이 거리에 나올걸세." 그는 급히 부친을 이끌고 집안으로 들어가더니 몸소 부삽 등을 가지고 와 누워 자던 방돌을 깨뜨려 그 곳에 시체를 감추고자 하였다. 뒤돌아 보며 말했다. "자네도 나를 도와 힘을 합하세. 지체하면 다른 사람들이 보게 될 것이네." 부친이 웃으면서 말했다. "쓸데 없이 놀랄 필요 없네. 방돌도 부술 필요 없고…" 가마니로 싼 것을 가리키며 말했다. "저것은 돼지지, 사람이 아닐세." 그리고 나서는 그 일에 관하여 일장 자세하게 말해주었다. 부친의 벗도 삽을 내던지고 웃으며 서로 손을 잡고 방으로 들어가, 술 몇병을 팔아와 가져온 돼지를 잘라서 먹으며 오랜 세월 동안 막혀 있었던 회포를 풀었다.

잠시 후에 고별하며 말했다. "청백한 모범을 언제나 다시 만날 수 있을지 알 수 없으니 각기 있는 곳에서 서로 통하는 것이라곤 다만 일점 영서(靈犀 : 중국 고대에서는 코뿔소의 뿔에는 흰 무늬가 있는데 감응하는 것이 영민하여 이 동물을 신령하게 여겼으며, 마음이 상통하는 의미로 비유한다) 밖에는 없네. 인하여 아들을 데리고 집으로 돌아왔다. 아들은 크게 부끄럽고 후회스러워 다시는 감히 교우交友에 관해서 운운하지 않았다.[8]

위의 이야기는 한 가정의 가장인 아버지가 철없는 아들의 무분별한 친구 사귐을 경계하고자 한 이야기이다. 사람이 살아가는 데 있어서 서로 돕는 친구가 있어서 집안의 대소사를 처리할 수 있고, 상호간에 잘못이 있으면 충고해 위기를 모면할 수 있는 계기를 만들어주는 것도 친구이다. 돼지를 잡아 삶아  가마니에 싸서 시체인 것처럼 꾸며 올바른 친구를 사귄다는 것이 결코 쉬운 일이 아님을 보여준 우애설화이다.

본 설화는 아버지가 아들에게 진정한 교유가 무엇인지를 일깨운 곳은 마당임을 알 수 있다. 마당은 과거에 일터, 아이들의 놀이 장소 외에도 훈육의 장소였다. 백마디 말보다 아들을 앞세우고 아들 친구와, 자신(아버지)의 벗의 행실을 보고 몸소 아들이 느낄 수 있도록 실감 있게 보여준 일화는 후대 사람들에게 큰 전언을 주는데 손색이 없다.

---

8 찬자 미상, 이월영·시귀선 역, 『청구야담』, 한국문화사, 1995, 577~580쪽.

닭서리(투계偸鷄)

도성 안의 서당에 한량들이 닭을 훔치는 계략을 세웠다. 밤에 시골 집으로 달려가 바깥채 닭장의 홰에 손을 뻗어 닭을 막 붙잡을 무렵, 그 중 맹랑한 놈이 시렁 위를 슬쩍 둘러보았더니, 주인이 쓰던 말갈기로 만든 갓이 시렁 위에 걸려 있었다. 그래서 놈이 그 갓을 풀어 자기가 쓰고 바깥채를 향해 걸어 나오니, 함께 갔던 놈들은 갓을 쓴 자가 안에서부터 나오는 것을 보고 줄행랑을 쳤다. 그런데 갓을 쓴 자도 주인에게 들통이 난 줄로 착각하고 놀라 겁을 집어먹고 달려 나왔다. 학동들이 도망을 가며 뒤를 돌아보니 갓 쓴 자가 여전히 뒤따라 오는게 아닌가. 그러자 더욱 겁을 먹고 내달렸고, 갓을 쓴 자 역시 그들이 잽싸게 내빼는 것을 보고 목숨을 다해 내달렸다. 서당에 도착하고 나서 동행인 중에 갓을 쓴 놈 때문에 겁을 먹은 것을 알아채고 웃음을 터트렸다. 그러다가 도리어 발끈 성을 내었다. "왜 관을 뒤집어써서 사람을 이처럼 놀라게 해?" 그 위인 역시 숨을 할딱거리고 웃음을 터트리며 변명하였다. "난 너희들이 달아나는 것을 보고 놀라 겁을 먹고 달려오는 통에 갓을 쓴 것도 깨닫지 못했지 뭐냐?"

단지 갓만 보고 그렇게 놀라고 겁을 먹었는데 만약 주인에게 들켰더라면, 숨이 끊어졌을 것이다.[9]

위의 일화는 서당에 다니던 학동學童들이 닭서리 계략을 세우고 시골 집 닭을 붙잡을 무렵 어리석은 한 동료가 주인의 갓을 쓰고 닭장 안에서 나오자 동행한 자들은 갓 쓴자가 주인으로 알고 줄행랑을 쳤다. 학동들은 이후 서당에 돌아와서 닭장 주인의 갓을 쓰고 나온 자는 주인이 아니

---

9 이원걸 번역/해설, 『역주 파수추』, 이회문화사, 2004, 145~147쪽.

고 그들 중 일원一員이었음을 알고 포복절도했다는 내용이다.

　1970년대 후반까지 만하더라도 농촌마을에서는 가을걷이가 끝나고 긴 겨울철이 시작되면 동네 청년들은 마을 가정에 있는 닭장에서 닭서리를 하더라도 주인에게 들키지만 않으면 묵인되던(?) 시절이었다. 동한기에 동네 선후배들이 삼삼오오 모여서 고구마와 동치미 등속을 푸짐하게 먹었다는 초등학교 친구의 언행이 아련하게 남아 있다. 그 시절 닭장에 닭이 한 두 마리 없어지면 어른들은 대략 누구의 소행인지 금방 알아차리게 마련이다.

　위의 일화는 어리석은 한 친구의 부주의한 실수로 성공하지는 못했지만 사람들에게 웃음과 교훈을 준 얘기임에는 틀림없다. 닭서리는 궁핍한 시절 어른들의 대물림되는 풍습(?)이었는데, 지금에는 절도죄로 처벌받는 세상이 되었으니 격세지감隔世之感을 느낀다.

　다음에는 이세보(李世輔, 1832~1895)의 시조집時調集에 나타난 뜰(마당) 관련 시조를 살펴보자.

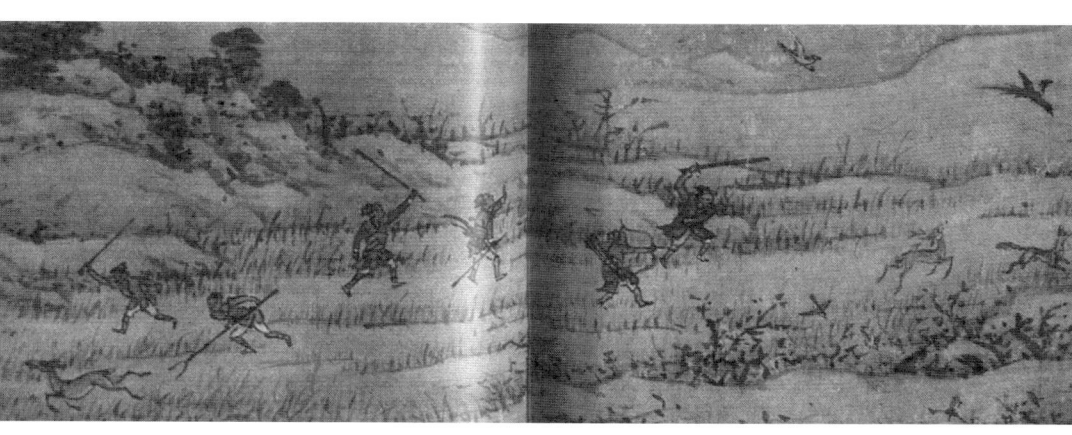

은릴화隱逸花는 만발滿發ᄒ고 월싁月色은 만정滿庭이라
도연명陶淵明은 어딕 가고 틱빅太白은 모르는고
지금의 탐화이월貪花愛月은 나쑨인가.[10]

위의 시조에서 은일화는 매화의 별칭이며, 탐화애월이란 꽃을 탐내고 달을 사랑한다는 의미이다. 지은이는 매화 만발한 봄에 달빛이 뜰(마당)에 가득한데 피안의 세계로 떠난 중국의 유명한 시인인 도연명과 이태백은 모르지만 꽃과 달을 사랑하는 자는 자신 뿐임을 은연중 내세우고 있다. 이 작품은 지은이가 달빛 어린 마당에 만발한 매화에 자신의 심상을 투영시키고 있는 시조로 보아진다.

다음에는 문복선의 마당[11]에 관한 현대시조現代時調를 살펴보자.

마 당

청산이 달려와서
두어 그루 나무 심고
그늘 밑 터를 골라
집을 짓고 우물 파고
인정을
모두 불러서
안팎 마당 다졌다.

네가 살고 내가 살고

---

10 『진동혁전집』 5권, 도서출판 하우, 2000, 133쪽.
11 문복선, 『마당/시조집』, 새미, 2003, 93~96쪽.

마당은 항상 거기에
마디 굵은 손가락들
마주 잡고 결은 세월
가난이
무언지도 모르고
머슴 마냥 살았다

절구통 뉘어놓고
후려치는 보리 타작
도리깰랑 조심해라
콩알 하나 멀리 튈라
휘감아
허공을 꺽는 솜씨
강신 무당 눈빛일레.

제기차기 공기놀이
어린 눈빛 하늘 닮고
널뛰기 큰윷놀이
은하 넘는 함성인데
방패연
탯줄을 풀며
덩달아서 오른다.

칠석명절 대동제며
팔월보름 풍물 고깔
하얀 속옷 내리는 달

사립문을 활짝 열면
하늘 땅
어우르는 소리
강아지도 외로 뛴다.

강강술래 고운 치마
마당 위엔 둥근 달이
옥색 신 밟는 소리
진정으로 사랑인데
서산 위
소쩍새 소리
울어 울어 밤 깊어.

마당가에 내리는 달
오동잎을 흔들면은
오순도순 둥근멍석
하얀 길쌈 바빠지고
밖 마당
평상 끝에선
평조 한 잎 구른다.

늦가을 마당가엔
서리벌써 모로 돋고
긴 담뱃대 뻐끔대는
마름의 거드름에
허기진

소작인의 옷소매
저녁 해가 시리다.
시퍼런 칼 빛 아래

강제 공출 허리 휘고
죽어가는 붕어처럼
여린 목숨 할딱일 때
아이들
땅따먹기 놀이
지는 달에 묻힌다.

내 삶이 여기 있고
네 운명 여기 있어
발바닥 피멍으로
황사 잡초 걷어내고
친구야 아픈 가슴에
한 줌 꽃씨 뿌리자.

문복선의 마당 연작시조 10연 중 1연은 삶의 터전에서 출발한다. 2연은 너나 할것 없이 '머슴 마냥 살았다'는 구절은 가난했던 우리네 어른들의 옛 공간을 상징한다. 3연의 보리와 콩 타작은 마당에서 행해진 노동을 의미하고, 4연의 제기차기, 공기놀이, 널뛰기, 윷놀이, 연날리기 등은 마당에서의 펼쳐진 전통 민속놀이를 의미한다. 5, 6연은 칠석과 추석의 강강술래 민속놀이와 달구경, 7, 8연의 가을에 길쌈(삼과 모시의 베 작업) 현장에서 읊던 할머니의 구

2부 마당의 미학   161

슬픈 노래와 소작인의 소출에 버거운 마름의 존재를 읊은 것이다. 9연은 일제 강점기에 빼앗긴 우리네 삶의 상징인 마당과 전남 나주, 전북 군산, 김제, 충남 서산 등지의 간척지에서 생산된 미곡米穀을 수탈당한 우리네 선조들과 아이들이 일본에 저항의 의미로 즐겨 노닐었던 땅따먹기 놀이를 형상화한 것이고, 10연은 너와 내가 힘겨운 고통을 걷어내고 아린 가슴에 꽃씨를 뿌리기를 원하는 시인의 마음이 마당 작품에 잘 내포되어 있다.

다음에는 민요民謠에 나타난 마당을 살펴보자.

> 꼬댁꼬댁 꼬댁각시
> 한살먹어 어멈죽어
> 두살먹어 아범죽어
> 세살먹어 말을배워
> 네살먹어 걸음배워
> 다섯살에 삼촌댁에
> 삼촌이라 마당쓸다
> 빗자루로 내려치네
> 삼촌숙모 밥하다가
> 부지깽이 내려치네
> 아이고야 답답하다
> 요내팔자 왜이런고
> 밥이라고 주는것이
> 구비구비 비살구비
> 비살굽이 부쳐주네

장이라고 주는것은
삼년묵은 고린장을
접시굽에 묻혀주네
정월이라 대보름날
찰밥이라 주는것은
식기굽에 묻혀라네
지게라고 주는것은
목발없는 지게주네
낫이라고 주는것은
날이없는 낫이라네
갈퀴를 달라하니
자루없는 갈퀴주네
옷이라고 주는것은
동정뿐인 저고리네
말기뿐인 치마라네.[12]

위의 민요는 가상의 가련한 운명의 소유자이며 시골 소녀들이 흔히 부르던 꼬댁각시 노래이다. 조실부모早失父母해서 숙부댁에 갔으나 숙부와 숙모에게 갖은 학대를 받는 소녀의 기구한 운명을 형상화하였다. 이 민요에서의 마당은 아늑함보다는 소녀의 처량한 눈물의 표상으로 그려졌다.

다음에는 서정주(徐廷柱, 1915~2000) 『질마재 신화』에 수록된 '마당방房'의 시를 살펴보자.

---

12 임동권, 『여성과 민요』, 집문당, 1984, 136쪽.

마 당 房

우리가 옛부터 만들어 지녀 온 세 가지의 방房 － 온돌방溫突房과 마루방房과 토방土房 중에서, 우리 도시都市 사람들은 거의 시방 두 가지의 방房 － 온돌방溫突房하고 마루방房만 쓰고 있지만, 질마재나 그 비슷한 촌村마을에 가면 그 토방土房도 여전히 잘 쓰여집니다. 옛날엔 마당 말고 토방土房이 따로 있었지만, 요즘은 번거로워 그 따로 하는 대신 그 토방土房이 그리워 마당을 갖다가 대용代用으로 쓰고 있지요. 그리고 거기 들이는 정성이사 예나 이제나 매한가지요.

음陰 칠월七月 칠석七夕 무렵의 밤이면, 하늘의 은하銀河와 북두칠성北斗七星이 우리의 살에 직접 잘 배어들게 왼 식구食口 모두 나와 딩글며 노루잠도 살풋이 부치기도 하는 이 마당 토방土房. 봄부터 여름 가을 여기서 말리는 산山과 들의 풋나무와 풀 향기는 여기 저리고, 보리타작 콩타작 때 연거푸 연거푸 두들기고 메어 부친 도리깨질은 또 여기를 꽤나 매끄럽겐 잘도 다져서, 그렇지 광한루廣寒樓의 석경石鏡 속의 춘향春香이 낯바닥 못지않게 반드랍고 향기로운 이 마당 토방土房. 왜 아니야. 우리가 일 년 내내 먹고 마시는 음식飮食들 중에서도 제일 맛좋은 풋고추 넣은 칼국수 같은 것은 으레 여기 모여 앉아 먹기 망정인 이 하늘 온전히 두루 잘 비치는 방房. 우리 학질瘧疾 난 식구食口가 따가운 여름 햇살을 몽땅 받으려 홑이불에 감겨 오구라져 나자빠졌기도 하는, 일테면 병원病院 입원실入院室이기까지도 한 이 마당방房. 부정不淨한 곳을 지내온 식구食口가 있으면, 여기 더럽이 타지 말라고 할머니들은 하얗고도 짠 소금을 여기 뿌리지만, 그건 그저 그만큼한 마음인 것이지 미신迷信이고 뭐고 그럴려는 것도 아니지요.[13]

---

13 『미당 서정주 전집』, 민음사, 1983, 297쪽.

　서정주의 『질마재 신화』(일지사, 1975) 시집에 수록된 '마당방房'이라는 시에서 시인은 우리네 조상들의 지혜가 담긴 온돌과 마루와 토방을 훈훈함이 느껴지는 마당의 방房으로 인식하고 있다. 또한 시인은 마당이란 식구들의 쉼터와 작업장이자 공동 식사의 아름다운 식당 그리고 병원 입원실로까지 미화한 것에서 우리들의 삶을 지탱해주는 소중한 상생의 터전임을 알 수 있다.
　다음에는 김용택의 마당에 관한 시를 살펴보자.

　　　마당은 비뚤어졌어도
　　　장구는 바로 치자[14]

　　　환장허겄네 환장허겄어
　　　아, 농사는 우리가 쎄빠지게 짓고
　　　쌀금은 저그덜이 편히 앉아 올리고 내리면서

---

14 김용택, 『섬진강』, 창작과비평사, 1985, 103~109쪽.

며루 땜시 농사 망치는 줄 모르고
나락도 베기 전에 풍년이라고 입맛 다시며
장구 치고 북 치며
풍년잔치는 저그덜이 먼저 지랄이니
우리는 글면 뭐여
신작로 내어놓웅게 문뎅이가 먼저 지나간다고
기차 타고 어안이 벙벙허서 원
아, 저 지랄들 헝게 될 일도 안된다고
올 농사도 진즉 떡 쪄먹고 시루 엎었어
아, 입은 비뚤어졌어도 말이사 바로 혀서
풍년만 들면 뭣 헐 거여
안 되면 안 되어 걱정
잘 되면 잘 되어 걱정
풍년 괴민이 더 큰 괴민이여
뭣 벼불고 뭣 벼불면 뭣만 남는당게
재주는 곰이 부리고 돈은 뙤놈이 따먹는 격이여
아, 그렇잖혀도 환장헐 일은 수두룩허고
헐 일은 태산 겉고 말여
생각허면 생각헐수록
이 갈리고 치떨리능게 전라도 논두렁이라고
말이 났웅게 말이지만 말여
거, 머시기냐 동학 때나 시방이나
우리가 달라진 게 뭐여
두 눈 시퍼렇게 뜬 눈앞에서
생사람 잡아 논두렁에 눕혀놓고는
하늘 무서운 줄 모르고 똥뀌고 성내며

사람 환장혀 죽겠는지 모르고
곪은 데는 딴 데다 두고 딴소리 허면서
내가 헐 소리 사돈들이 헸잖여
아, 시방 저그덜이 누구 땜시 호강 호강 허간디
호강에 날라리들이 났당게
못된 송아지 엉뎅이에 뿔 돋고
시원찮은 귀신이 생사람 잡는다는 말이 맞는개비여
사람이 살며는 몇백 년을 사는 것도 아니겄고
사람덜이 그러능게 아녀
뭐니뭐니 혀도 말여 사람은
심성이 고와야 허고
밥 아깐지 알아야 혀
시방 이 밥이 그냥 밥이간디
우리덜 피땀이여 피땀
밥이 나라라고 나라
자고로 말여 제 땅 돌보지 않는 놈들허고
제 식구 미워하는 놈들
성헌 것 못 봤응게
아, 툭 터놓고 말혀서
쌀금이 왜 이렇게 똥금인지 우린 모르간디
우리라고 뭐 눈도 없고 귀도 없고
창사도 없는 줄 알어
저그덜이사 뱃속이 따땃헝게
뱃속 편헌 소리를 하고 있는디
그 속 모르간디
그러고 말이시

거, 없는 집안 제사 돌아오듯 허는
그놈의 잔치는 왜 그리도 많혀
땡큐땡큐 하이하이 혀봐야
저근 저그고 우린 우리여
솔직히 말혀서 우리들 덕에
뭣 나발들 엥간히 불며
실속없이 남의 다리 긁지 말고
가려운 우리 다리나 착실히 긁어야 혀
그저 코쟁이야, 왜놈이야 허면
사족들을 못 쓴당게
사람들이 말여 쓸개가 있어야 혀 쓸개
아, 생각들 혀보드라고
여직 땅 갈라진 채로 이 지랄들이니
남 보기도 부끄럽고 챙피혀서 말여
긍게 언제까장 이 지랄발광헐 거여 긍게
긍게 북한이 외국이여
꺼떡하면 4천만 동포, 동포 허는디
아, 그러고 말이시
우리가 어디 한두 번 농사 망쳐봤어
쩍 허면 입맛 다시는 소리고
딱 하면 매맞는 소리
철부덕 허면 똥 떨어지는 소리여
거, 제미럴 헛배 부를 소리를 작작허라고
아, 제미럴 우리는 뭐 흙 파먹고 농사 짓간디
고름이 피 안 되고 살 안 됭게
짤 것은 짜내야 혀

하나를 보면 열을 알겠더라고
새 세상에 새 칠로 말허겄는디 말여
그 속 들여다보이는
선거고 나발이고
아, 말이 났응게 진짜 말하겄는디
선거만 허면 질이여
거, 뭐여 그러면 민주냐고
민주가 뭣인지 잘 모르지만 말여
제미닐, 가다오다 죽고
총맞아 매맞아 죽고
엎어져 뒤집혀 죽고
곧 죽어도 말여
우린 넓디넓은 평야여
두고두고 보자닝게 군대식으로 혀도 너무들 허는디
우리는 말여 옛적부텀
만백성 뱃속 채워주고
마당은 비뚤어졌어도 장구는 바로 치고
논두렁은 비뚤어졌어도
농사는 빤듯이 짓는
전라도 농군이랑게
고부 들판에 농군들이여
참 오래 살랑게
벼라별 험헌 꼴들 다 겪고
지금은 이렇게 사람 모양도 아닝 것 맹이로
늙고 병들었어도
다 우리들 덕에 이만큼이라도

모다덜 사는지 알아야 혀
아뭇소리 안 허고 있웅게 다 죽은 줄 알지만 말여
아직도 이렇게 두 눈 시퍼렇게 부릅뜨고
땅을 파는
농군이여
농군.

전라도의 구수한 방언이 구사된 이 시는 피폐한 농촌의 실상을 파헤친 절창絶唱의 작품으로 평가 된다. 이 시의 제목은 '입은 비뚤어졌어도 말은 바로 하자'는 속담과 '논두렁은 비뚤어졌어도 농사는 반듯하게 하라'는 격언을 빌어쓴 듯 싶다.

다음에는 장석남(張錫南, 1965~)의 마당 관련 시를 살펴보자.

마당에 배를 매다[15]

마당에
녹음 가득한
배를 매다

마당 밖으로 나가는 징검다리
끝에
몇 포기 저녁 별
연필 깎는 소리처럼
떠서

---

15 장석남, 『'99 현대문학상 수상시집/마당에 배를 매다』, 현대문학, 1999, 11~12쪽.

이 세상에 온 모든 생들
측은히 내려보는 그 노래를
마당가의 풀들과 나와는 지금
가슴속에 쌓고 있는가

밧줄 당겼다 놓았다 하는
영혼
혹은,
갈증

배를 풀어
쏟아지는 푸른 눈발 속을 떠갈 날이
곧 오리라
오, 사랑해야 하리
이 세상의 모든 뒷모습들
뒷모습들

위의 시는 지은이가 마당이라는 공간을 배, 별, 연필 깎는 소리 등의 이미지로 형상화하였다. 2연의 밤하늘에 떠 있는 성星이 아닌 '연필 깎는 소리'처럼 들리는 석성夕星, 3연의 '마당가의 풀들과 나와는 가슴속에 쌓고 있는가'라는 구절에서 시인의 잠재된 상상력은 일반인들과는 다르다는 것을 알 수 있다. 이 시는 마당의 공간을 바다에 떠 있는 배, 하늘에 떠 있는 별에 비유하여 살아있는 모든 생명체는 행幸과 불행不幸, 생生과 사死, 밀물과 썰물의 변화처럼 순환하기 때문에 마당가의 풀도 소중히 여기며, 자연과 인간 모두를 닫힘보다는 열림의 마음으로 사랑하라는 시인의 전언傳言이 내재된 작품으로 평가된다.

이상에서 보듯 문학작품에 나타난 마당의 표상은 대화, 인내, 웃음(익살), 종교의례, 죄수 심문審問, 훈육의 장소, 시인의 심상心象 대상, 눈물, 삶의 터전, 생산공간과 민속놀이의 공간, 소작인의 애환, 공존공영의 터전, 쉼터, 작업장, 식당, 입원실, 농촌의 피폐함, 배, 별, 생명 사랑 등의 이미지로 다양하게 형상화되었음을 읽어낼 수 있다.

마당과 성문화

우리네 전통문화 마당은 어른들의 풍자와 해학적인 성의 표현, 한 마을에 서 있는 남근男根과 여근女根이나 바위, 제당祭堂 등은 마을을 지켜주는 성 신앙의 수호신을 제사드리는 성소聖所이자 놀이와 연희演戱에 나타난 신명, 그리고 판소리에 나타난 과감한 성의 노출이 광범위하게 이루어진 공간이었다.[1]

또한 마당은 남녀간의 성애를 그린 춘화의 배경이자 일부 양반사대부 계층에 의해 은밀하게 유통되면서 그들의 성적 욕구를 충족시켜 주

---

1 안기수, 앞의 책, 179~186쪽.

는 공간이었다.[2]

성은 생식의 기본이 되면서도 문화의 저변을 확고하게 마련해준 기본적 상징이다. 통시적으로 볼때 성관념은 성적 상징물이나 제의 및 신화 등이 서로 분리되지 않는 유기체적 관념을 갖고 있었다. 그런데 후대에 이르러서 성관념은 특정종교의 관념에 예속되면서 점차로 억압되고 분화되기에 이르렀다. 엄격한 금욕주의와 도덕주의는 철저하게 성의식을 배제하다가 자연스러운 인간성이 재발견되고 진정한 생의 궁극성을 제고하면서 다시금 유형과 무형의 예술품을 통해서 성의식을 지향하고 추구하기에 이르렀다.[3]

성은 은폐하고 억압할수록 비정상적인 방향으로 나타난다. 겉으로 성을 멀리하는 듯하면서 이면裏面으로 온갖 불륜을 자행하는 이중적인 성에 대한 인식은 상층 양반이나 사대부 집단에 나타날 수는 있어도 기층 민중들은 도리어 생활 속에서 자연스런 성의 표현은 성에 대해 신비감이나 부끄러운 감정을 갖지 않는다.[4]

찬자 미상의 『교수잡사』에 실려 있는 설화를 살펴보자.

> 주인을 비웃으며 닭을 꾸짖다.
>
> 옛날에 어떤 생원生員이 포천抱川으로 갈 일이 있어서 새벽에 계집종을 불러서 당부했다. "지금 일찍 포천을 가려고 하니 너는 곧 밥을 지어라." 계집종이 "예예"하고 물러가려고 할 때에 귀를 기울여 들으니 생

---

2 위의 책, 187쪽.
3 김헌선, 「춘화의 예술사적 전개와 의의」, 비교민속학회 엮음, 『한국의 민속과 성』, 지식산업사, 1997, 174쪽.
4 안기수, 앞의 책, 188쪽.

원 내외가 한창 행사를 벌리고 있었다. 계집종이 싱긋 웃으며 바깥 마당으로 나와서 쌀을 찧고 있었다. 그때 수탉이 암탉을 쫓아 절구통 가에 와서 교미를 했다. 계집종이 발로 닭을 차면서 큰소리로 꾸짖었다. "네 놈들도 포천에 가려고 하느냐?" 이야기를 들은 사람들이 잡고 웃었다.[5]

위의 이야기는 어떤 생원의 여종이 새벽에 포천에 갈 일이 있으니 밥을 지으라는 주인(生員)의 분부를 받고 돌아서자마자 주인 내외의 성행위를 엿듣고는 마당으로 나와서 방아를 찧고 있었다. 때마침 수탉이 암탉과 마당의 절구통에서 교접하는 장면을 본 여종은 주인 내외의 성행위를 엿듣고 흥분을 진정 못한 상태인데 닭마저 교미를 하자 부아가 난 여종이 닭에게 '네들도 포천가려고 하느냐?'라며 분풀이하는 육담이 흥미를 자아낸다.

사람 개(인구人狗)

어느 아낙네가 길을 가는데 치마가 절로 느슨해져 치마 뒤 고쟁이가 터져 쳐다보기가 참 민망했다. 뒤에 오는 놈이 이를 훔쳐보고 농담을 던졌다. "앞집 북쪽 울타리가 터졌고 뒷문이 열렸으니 도둑 만날까 두렵네!" 아낙은 놈이 지껄인 말을 알아듣고 깜짝 놀라 치마를 단속하고 되받아쳤다.

---

5 이신성 역주, 『졸음을 물리치는 가지각색의 이야기』, 보고사, 2003, 141~142쪽.

"똥개 놈 안 짖었으면 도적 놈 만날 뻔했네" 세상에 아무리 농담 잘하는 사람이라 해도 이 광경을 보았더라면 아낙의 말을 듣고 깨닫는 바가 있을 것이다.[6]

위의 일화는 속옷이 터진 줄도 모르고 길을 가던 아낙네와 이를 지켜본 사람 사이에 여성을 울타리, 남성을 도둑, 똥개로 비유한 성적性的 표현이 이목을 끈다. 입을 옷이 많지 않았던 궁핍한 시대의 이야기인 듯싶다. 1970년대 중반 필자는 남녀공학 N중학교에 다니고 있었다. 그 시절 L선생은 여학생교실에서 수업하시다가 쉬는 시간에 화장실에서 소변을 보시고 그만 남대문(그 당시 zipper의 속어) 닫는 것을 잊고 교실에서 수업하다가 수모를 당했다는 얘기를 얼마전 재경중학교 동기모임에서 벗들에게 들은 바가 있다. 지퍼 단속을 잘못하여 수모를 당한 일화는 누구나 있을 법하다.

다음에는 같은 마을에 사는 총각과 과부의 재미있는 육담을 살펴보자.

쇠죽통을 빌리라고 권하다.

어떤 시골 마을에 품팔이하는 총각이 쇠죽통을 빌리려고 울타리를 두고 있는 집에 갔다. 주인 과부가 넓은 홑 고쟁이를 입고 창 앞 마루에 누워 자고 있는 것을 보니 살결이 눈과 같이 희고 아랫도리가 반쯤 드러나 있었다. 총각이 가까이 앞에 가서 보고는 성욕性慾을 이기지 못하여 급히 겁탈하려 하여 양구陽具(남자의 성기)를 맹렬하게 들여 넣었다. 여인은 놀라서 보니 바로 이웃집 총각이었다. 과부는 성을 내며 꾸짖었다. "네가 이 같이 하고도 살아날 수 있겠느냐?" 총각이 말했다.

---

6 이원걸, 앞의 책, 228~229쪽.

"제가 쇠죽통을 빌리기 위해 왔다가 우연히 죄를 지었으니 뺄까요?" 여인이 양손으로 총각의 허리를 끌어당겨 안으면서 말했다. "네가 마음대로 겁탈했지만, 어찌 감히 마음대로 그치려 하느냐?" 그리고는 심하게 음란한 짓을 한 후 총각을 보냈다. 다음날 저녁에 과부는 울타리 바깥에 서서 총각을 불렀다. "총각, 총각, 오늘은 쇠죽통을 빌려가지 않느냐?" 총각은 과부의 뜻을 알아차리고 밤이 깊어 또 가서 극환極歡을 누리기를 어제와 같이 했다.[7]

위의 육담은 어떤 마을에 품을 팔아 생계를 연명하는 한 총각이 쇠죽통을 빌리러 갔다가 마루에 누워 자는 과부의 성적 매력에 빠져 그만 그녀의 옥문에 자신의 성기를 집어 넣고 만다. 과부는 총각이 자신의 옥문에 삽입한 것을 문제 삼자 총각은 사실대로 성욕을 참지 못해 과부를 범접한 것이라고 말하자 과부는 총각의 음행을 문제 삼기보다는 도리어 과부의 성욕을 해결해주는 상대로 받아들이고 만다.

위의 육담은 총각과 과부의 성욕을 풀어주는 매개물은 전통마을의 마당에서 흔히 볼 수 있는 쇠죽통이다. 본 설화의 과부는 은장도를 지닌 채 닫힌 공간에서 여생을 마감한 전통적인 열녀의 이미지보다는 성에 있어서는 개방적인 여인의 이미지로 부각될 수 있다. 행상을 위해 경향각지를 찾아다니는 총이나, 과거科擧를 위해 상경 도중에 과부나 기생과 부적절한(?) 관계를 맺는 젊은 유생의 이야기는 구전설화나 문헌설화 등에 산재해 있다.

---

7 위의 책, 262~263쪽.

말 위의 송이버섯(마상송즙 : 馬上松楫)

어떤 선비가 말을 타고 길을 가다가 냇물을 만났다. 냇물을 건너려고 하는데 시냇가에 빨래하는 시골 아녀자들이 많이 있었다. 선비가 때마침 지나가던 중에게 이렇게 물었다. "너 문자할 줄 아느냐? 시 한 구句 지어 보거라." 중이, "소승은 무식하여 시를 짓지 못합니다." 하고 대답하자 선비가 먼저, "시냇가에 홍합이 입을 벌리고 있고"라고 읊은 다음, "속히 대구對句를 지으라."고 성화를 대었다. "생원님의 시詩가 고기 종류가 되어놔서 산山사람이 감히 대對를 짓기가 어렵습니다. 엎드려 바라옵건대 채소류로 대對를 하더라도 용서해주시렵니까?" "상관 없느니라." 그러자 중이 옷을 걷어붙이더니, 먼저 건너편으로 가면서 이렇게 읊었다. "말 위에서 송이버섯 뛰고 있네." 가위 딱 들어맞는 대구對句라고 하겠다.[8]

위의 이야기는 어느 선비가 길을 가다가 만난 중과의 시화詩話이다. 말을 타고 길을 가던 선비가 냇가에서 빨래하던 시골 아낙네를 보고 음욕 품고 있는 것을 알아차린 중의 언변이 독자에게 언어 유희를 제공하고 있다. 산에서 나는 길쭉한 송이를 선비의 물건에 비유한 구절이 이목을 끈다.

다음에는 『파수록破睡錄』에 실려 있는 송이 설화를 살펴보자.

송이 같은 것

손님을 맞은 주인이 하녀에게 말하였다. "안채에 들어가서 귀한 손님이 오셨으니, 영계 같은 것 좀 굽고 술을 걸러서 내오란다 하여라."

---

8 김영준 역, 『완역 어수신화』, 보고사, 2010, 98~99쪽.

하녀가 들어갔다 돌아와서 말했다. "애기씨께서 영계 같은 것은 곧 꿩이겠지만 송이 같은 것은 무얼 가리키는지 모르겠다고 다시 자세히 알아 오라십니다." 주인이 그 말들 듣고 부끄러워 어쩔 줄을 몰라 하였다. 부묵자는 말한다. 슬프다 주역周易에 말하기를, '남편의 엄혹한 꾸짖음은 길하며 아내의 화락한 웃음은 마침내 회한이 된다'고 하였으니 아내의 화락한 웃음은 오히려 회한을 자초하는 법이다. 어찌 감히 음란한 말을 가지고 남편을 희롱할 수 있단 말인가? 이러고서도 집안의 질서를 바로잡을 수 있는 사람은 아직 없었다.[9]

위의 이야기는 어느 양반 집에 찾아온 귀한 손님을 대접하려고 하녀에게 음식과 술을 가져오라고 시켰는데 새댁이 산에서 나는 길다란 송이로 생각하기보다는 남편의 성

기로 인지한(?) 나머지 소통이 안 되어 웃음을 촉발시키고 있다. 부묵자 홍만종(洪萬宗, 1643~1725)은 부부 윤리가 강조된 조선시대에 살았던 터에 화락한 웃음을 회한을 자초한다는 『주역周易』 가인괘家人卦 37조를 인용의 편으로 삼아 부인의 행실을 은연중 비판하고 있다. 본 이야기는 일상 속에서 대중들간에 의사소통이 제대로 전달되지 아니한 까닭에 얼마든지 그런 일이 벌어질 수 있다.

---

9 김영준 역, 『완역 파수록/진담록』, 보고사, 2010, 54~55쪽.

거짓말이면 내가 네 딸이다

옛날에 나이 들어 시집을 가게 된 처녀가 있었다. 기쁨을 이기지 못해 화장실에 갈 때조차 손을 꼽아 날짜를 헤아려보곤 하더니 급기야는 개에게 자랑을 하였다. "아무 날이 바로 내가 시집가는 날이란다." 마침 개가 입을 크게 벌리고 하품을 하자 처녀가 다짐을 두었다. "그 날 내가 시집가지 않으면 내가 네 딸이다." 부묵자는 말한다. 시집갈 날을 기뻐하여 개에게까지 자랑을 하니 처녀의 정욕이 이미 동動하였음을 알 수 있다. 그러나 절개를 굳게 지키면서 길일吉日의 남편감을 소원하는 일과 뽕나무 밭에서 삼 캐는 일은 결코 똑같이 취급해서는 안될 것이다.[10]

위의 설화는 시집 못간 노처녀가 혼사 날짜를 받아 놓고 기쁨을 감추지 못한 나머지 자신의 집에서 기르던 개에게까지 자랑을 일삼는 것을 희학적戱謔的으로 형상화하였다. 예로부터 '노인이 늙으면 죽어야지', '상인商人이 손해 보고 물건을 판다', '노처녀가 시집가지 않겠다'는 말은 우리나라 3대 거짓말이라고 불리었다. 시집 못간 노처녀가 혼기婚期를 놓칠까 당황하는 모습보다는 오히려 그녀는 기쁨을 드러내는 것은 생기발랄한 노처녀의 성격으로 볼 여지도 있다. 그러나 혼사를 앞두고 개에게까지 '거짓말하면 내가 네 딸이다'라는 그녀의 언술은 정숙하지 못한 처사로 보인다.

일상생활 속에서 이따금 어떤 문제가 발생하면 문제를 일으킨 당사자가 상대방과 이야기할 적에 자신의 정당함이나 이의를 제기하기 위해 강한 어조로 상대방에게 '거짓말이면 내가 네 자식(새끼)이다'라는 말을

---

10 위의 책, 191~193쪽.

곧잘 일삼는다.

우리네 속담에 '자랑이 지나치면 불 붙는다'는 의미는 무슨 말썽거리나 불명예스러운 일이 생길 수 있다는 말이다. 노처녀의 부정한 짓을 비판한 앞 이야기 말미에 명시된 홍만종의 사평史評은 유학자의 입장을 대변한 것이다. 마당의 개가 입을 벌리고 하품을 하는 순간 '내가 시집가지 않으면 네 딸이다'라는 대목은 노처녀의 철없는(?) 언술이지만 호사가들에게는 즐거운 성 담론의 소재가 된 것은 분명하다.

다음에는 도학자 조식 선생과 이황 선생의 성담론에 얽힌 이야기를 살펴보자.

퇴계 선생과 남명 선생의 성에 대한 견해 차이 - 보지자지(寶之刺之) - 낮 퇴계 밤 토끼

조선 명종 때 경상도의 퇴계 이황 선생은 도덕과 명망이 나라에서 으뜸이었다. 그때 경상도 남명 조식 선생도 있었는데 퇴계 선생과 명성을 나란히 했다. 선비 아무개가 두 선생의 덕을 시험해 보고자 했다. 그는 낡은 옷에 짚신을 신고 머리에는 유학자들이 쓰는 복두를 쓰고 남명 선생을 방문했다. 그는 남명 선생 앞에 서서 고개만 숙이는 읍만 하고 큰절은 하지 않은 채 인사를 마쳤다. 그러고는 선생 앞에서 방자히 두 다리를 뻗고 말했다. "선생께 가르침을 받고자 왔습니다. '보지(保之)가 도대체 무엇입니까?" 남명이 얼굴을 찌푸리며 상대 하지 않았다. 선비가 다시 물었다. "그럼 자지(刺之)는 무엇입니까?" 남명이 화를 내며 제자들을 시켜 내쫓았다. "미친놈이다. 다시는 오지 못하게 하라." 선비는 남명 선생 집을 나와 이번에는 퇴계 선생을 방문했다. 퇴계 선생 집에서도 역시 절도 하지 않고 두 다리를 뻗고 앉아 대뜸 물었다. 보지가 무엇입니까? 선생이 말했다. "걸어 다닐 때는 숨어 있는 것이지. 보배처럼 귀하지만 사고 파는 것은 아니야(보장지자步藏之者 이보이불시자야 而寶而不市者也)." 또 물었다. "자지는 무엇입니까?" 선생이 말했다. "앉아 있을 때 숨어 있지. 사람을 찌르긴 해도 죽이진 않아(좌장지자坐藏之者 이자이불병자야而者而不兵者也)." 선비는 퇴계 선생의 덕이 남명보다 뛰어남을 알 수 있다.[11]

위의 이야기는 어떤 선비가 남성과 여성의 성기性器를 조선조 도학자로 이름난 조식 선생과 이황 선생에게 질문하여 두 석학의 성에 대한 견해의 차이를 읽어 낼 수 있다. 조식은 도학자의 품위를 고수하기 위해 그의 제자들을 동원하여 방자한 선비를 추방한 반면에 퇴계는 그 선비 앞에서 그를 나무라기보다는 남녀의 성기를 해학적諧謔的으로 명쾌하게 풀어 답변한 것을 알 수 있다. 퇴계의 보지(寶之 - 寶 보배 보, 之 갈 지 : 보배처럼 귀하지만 사고 파는 것은 아님), 자지(刺之 - 刺 찌를 자, 갈 지 : 사람을 찌르긴 해도 죽이지 않음)의 남녀 성기에 대한 담론은 지금도 인구人口에 되고 회자膾炙되고 있다.

다음에는 조선후기 해학과 풍자, 촌철살인寸鐵殺人의 시구詩句로 한 세상을 풍미했던 시인으로 널리 알려진 김삿갓(김립 金笠, 김병연 金炳淵 : 1807~1863)은 구비육담시가 여러편 전하지만 그 가운데 세 편을 살펴보자.

젖 빠는 세 장면(연부장삼장 嚥浮章三章)

시아버지가 그 위의 것을 빨고

---

11 강재철 · 홍성남 · 최인학 공편, 『퇴계선생설화』, 노스보스출판사, 2011, 249~250쪽.

며느리가 아래 것을 빠니
위 아래는 같지 않으나
그 맛은 똑같다네.
시아비가 그 둘을 빨고
며느리는 그 하나를 빠는데
하나와 둘은 틀리지만
그 맛은 똑같다.
시아비는 그 단물을 빨고
며느리는 그 신 것을 빠니
달고 신 맛은 틀리나
그 쾌감은 똑같을 지니.[12]

---

12 이창식, 앞의 책, 180~181쪽. 父嚥其上 婦嚥其下 上下不同 其味則同 父嚥其二 婦嚥其一 一二不同 其味則同 父嚥其甘 婦嚥其酸 甘酸不同 其味則同.

위의 시는 시아버지와 며느리의 불륜을 희화戲化한 작품이다. 본 시는 조선 후기(19세기)에 생존했던 김삿갓이 어떤 외진 집에서 하룻밤 유숙하게 되었는데, 한밤 중에 안방에서 남녀의 신음소리가 한동안 지속되자 김삿갓이 쥐구멍으로 살며시 엿보았더니 홀아비인 시아버지와 며느리가 해괴망측駭怪罔測한 짓을 벌이고 있어서 인륜人倫을 망각한 이들의 불륜을 개탄하며 지은 시로 알려져 있다.[13]

위의 시는 시아버지와 며느리의 비정상적인 성행위는 한 부부가 다른 부부의 배우자와 맞바꾸어 성관계를 갖는 스와핑Swapping의 경우와 다를 바 없다. 1990년대 초반 한 중년 남성이 그 아들의 연인과의 불륜을 다룬 영화 데미지Damage는 국내에서 개봉 당시부터 사회적 파장을 불러 일으킨 바가 있다.

시아버지와 며느리의 부적절한 성행위는 때로 필요하다고 인정하는 사람도 있을 수 있다. 하지만 시아버지와 며느리의 비정상적이고 불륜적인 성이라는 점에서 비판의 대상이 된다.

근친상간은 조선후기 봉건적 이념이 와해되어 가는 시기 일지라도 인륜을 저버린 행위임에는 틀림없다. 일제강점기에 들어온 일본의 퇴폐적이고 자극적인 성문화의 유입으로, 생산으로 연결되는 우리네 고유의 성문화는 전통적 성을 움츠러들게 만들었다.[14]

농경 중심의 사회에서 음과 양의 조화에 의한 자연스러운 성행위는 종족의 보존을 위한 자연의 법칙이기는 하지만 부부가 아닌 시아버지와 며느리, 아들과 어머니, 아버지와 딸, 시아주버니와 제수씨, 큰아버지와

---

13 blog. daum. net 참조.
14 안기수, 앞의 책, 189쪽.

조카 등의 비정상적인 불륜은 아직도 많은 사람들에게 지탄의 대상이 되는 것은 무질서한 성행위의 질서를 바로잡으려는 의식이 사회 곳곳에 많이 남아 있기 때문일 것이다.

> 처녀를 희롱함(농처녀 弄處女)
>
> 털이 길고 속이 넓은 것을 보니
> 반드시 딴 사람이 먼저 지나갔으리라.(김삿갓)
> 개울가 버들은 비가 오지 않아도 절로 자라고
> 뒷마당의 알밤은 벌이 쏘지 않아도 잘도 벌어지더라.(처녀)[15]

위의 시는 여성의 성기에 난 털을 희화戱化한 것이다. 세간에 '노들강변에 배 한 척 지나가도 표시나지 않는다'는 속어는 성에 개방적인 여성의 성기나 홍등가에 출입하는 여성의 성기를 의미한다.

> 옥문(玉門)
>
> 멀리서 보니 흡사 말 눈깔 같은데
> 가까이 보면 마치 곪은 상처 같구나.
> 두 볼에 이빨 하나 없어도
> 한 척 배의 생강을 몽땅 먹어 치웠다네.[16]

---

15 이창식, 앞의 책, 183쪽. 弄處女 毛長內闊 必過他人(김삿갓) 溪邊楊柳不雨長 後園黃栗不蜂坼(처녀).
16 위의 책, 184쪽. 遠看似馬眼 近視如膿瘡 兩頰無一齒 能食一船薑.

위의 시는 옥문(玉門 : 구슬 문)이라는 제목에서 알 수 있듯이 여성의 성기를 은유적으로 표출하였다. 여성의 성기는 말의 눈깔, 곪은 상처, 두 볼에 치아가 없다는 것은 여성의 생리리가 끝난 까닭에 아이를 출산 못 하는 지경에 이른 여인을 의미하고, 배는 남성, 생강은 남성의 성기, 생강을 먹었다는 표현은 이내 여인이 남성의 성기(생강)와 여성의 옥문이 여러 사람과 운우지정을 나눈 것을 의미한다.

『삼국유사』 선덕여왕조(條)의 여근곡女根谷도 여성의 성기인 옥문玉門으로 볼 수 있다.

> 선덕여왕이 미리 알아낸 세 가지 일(선덕왕지기삼사 : 善德王知幾三事)
>
> …(전략) 둘째는 영묘사靈廟寺 옥문지玉門池에서 겨울철인데도 많은 개구리가 모여 3, 4일 동안 울었다. 나라 사람들이 이를 괴이하게 여겨 왕에게 물었다. 왕은 급히 각간角干 알천·필탄弼呑 등을 시켜 정병 2천 명을 뽑아서 속히 서쪽 교외로 가서 여근곡女根谷을 탐문하면, 반드시 적병이 있을 것이니 그들을 습격하여 죽이라고 하였다. 두 각간이 명을 받고서 각기 천 명을 거느리고 서쪽 교외로 나가 물었다. 과연 부산富山 아래 여근곡이 있고, 백제 병사 5백 명이 와서 거기에 매복해 있었으므로, 모두 잡아 죽였다. …(중략)… 당시 여러 신하들이 왕에게 아뢰기를, "어떻게 모란꽃과 개구리 우는 두 가지의 일이 그렇게 될 줄을 아셨습니까?"라고 하니 왕이 말하기를, …(중략)… "개구리는 노한 모습을 하고 있어 병사의 형상이다. 옥문은 여자의 생식기이다. 여자는 음陰이 되니 그 음의 색은 흰색이고 흰색은 서방西方이다. 그러므로 군사가 서방에 있음을 알았다. 남자의 생식기가 여자의 생식기에 들어가

면 반드시 죽게 되니, 이로써 쉽게 잡을 줄 알았다"라고 하였다.[17]

위의 기문은 성신앙性信仰 내지 성기신앙性器信仰을 바탕으로 전승된 것을 일연 스님이 『삼국유사』를 찬술과정에서 수록한 것으로 보아진다. 다음에는 성에 우둔한 사람들에 관한 구비설화를 살펴보자.

처녀 불 끄는 데는 총각이 그만

위아래 집으로 남의집살이를 하던 처녀 총각이 있었다. 총각은 늘 처녀한테 마음이 있었지만 마땅한 방법이 없어서 이 궁리 저 궁리를 하고 있었다. 그러던 어느 날 총각이 산으로 나무하러 가다보니까 마침 처녀가 마당 한구석에서 고춧가루를 빻고 있었다. 총각은 한 꾀를 생각해 내고는 이렇게 넌지시 이야기했다. "너 절구질 엔간히 해라. 그렇게 하다가는 있다가 늬 아래 거기에서 불이 난다." 그렇게만 말해 놓고 그는 가타부타 말도 없이 뒷산으로 나무를 하러 갔다. 처녀는 몹시 화가 났다. '할 일 없으면 얌전히 가기나 할 것이지 어디에 불이 났다고 거기에 옮겨 붙인단 말이야? 에이 재수없어!' 그런데 그 말을 들어서 그런지 거기가 좀 가려운 듯했다. 그녀는 절굿대를 옆에 세워 두고 치마를 들쳐 올리고는 살짝 긁었다. 그랬더니 정말 불이 나서 화끈화끈 했다. 그녀는 고춧가루 묻은 손으로 만져서 그렇다는 생각은 꿈에도 못하고 땅바닥에 데굴데굴 구르면서 소리를 쳤다. "아이고 나 죽는다!" 그 소리를 듣고 처녀의 어머니가 달려와서 캐물었다. "네 어째 그러니?" "왜 이 윗집에 머슴 사는 총각 있잖아요?" "있지" "아까 지게 지고 나가면서, 고춧가루 빻으면 내 여기에 불 난다고 하더니 정말 불이 났어요.

---

17 강인구 외, 『역주 삼국유사』 I, 앞의 책, 316~319쪽.

엉-엉-." 처녀 어머니는 그 말을 듣더니만 금세 사색이 되었다. "뭐야? 이 일을 어쩐담." 어머니는 즉시 뒷산으로 뛰어갔다. 산중턱쯤에 이르러서 가까스로 총각의 모습이 보였다. 처녀 어머니는 총각을 불러 댔다. "이봐 총각, 총각!" "왜 불러요? 나무하러 가는 사람을." "총각 말대로 우리 애한테 불이 났는데 좀 꺼줘야지." 총각은 회심의 미소를 지으며 앞장서서 산을 내려왔다. 집에 들어서서 그는 아주 근엄하게 일렀다. "우선들 방으로 들어갑시다." 다들 방으로 들어가자 이번에는 붓과 먹을 가져오라고 했다. 시킨대로 물건이 준비되자 다음으로는 먹을 갈게 했다. 이렇게 해서 모든 준비가 끝나자 이 총각은 다짜고짜 자기 아랫도리를 훌러덩 벗더니 제 연장의 한 중간쯤 되는 곳에다 붓으로 테두리를 그었다. 그리고는 처녀 어머니더러 이렇게 요구했다. "이제 제가 이것을 저 불 난 곳에다 집어넣을 겁니다. 그러면 보고 계시다가 이 먹줄 친 테두리보다 더 들어가면 빼라고 하시고, 또 덜 들어가면 넣으라고 하십시오. 이 테두리에서 더 들어가도 안 되고 덜 들어가도 안 됩니다. 꼭 맞아야만 불이 꺼집니다." 어리숙한 이 여자는 그저 제 딸이 타 죽을 것만 걱정이 되어서 그 말대로 했다. "더 빼라. 너무 들어갔어." 그래서 살짝 빼면, "야 임마, 이번엔 너무 나왔잖아! 더 집어넣으란 말이야!" 이렇게 해서 총각이 더 집어넣고 더 빼고 하기를 계속하자, 처녀 생각에 아닌게 아니라 불이 어지간히 꺼져가는 듯했다. 그런데 어딘가 서운한 구석이 있어서 이번에는 딸이 제 어머니더러 요청했다는데. 엄마, 불도 이제 꺼졌고 했으니까 조금만 더 빨리 하세요."[18]

위의 바보담은 성(性)을 모르는 어린 처녀와 그의 어머니이고, 고용살이하는 총각은 한 처녀를 성적으로 농락하는 인물로 그려져 있다. 총각

---

18 이강엽, 『바보 이야기, 그 웃음의 참뜻』, 평민사, 1998, 32~34쪽.

의 입장에서 보면 자신의 성욕을 충족하기 위해 우둔한 모녀를 속인 음탕한 사기담이다. 딸의 입장에서 보면 일정한 나이가 되도록 성을 모르는 처녀가 총각에게 성폭행을 당한 것으로 볼 수도 있지만, 익살스런 이야기 말미에 등장하는 우둔한 처녀의 "조금만 더 빨리 하세요."라는 발언을 통해 보면 처녀가 성적 쾌락을 처음 느꼈다는 점이다.

　위의 이야기는 성을 모르는 처녀가 마당의 절구통에서 고추방아를 찧다가 절구질을 자주하면 처녀의 Y쪽에서 불이 난다는 총각의 언술은 음담사건의 발단이자 자신의 성 욕구를 채우는 계기가 되었다. 처녀의 불을 끈 총각의 이야기는 최근 사회적 파장을 일으킨 영화 '도가니' 영화의 주된 전언(傳言)에 반하는 설화로 단정하기보다는 성을 모르는 우둔한 사람들에게 일정한 성교육을 가르치던 음담 이상의 의미를 가진다.

　몇 년전 필자는 모대학 강의를 마치고 나오다가 두 학생의 대화를 듣게 되었다. 한 학생이 옆에 있는 학생에게 "자기야 배 안고파"라는 말을 하자 옆 학생이 답하기를 "나도 배 안고파"라고 하여 피식 웃은 적이 있다. 그 배는 먼저 문맥으로 보면 식사를 걸러 배(腹: 배 복)가 충만하지 않은 지를 확인하는 경우가 있을 수 있고, 다른 한편에서는 상대방을 껴안고(抱: 안을 포) 싶은 충동을 넌지시 말한 것일 수도 있기 때문이다.

　한문강의 시간에 음담의 요소가 있기는 하지만 간혹 지루함을 덜기 위해 일부러 동아시아 문화권에 있는 하나를 뜻하는 수의 일(一: 한 일)은 누워 있는 글자이고, 서양의 하나를 뜻하는 수의 1은 서있는 것이라고 언술하자 대학생들이 웃음을 자아내는 것은 어떤 연유일까? 대학생들은 이미 신체적으로 성숙해졌고, 성에 대해 알고 있기 때문일 것이다.

우리나라에 물파스가 처음 나왔을 때 가려운 곳에 바르면 시원하다는 말을 들은 어느 중년 남성이 하루 일을 마치고 몸을 씻은 후 물기를 닦고서 자신의 사타구니 부위에 물파스를 바르자 이내 시원하기는커녕 도리어 애려서 밤새 잠못 이루었다는 이야기는 예전에 시골 친구들에게서 전해들은 기억이 있다.

몇 년전 모대학 신학전공 P박사님과 점심을 같이 하고 학교로 되돌아오는 길에 들었던 얘기이다.

어느 목회자가 지방의 모교회에서 부흥회(사경회)를 마치고서 인근 모텔에 숙박을 하러 갔다. 숙소 입구에서 있던 여성 지배인이 손님(목회자)에게 "아가씨 안 부르시나요?"라고 묻자 손님(목회자)은 자신의 신분이 목회자라고 답하자, 여성 지배인이 말하기를, "목사님! 믿음이 좋은 아가씨가 있는데 소개해 드릴까요?"라고 말하였더니, 손님(목회자)이 "아멘, 아멘"이라고 거듭 말했다.

위의 이야기는 얼마전 스님들이 서울 강남고급 술집에서 여인들과 쾌락을 즐긴 일이 세상에 회자되어 성직자들의 윤리의식을 비판하는 볼멘소리와 상응하는 이야기로 보아진다. 성직자는 일반인들보다 윤리의식이 굳건해야만 한다는 청교도 정신이 우리 사회에 팽배해 있다는 반증이기도 하다. 성욕을 초월한 구도자의 정신세계는 일반인들의 정신세계와는 분명 다름이 있을 것이다. 기독교, 천주교, 불교 등의 성직자는 종교인 이전에 한 인간이다. 인간의 정신세계를 맑게 정화시키는 것은 성직자의 몫이기는 하나 일반인들의 자정능력이 결여될 때 그 사회는 파국으로 내몰릴 수밖에 없다. 앞의 성직자 성욕이야기는 요즘 우리 사회의 성직자들의 자아각성을 촉구하는 이야기이면서도 아름다운 영혼의 순결보다는 물질과 성욕에 눈먼 성직자들의 인간적인 면을 진술하게 형상화한 이야기로 보아진다. 일부 거짓 성직자들의 몰지각한 행동으로 인해 많은 세상 사람들이 무력감에 빠질 수도 있으니, 성직자들은 격에 맞는 행동을 실천해야만 일반인들이 성직자들을 신뢰할 수 있고 그분들의 말씀에 순종하리라 생각한다.

다음에는 못된 며느리 때문에 곤란한 지경에 처한 시어머니의 구전설화를 살펴보자.

뒷집의 김첨지 붕알타불

옛날 어느 한 집에 중이 찾아와 나이든 시어머니에게 '나무아미타불'을 자꾸 외우면 후에 좋은 곳으로 갈 수 있다고 가르쳐주었다. 다음 날 시어머니가 그 염불을 잊어버려 며느리에게 물었다. 며느리가 '뒷집의 김첨지 붕알타불'이라고 가르쳐주었다. 밤낮 어머니가 염불을 외우는 것을 들은 아들이 아내에게 이유를 묻자 아내는 뒷집의 김첨지 영감을 원하는 것이라고 하였다. 아들이 아내의 말을 듣고 뒷집의 김첨지 집에 어머니를 업어다 주었다. 이런 사실을 동네 사람들이 알고 며느리에게 벌을 주어 길들였다.[19]

위의 이야기는 한 과부가 집에 찾아온 중이 알려준 '나무아미타불'을 이내 잊어버려 며느리가 엉뚱하게도 '뒷집의 김첨지 붕알타불'로 염불을 외우자 아들이 부인의 이 말을 믿고 뒷집 김첨지 집에 업어다 준 탓에 동네 사람들이 이 사실을 알게 되자 이후 며느리가 개과천선했다는 이야기이다.

위의 설화는 고부간의 갈등에서 생성된 이야기이다. 며느리가 시어머니에게 '나무아미타불'이라고 바르게 가르쳐주었으면 문제가 발생할 여지는 없었을 것이다. 나이들어 기억력이 떨어진 시어머니를 곤란한 지경에 이르게 한 것은 며느리의 과오라 생각한다. 아들은 어머니보다

---

19 이미라, 「연행 집단의 성격에 따른 이야기 연행의 변화 연구」, 연세대 석사논문, 2003, 36쪽.

는 자신의 아내 말만 믿고 어머니가 '뒷집의 김첨지 붕알타불'로 그르게 염불한 어머니의 언행에 따라서 아들이 이웃집 김첨지 집에 업어다 준 것은 어머니의 외로움을 달래주려는 의미보다는 아들의 줏대없는 성격에서 비롯된 것으로 생각된다.

다음에는 자식 많은 집에서 부부가 동침하려는 순간 아이들 때문에 성관계를 갖지 못했다는 구전설화를 살펴보자.

자식 많은 집에서 동침하려 애쓰는 부부

어느 집에 부부가 자식들과 한 방에서 잠을 자 성관계를 하지 못했다. 남편이 아내에게 '꼬꼬꼬' 하면 밖으로 나오라고 하여 둘이 신호를 정했다. 어느날 남편이 창 밑에서 '꼬꼬꼬' 하니 자식들이 '삐약삐약' 하며 다 따라나와 성공하지 못했다. 또 내외가 의논을 하여 큰아들만 내보내면 괜찮겠다 싶어 밤에 자다가 큰 아들을 불 때라고 내보냈다. 아들이 나간 후 성관계를 맺으려는 찰나에 한 아이가 '아버지가 더워서 어머니 위로 기어 올라갔다'고 소리쳐 성공하지 못했다.[20]

위의 이야기는 한 가정에서 부부의 성애가 여러 자녀로 인해 이루어지지 못했다는 것으로 마무리 되었다. 자녀가 많은 집에는 농경이 중심이 된 시절 부모는 아이들이 일정 정도 성장하면 집안 일을 스스로 충실히 해내는 경우가 종종 있어서 자식키우는 보람을 느끼기도 하겠지만 아이들과 한 방에서 생활할 때 곤란한 점은 부부관계를 마음 놓고 이루지 못하는 경우가 있었을 것이다. 큰아들이 불 때러 나간 후 부부가 성

---

20 위의 논문, 40쪽.

관계를 가지려는 순간 '아버지가 더워서 어머니 위로 기어 올라갔다'고 소리치는 한 아이의 말에서 부부가 얼마나 놀랬을지 상상이 간다.

1980년대 중반 D대 대학원 석사과정 재학시절 기혼자인 J선배와 술자리 중에 전해들은 설화도 이와 흡사하다.

'모지역에 살던 어느 젊은 부부가 아이가 잠든 틈을 타서 부부끼리 성애를 즐기는 순간 한 아이가 갑자기 잠에서 깨어나는 바람에 부인의 배 위에 올라탔던 남편이 성애를 이루지도 못한 채 살며시 배 아래로 내려오고 말았다'는 이야기는 예나 지금이나 어른들의 육담에 곧잘 오르내리고 있는 듯 싶다.

다음에는 우리네 전통굿에 등장하는 사설이나 굿의식을 통해 마당에 나타난 성을 살펴보자.

도깨비굿[21]

전염병(홍역, 호열자)이 돌 때 도깨비굿을 한다. 정해진 날짜의 밤이 되면 온 마을 부녀자들이 빠짐없이 모인다. 무서운 탈을 만들어 얼굴에 쓰거나 숯이나 물감을 얼굴에 칠한 여성들은 긴 막대기 끝에 여성의 피속곳을 매달아 앞장 세우고 금속제의 기명류를 두드려 파열음을 내며 가가호호 방문하여 도깨비굿을 한다. 이때 남자들은 밖을 내다보지 못하며 만약 내다보면 굿의 효력이 떨어진다. 집으로 들어간 여성들은 마당에서 몇 바퀴 돌고난 뒤 마루에 차려놓은 상을 향해 세 번 절한다. 이어서 인솔 여성이 "사파세"라고 하면서 준비된 쌀을 집어 사방으로 뿌리고는 피속곳을 방안으로 휘두르면서 "…00면 00마을에 손님(천연두)

---

21 한양명, 「전통적 놀이활동에 표현된 성motif의 상징적 의미와 세계관」, 김선풍 외, 『한국육담의 세계관』, 국학자료원, 1997, 318~319쪽.

마누라가 오셨는데 … 대접할 것도 없으니 요것이나 먹고 물러가거라" 라고 주문을 읊는다. 이런 방식으로 각 집을 다 돌고 나면 그날 밤에 동구밖 네거리로 굿을 치고 나와서 제물 12접시를 차리고 제를 지낸 다음 볏짚 위에 제물을 부어놓는다. 이어서 가면을 태워버린 뒤 그 불을 뛰어넘어 집으로 돌아온다. 이때 뒤를 돌아보아서는 안 된다.[22]

위의 굿은 마을공동체에 닥쳐온 재액을 물리치고자 하는 의도에서 행해진 여성들만의 집단적인 행위의식이다.

월경피는 생명의 모든 가능성이 좌절된 죽음의 피이며, 폭력에의 위험을 수반한 강한 오염물이다. 월경 자체가 극도로 부정한 것임에도 불구하고 도깨비굿을 행하는 여성들은, 성적 파트너의 결핍 때문에 월경 중에서도 가장 불결한 것으로 간주되는 과부의 월경피를 찾았다. 이 과부의 월경피는 극적인 장치를 통해서 그 효험을 강화한다. 공식적 활동이 차단된 여성, 밤, 금기시되는 성의 노골화, 불규칙적인 파열음, 괴기스런 가면 등 일상성의 전도를 통해서 확보된 비일상적이고 극적인 배경과 장치를 통해 등장함으로써 월경피는 강한 효험을 확보하여 재액과 맞선다.

현지민의 제보를 기반으로 재액을 가져다 주는 귀신은 사람의 피, 그것도 냄새나는 피를 가장 싫어하므로 여자의 피속곳을 들고 다니게 된 것이다. 이러한 도깨비굿은 강한 부정不淨을 미리 제시함으로써 상대적으로 약한 부정들이 근접할 수 없도록 하자는 것이다.[23]

---

22 한양명, 위의 논문, 318~319쪽에서 재인용. cf. 이현수, 「진도 도깨비굿 고」, 『월산임동권박사송수기념논문집』, 동간행위원회, 1986, 126~127쪽.
23 한양명, 위의 논문, 319~323쪽.

다음에는 작물의 재생산을 내포하고 있는 경남 창녕의 영산줄다리기를 살펴보자.

> 좆부터 들어오이소 씹부터 벌려라.
> 암놈 물 다 쌌다. 빨리 들어온나.
> 좆도 좆같지 않은 게 빨리 들어온나.
> 좆이 얼마나 힘이 없어 벌려놔도 못 들어오노.
> 아무리 벌려도 냄비 나름이다.
> 거 아래에도 쩡굴데 천지다.
> 봄보지 물 올랐다. 빨리 들어온나.[24]

위의 줄다리기에서 행해지던 노래는 성의 표현이 노골적이다. 줄다리기가 행해지는 시점은 죽음의 계절이 끝나고 이제 막 생산의 계절 봄이 시작되려고 하는 시점으로서 파종과 생장을 거쳐 재생산을 준비해야 할 시기이기 때문이다.[25]

줄다리기에서 암수 쌍줄의 형태는 성행위를 모방한 놀이 형태이다.

농경사회에서 음양의 결합은 새로운 생명체를 탄생하는 중요한 생산적 행위이다. 이것은 자연의 법칙이며, 이것을 놀이화해서 풍요를 기원한다.[26]

다음에는 『심청전』에 삽입된 육담을 살펴보자.

---

24 안기수, 앞의 책, 183쪽.
25 한양명, 앞의 논문, 324쪽.
26 안기수, 앞의 책, 183쪽.

심봉사 목동 아이들을 이별하고 촌촌 전진하여 여러날 만에 황성이 차차 가까우니, 낙수교를 얼른 지나 녹수진경을 들어가니, 한 곳에 방아집이 있어 여러 계집사람들이 방아 찧거늘, 심봉사 피서하려고 방아집 그늘에 앉아 쉬더니, 여러 사람들이 심봉사를 보고, "애고 저봉사도 잔치에 오는 봉사요? 요사이 봉사들 한 시게 하던고." "저리 앉았지 말고 더러 찧지." 심봉사 그제야 안 마음에 헤아리되, "옳지, 양반의 댁 종이 아니면 상놈의 좃집이로다." 하고 '기롱이나 하여 보리라' 대답하되, "천리타향에 발섭하여 오는 사람더러 방아 찧으라 하기를 내 집안 어른더러 하듯 하니 무엇이나 좀 줄려면 찧어주지." "애고, 그 봉사 음흉하여라. 주기는 무엇을 주어. 점심이나 얻어 먹지." "점심 얻어 먹으려고 찧어 줄 테관대." "그러하면 무엇을 주어. 고기나 줄까?" 심봉사 하하 웃으며 "그것도 고기야 고기지만은 주기가 쉬우리라고." "줄지 안 줄지 어찌 아나, 방아나 찧고 보지." "옳지, 그 말이 반허락이렸다." 방아에 올라서서 떨구덩떨구덩 찧으면서 심봉사 지어내어 하는 말이, "방아소리는 잘하지마는 뉘라서 알아주리." …(중략)… 이 방아가 뉘 방안가. 각덕하님 가죽방인가. 어우야 방아요. …(중략)… 방아 만든 제도 보니 이상함도 이상하다. 사람을 비양턴가 두 다리 벌려내어 옥빈홍안에 비녀를 보니 한허리에 잠 질렀네. 어우아 방아요. …(중략)… "한 다리 높이 밟고 오르락내리락 하는 양과 실룩벌룩 삐쭉삐쭉 조개로다. 어우아 방아요. 얼시고 좋을시고 지아자자 좋을시고." 홍을 겨워 이렇게 노니 여러 하님들이 듣고 깔깔 웃으며 하는 말이, "에요 봉사, 그게 무슨 소린고. 자세히도 아네. 아마도 그리로 나왔나보오." "그리로 나온게 아니라, 하여 보았지." 좌우 박장대소하더라.[27]

---

27 최운식, 『심청전』, 시인사, 1984, 141~145쪽.

위의 작품에 등장하는 '방아', '방아질', '좃집', '고기', '가죽 방아', '조개', '그리로 나왔다', '하여 보았지' 등은 성에 관한 은유어를 기술한 것이다. 앞 장면은 육담이 조선 후기 민중들 사이에서 오갔던 진솔한 삶의 현장을 보여주고 있다.

처녀의 마음에 드는 것

옛날에 한 처녀가 있었는데, 중매하는 사람이 많았다. 어떤 남자는 문장에 뛰어나다 하고, 어떤 남자는 활쏘기와 말달리기를 잘한다 하고, 어떤 남자는 못 아래 좋은 밭 수십 이랑이 있다 하고, 또 어떤 남자는 양기陽氣가 세어 돌주머니를 음경陰莖에 매달고서 머리 위로 넘긴다고 하였다. 처녀가 이런 시를 지어 자기 뜻을 전했다.

"문장이 활발하면 노고가 많고, 활쏘기·말타기에 재능이 있으면 전사하기 십상이지. 못 아래 있는 밭은 물난리 당하리니, 돌 주머니 머리 위로 넘기는 게 내 마음에 드네."[28]

---

28 이강옥, 앞의 책, 304~305쪽.

위의 이야기는 성현(成俔, 1439~1504)의 『용재총화』에 수록되어 있다. 위의 일화에서 처녀에게 중매가 많았다는 것은 미모의 여성으로 보아진다. 처녀의 첫 번째 맞선 대상자는 학문이 뛰어난 분으로 주어진 일에만 몰두하는 경향이 많아서 자신에게 종종 무심해지는 경향이 있고, 두 번째 대상자는 무예武藝에 출중한 분인데 전장터에 나아가서 목숨을 잃기 쉽기 때문에 자신이 일찍 과부寡婦로 지낼 수 있다는 흠이 있고, 세 번째 대상자는 재산(전답田畓)은 많지만 수해가 나면 자신은 가난에 얽매이는 구차한 삶을 살 수밖에 없는 신세로 전락되고, 네 번째 맞선 대상자는 양기가 센 남성이라 저녁 잠자리에서 자신을 만족시켜 줄 수 있다는 의미에서 처녀는 네 번째 총각이 마음에 든다고 하였다. 연인사이는 사랑의 콩깍지가 씌우면 두 남녀가 만사를 잘 헤쳐나가리라 생각하지만 현실은 그렇지 않고 이상과 너무도 동떨어져 있다.

위의 이야기는 꽁깍지 사랑에 빠진(?) 처녀의 무모한 생각을 서술자가 비유적으로 희화戲化한 것으로 생각된다. 결혼 풍속은 조선조 말, 일제강점기 이전에는 혼인은 대략 한 집안의 가장 역할을 했던 부친의 의견이 반영된 중매仲媒로 이루어진 것이 대부분 일 것이다. 전통적인 마당에서 유교적인 절차에 따라서 진행된 전통결혼식은 조선 후기 서구 사조思潮의 영향과 일제강점기를 거치면서 자유연애를 동경하는 분들의 신식 결혼혼식이 등장하게 되었다.[29]

---

29 임경순, 앞의 책, 207~2010쪽.

2부 마당의 미학 201

결혼식은 사랑하는 두 남녀가 기쁠 때나 슬플 때나 서로 의지하며 부부가 되어 일생을 함께 하겠다고 조물주, 일가 친척, 친구 등이 보는 앞에서 혼인서약을 하지만 중도에 가정이 해체되는 경우가 많아 사회문제로 대두된 것은 어제 오늘의 일은 아니다. 마당의 공간은 특정한 개인의 것이 아니다. 마당의 공간은 본래 채워지는 것이 아니라, 사람들이 자연의 순리에 따라서 비우면 채워지는 공간임을 잊지 말아야 한다. 혼사도 가정도 마당의 공간을 비우기보다는 채우려는 과욕 때문에 삶의 뒤틀림이 생긴다. 마당은 과욕의 허물을 벗고 새로운 탈바꿈을 보여주는 우리 민족의 신성한 표상이다.

다음에는 다섯 노처녀를 시집 보낸 이광정(李光庭, 1552~1627)의 일화를 살펴보자.

다섯 노처녀를 시집 보낸 이광정

연원부원군 이광정이 양주목사로 있을 때, 매 한 마리를 기르면서 매사냥꾼으로 하여금 매일 사냥을 나가게 하였다. 하루는 그 사냥꾼이 나갔다가 자고 돌아왔는데, 발을 다쳐서 절룩거리며 걷는 것이었다. 이광정이 괴이하게 여겨 물으니, 사냥꾼이 웃으며 대답하였다. "어제 매를 놓아 꿩 사냥을 하는데, 꿩은 달아나고 매도 사라져 사방으로 찾아다녔습니다. 그랬더니 매가 아무 고을에 있는 이 좌수 집 대문 밖에 있는 큰 나무 위에 앉아 있는 것이었습니다. 그래서 간신히 매를 불러 팔뚝에 앉히고 갔던 길을 되돌아올 즈음에 갑자기 그 집 울타리 안에서 시끌시끌한 소리가 들려오는 것이었습니다. 울타리 사이로 엿보았더니, 사내처럼 건장하게 생긴 다섯 처녀가 함께 오는데, 그 기세가 매우 사나워서 혹시라도 얻어맞을까 싶어 급히 피하다가 미끄러져 다친 겁니다. 그 당시 해가 거의 저물어 가고 있었고, 마음속으로 아주 의아한 생각이 들어 울타리 아래 있는 나무 뒤에 몸을 숨기고 엿들어 보았습니다. 그랬더니 다섯 처녀가 이런 이야기를 하는 것이었습니다. '오늘 마침 조용하니 또 태수놀이를 해야겠지?' '좋지' 그 가운데 나이가 서른쯤 되어 보이는 큰처녀가 돌 위에 높이 앉고, 그 아래로 나머지 처녀들이 각각 좌수·형방·급창·사령이라며 그 앞에 시립하는 것이었습니다. 그러자 태수인 처녀가 명을 내렸습니다. '좌수를 잡아 들여라.' 그러자 형방인 처녀가 급창인 처녀를 불러 분부를 전하고, 급창인 처녀가 명을 받들어 좌수인 처녀를 붙잡아다가 뜰 아래 무릎을 꿇게 했습니다. 태수인 처녀가 큰소리로 그 죄를 심문하더군요. '혼인이 인륜지대사니라. 네 막내딸의 나이가 이미 과년하니, 그 위의 언니들은 그걸로 나이가 얼마나 들었는지 알 만하다. 너는 어째서 너의 다섯 딸들을 공연히 모두 시집을 보내지 않는 게냐? 네 죄는 죽어 마땅하리라.' 그러자 좌수인 처녀가 엎드려 아뢰더군요. '제가 어찌 인륜의 중함을 모르겠습니까? 하오나 저의 집안 살림이 몹시 가난하여, 사실 혼수를 마련할 가망이 없사옵니다.' 그 말을 듣고, 태수인 처녀가 말했습니다. '혼인이란 집안 형편에 따라 알맞게 하면 되는 것이니라. 그저 이불 한 채만 갖추어 물을 떠놓고 혼례를 치른다 한들 뭐 안 될 리가 있느냐? 네 말을 들어보니, 너무 세상 물정에 어둡구나.' 그러자 좌수인 처녀가 말했습니다. '제 딸들이 한둘이 아니오라, 신랑감 또한 구할 데가 없사옵니다.' 그 말을 듣고, 태수인 처녀가 꾸짖었답니다. '네가 만약 성심껏 널리 구했다면, 어찌 신랑감을 구하지 못할 리가 있느냐? 동네에 떠도는 소문으로 말할 것 같으면, 아무 고을에 사는 송 좌수와 오 별감, 아무 고을에 사는 정 좌수, 김 별감, 최 향소 집에 다 신랑감이 있다던데, 이쯤이면 네 다섯 딸의 배필은 정할 수 있겠구먼. 이 사람들의 문벌이나 덕망이 너와 비슷한데 뭐 안 될 리가 있느냐?' 좌수인 처녀가 말했습니다. '삼가 마땅히 분부하신 대로 통혼은 하게쑵니다만, 저들은 틀림없이 저의 집이 가난하다고 받아들이지 않을 것이옵니다.' 태수인 처녀가 말했습니다. '네 죄는 곤장을 쳐야 마땅하다만 사정을 십분 참작할 터이니 지금 빨리 정혼을 해서 혼례를 치르는 것이 좋으리라. 거부하는 자는 나중에 마땅히 엄벌에 처할 것이니라.' 하고는 좌수인 처녀를 끌어내라고 명하더군요. 그러고 나서는 다섯 처녀가 한바탕 깔깔대며 웃더니 흩어졌답니다. 그 모양이 배꼽을 쥐게 하더군요. 그걸 구경하고 오다가 주막집에서 자고 이제서야 돌아오는 길입니다." 이광정은 그 이야기를 듣고 껄껄 웃다가 향청에 있는 사람을 불러 이 좌수의 내력과 집안 형편과 자녀의 수를 물었다. "이 고을에서 일찍이 좌수를 지낸 사람으로, 집안 형편이 찢어지게 가난하옵지요. 아들은 없고 딸만 다섯이 있사온데, 집안이 가난해서 딸 다섯이 모두 과년한데도 아직 시집을 못 보냈사옵니다." 이광정은 즉시 예방더러 이 좌수를 청하는 편지를 써 보내 오게 하였다. 오래지 않아 이 좌수가 뵈러 오자, 이광정이 말하였다. "자네는 일찍이 좌수를 지내면서 사리에 밝았다고 하더군. 내 자네와 의논할 일이 있는데, 여태 못 했었네." 하고는 자녀의 수를 물으니, 이 좌수가 대답하였다. "저는 팔자가 기박하여 아들은 하나도 키우지 못했사옵고, 다만 쓸데없는 딸만 다섯을 두었사옵니다." 이미 모두 시집을 보냈느냐고 묻자, 이 좌수가 대답하였다. "하나도 시집을 보내지 못했사옵니다." 이광정이 아까 들었던 태수 처녀의 분부대로 하나하나 물어보니, 그 대답이 과연 좌수 처녀의 대답과 같았다 이광정은 태수 처녀가 하였다는 말대로 아무개 좌수, 별감, 향소의 집안을 차례대로 꼽고 나서 말하였다. "어째서 그들에게 통혼하지 않았는가" "저들은 필시 저의 집안이 가난해서 원치 않을 것이옵니다." "이 일은 내가 마땅히 중간에 나서겠네." 하고는 이 좌수를 내보냈다. 그리고 다시 예방더러 좌수 별감 등 다섯 사람을 부르게 하여 말하였다. "자네들 집에 다 신랑감이 있다던데, 그런가?" "과연 있사옵니다." "장가를 보냈는가?" "아직 정혼한 데가 없사옵니다." "내 들자니 아무 고을 이 좌수 집에 딸 다섯이 있다더군. 그런데 어째서 통혼을 해서 사돈을 맺지 않았는가?" 다섯 사람이 주저하며 즉시 대답을 하지 못하자, 이광정이 정색을 하고 말하였다. "거기도 향족이고 자네들도 향족이니, 문벌이 서로 맞는데, 자네들이 통혼을 하지 않으려 하는 건 빈부를 비교해서 그런게로군. 만약 그렇다면 가난한 집 딸은 머리를 땋은 채로 늙어 죽어야 되는가? 내 나이나 지위가 자네들에 비해 못지 않은 터에 이미 말을 꺼냈는데, 자네들이 어찌 감히 따르지 않는단 말인가?" 이광정은 종이 다섯 장을 꺼내 다섯 사람 앞에 한 장씩 놓게 하고는 말하였다. "각기 아들의 사주를 쓰는 게 좋겠네." 목소리와 얼굴빛에 다 노기를 띠고 있는지라, 다섯 사람이 황공하여 엎드리며 말하였다. "삼가 분부대로 봉행하겠사옵니다." 하고는 각기 아들의 사주를 써서 이광정에게 바쳤다. 신랑감의 나이에 따라 차례대로 처녀들을 정해주고 술과 안주를 먹인 뒤, 다섯 사람에게 각각 모시 한 필을 내려주며 말하였다. "이걸로 도포를 짓게나." 하고는 또 분부를 내렸다. "이 좌수 집 다섯 딸의 혼수는 관아에서 갖추어 줄 것이니, 본가에서는 걱정말게." 하고는 즉시 날을 잡게 하고, 택일한 날짜까지인 며칠 사이에 베와 비단, 돈과 쌀을 보내서 혼수를 마련하게 하였다. 혼례를 치르는 날, 이광정은 이 좌수 집으로 갔다. 병풍이라든가 여기저기 늘어 놓은 물건들은 관아에서 빌려다 설치하였고, 마당 가운데에는 탁자 다섯 개를 배열하였다. 다섯 명의 신부와 신랑이 한꺼번에 혼례를 치르는 것이었다. 구경하는 사람들이 담을 친듯 늘어서서, 모두들 이광정의 적선을 칭송하며 감탄하였다. 그의 후손들이 번성하고 높은 벼슬자리에 오르게 된 것은 모두 그가 적선을 한 결과라고들 하였다.[30]

---

30 찬자 미상, 김동욱 역, 『국역 기문총화』 3, 아세아문화사, 1999, 264~271쪽.

위의 설화는 제목에서 시사하는 바와 같이 조선시대의 사대부의 일원이었던 이광정이 다섯 노처녀를 시집 보낸 이야기이다. 양주의 이좌수는 향족임에도 불구하고 딸 다섯을 낳았는데 노처녀가 되도록 시집을 보내지 못하자 다섯 노처녀가 태수놀이를 하게 되었다. 때마침 양주목사인 이광정의 매사냥꾼이 이 광경을 보고 이광정에게 보고 하자 양주목사(이광정)가 그 진상을 파악하여 무능한 이좌수의 다섯 노처녀의 혼사를 해결한 적선으로 말미암아 그의 후손들이 후에 현달했다는 것으로 이야기가 끝을 맺는다.

본 설화는 상기한 찬자 미상의 『기문총화』, 노명흠(盧命欽, 1713~1775)의 『동패락송』,[31] 이희평(李羲平, 1772~1839)의 『계서야담』[32] 등의 문헌설화집에도 수록되어 있다.

상거 설화는 과거 우리네 혼례, 관원官員놀이 등을 엿볼 수 있는 귀한 자료적 근거가 된다. 가난한 살림에 딸 다섯을 둔 이좌수는 남아선호 사상에 사로잡혀 혼기에 찬 그의 딸 다섯을 무책임하게 시집을 보내지 아니하여 그의 분신(다섯 딸)들이 원님놀이를 할 수 밖에없는 처절한 광경은 정말 한심하기 짝이 없다. 이광정의 적선은 부모들의 폐백, 예비 신혼부부의 혼례에 따른 지참금에 얽힌 사연 등이 사회문제로 대두되고 있는 현 시대에서 가진 자와 못가진 자의 온정과 솔선수범하는 목민관의 자세가 어떠해야 하는가를 여실히 보여준 설화로 이해된다.

다음에는 재담才談 사설의 한 대목을 보자.

---

31 노명흠 원저, 김동욱 역, 『국역 동패락송』, 아세아문화사, 1996, 142~148쪽.
32 이희평 원저, 유화수·이은숙 역주, 『계서야담』, 국학자료원, 2003, 355~361쪽.

개넋두리

이게 뭔고하니 개 내기겠다(이야기겠다).
넋이야 넋이로구나. 녹양 심산에 저 넋이야.
넋을랑 놋반에 담고 신에 신은 져 올려
세상에 못난 망개가(죽은 개가) 놀고 갈까.
아이고 나 들어왔다.
"누구십니까?"
살아 생전 같고, 사후 영천 같고.
"옳소"
천한 사람이 다 죽어도 나는 장생불사 할 줄 알았든지. 천명이 이뿐이든지
"누군지 알 수 없지마는."
임 형세를 하였는지. 내가 너의 할아버지다.
"옳소"
"어 내가 살아 생전에 내 옥천당을 볼량이면"
"사진을"
어, 사진. 아가리는 다 닳은 끌방맹이 같고
앉으면 산호가지(수캐의 성기를 비유) 빠지고
서며는 달아나고만 싶고.
"애외다리요"
옳다. 일상 출입 구녕이 개구녘이요.
정월이라 대보름날이면 액막이야 물것 쬔다고
그날은 누룽밥 한 술도 아니 주고 왼종일 굶기는구나.
"배고파 살갔어?."[33]

---

33 서대석 · 손태도 · 정충권, 『전통 구비문학과 근대 공연예술』 I, 서울대출판부, 2006,

위의 만담은 박춘재가 무당역을 하면서 죽은 개의 영혼을 몸에 받아 넋두리를 하는 형식으로 구성되어 있다. 위 만담의 제목에 명시된 '개넋두리'는 진오기굿에서 무녀들이 망자의 넋을 실어 푸념을 하는 것을 그대로 본따서 개의 넋을 받아서 개의 심정을 익살스럽게 풀어내고 있다. 이런 재담은 무당굿에 대한 대중들의 체험을 전제로 만들어진 것이다. 사람이 비명횡사하였거나 한이 맺힌 죽음을 하였을 경우 이승에서 맺힌 한을 풀고 영혼을 좋은 곳으로 보내려는 목적에서 행하여지는 것이 진오기굿이다.[34]

정월 대보름날에는 앞서 살펴본 바와 같이 점풍占豊행사, 기풍祈豊행사로 마을전체가 분주하고 떠들썩하며 술밥이 풍성하게 흩어지고 농악놀이, 홰태우기, 줄다리기 등 각종 민속행사가 행해진다. 이런 바쁜 와중에 개를 돌봄 틈이 없는 까닭에 개가 음식을 먹지 못하고 쓸쓸히 지내는 것을 비유한 '개보름 쇠듯'이라는 속담이 생성된 듯 싶다. 이러한 정황을 개의 처지에서 생각해 본 사설이다.[35]

해령사海靈祠 전설

사백여 년 전 이모李某라는 강릉부사가 관기官妓들을 거느리고 유람삼아 해령산으로 소풍을 나왔다. 부사가 그네를 매달아 놓고 관기들에게 그네뛰기를 하도록 했는데, 그네 줄이 끊어지면서 관기 하나가 바다속으로 떨어져 시체마저 찾을 수 없게 되었다. 이를 안타깝게 여긴

142쪽.
34 위의 책, 143쪽.
35 위의 책, 143~144쪽.

부사가 마을 사람들에게 그 기생의 넋을 달래기 위해서 봄 가을로 제사를 지내주도록 하였다. 그런데 그 뒤로 해마다 흉어를 면치 못하게 되었다. 동네 사람들은 아무리 귀신이라도 짝이 있어야 된다고 생각하여 나무로 남근男根을 깎아 매달아 놓고 제를 지냈다. 그랬더니 그때부터 고기가 잘 잡혔다고 전한다.[36]

위의 해령사海盛祠는 강원도 강릉시 강동면 안인진리安仁津里에 있다. 『강릉부지江陵府誌』에 의하면, 어부들이 출항하기 전에 해령사에서 기도를 했다고 한다.[37] 위의 전설은 마을신앙에 나타난 남근목男根木이 신앙의 대상이다.

강원도 삼척군 원덕읍 신남리와 강릉시 안인진리에 있는 해신당海神堂 혹은 해낭당海娘堂 설화는 여신에게 남근목을 깎아 바치는 제당祭堂으로 널리 알려져 있다. 해신당 이야기는 『강릉부지』의 전설과 유사한데, 해신당 설화의 줄거리를 제시하면 다음과 같다.

바닷가 마을의 처녀가 마을 총각의 배를 타고 마을 앞 돌섬에 해초를 뜯으러 간다. 나중에 배로 데리러 온다는 말을 믿고 해산물을 채취하던 중 갑자기 돌풍과 거센 파도가 밀려 온다. 처녀는 애타게 배를 기다리다가 그만 파도에 휩쓸려 죽게 된다. 이 일이 일어난 후에 마을에 불행한 일이 꼬리를 물고 일어난다. 갑자기 이런 일이 발생하자, 주민들은 불안에 떨면서 원인을 찾게 된다. 그래서 처녀의 불행한 죽음 탓이라 여겨 그녀를 위해 제사를 지내게 된다. 그래도 불행한 일이 사라지지 않게 되자, 주민들은 더욱 두려움에 떤다. 어느날 마을 촌로村老

---

36 이상원, 『기생문학산고』 2, 국학자료원, 2012, 567쪽.
37 위의 책, 567쪽.

의 꿈에 처녀가 나타나서 목각남근木刻男根을 바칠 것을 요구하자, 주민들은 이 촌로의 말에 따라 목각남근을 바치게 된다. 이후로 마을에 불행이 사라지게 되고, 주민들은 해마다 일정한 시기에 남근을 깎아 여신에게 바치고 제사를 되었다.[38]

위의 설화는 마을의 처녀와 총각, 마을 노인 등이 등장하는데 반하여 해령사海靈祠 전설에는 강릉부사와 관기가 등장한다. 전자의 이야기에는 풍랑을 만나 처녀가 죽은 것으로 형상화되었지만 후자는 관기가 강릉부사와 놀러 갔다가 그네가 끊어지면서 바다에 떨어져 죽은 것으로 되어 있다. 두 설화는 이야기의 전개방식에 있어서 약간의 차이가 있으나 처녀 혹은 관기의 억울한 죽음을 달래기 위해 제사를 지내고 목각남근을 바쳤다는 점에서는 일치한다.

목각남근을 바치는 풍습은 죽은 처녀의 원혼을 달래고 마을의 평강과 풍어豊漁의 기원을 바라는 그 지방 마을 사람들의 오랜 염원에서 기인된 것은 의심의 여지가 없다.

다음으로 이창식의 성 담론 시 한 편을 살펴보자.

　　　도굴

　　왕릉 안으로 들어갔다.
　　조선백자가 얌전히 옷을 벗었다.
　　사정없이 애무하였다.
　　밖으로 나가면 죽음인데

---

38 안기수, 앞의 책, 181쪽.

안이 오히려 생기가 넘쳤다.
누군가 지켜 보는 데서
마음껏 삽입하고서 왕이 되었다.
허가없이 국보를 일으켜 세우고
고래고래 지르며 초절정까지 갔다.
갑자기 내 허물 벗은 물건이 커져
백자에서 빠지지 않았다.
연리지처럼 엮여 울자
밖에서 쇠창살이 들어왔다.
우린 피하려고 애써자
부질없게도 내 물건보다 강한 침,
거시기가 백자의 깊은 데를 찔렀다.
분통터졌지만, 처용처럼 꺽꺽 춤췄다.
아무 일 없다는 듯
조선백자는 매무새 추스린 채
침에 찔린 미인마냥 밖으로 나갔다.
나는 다시 천 년 푸른 잠을 청하였다.
내 애인 백자가 국립박물관에서
재산권 표절시비 없이
떡하니 앉아 나를 기다렸다.[39]

위의 시는 지하에 묻혀 있던 조선시대의 상징인 백자의 유물이 발굴되어 국립박물관에 전시된 광경을 형상화하였다. 본 시는 아무도 볼 수 없는 지하에서 남녀의 연리지連理枝처럼 얽혀있는 자연스러운 성행위가

---

39 이창식, 도굴, 『시와 산문』 여름호(2012), 시와 산문사, 2012, 141~142쪽.

사람들에 의해 세상 밖으로 나오면서 오히려 부자연스러운 광경을 연출하고 있는 듯하다. 대지의 상징인 어머니의 자궁은 순결한 백자의 내부이고 천상의 상징인 아버지의 양근은 백자의 손잡이를 잡은 남성의 손가락으로 볼 여지도 있다. 여성의 자궁과 남성 양근의 결합은 우주의 기본질서와 맞물려 있다. 낮과 밤 밤과 낮의 변화는 만물의 변화와 마찬가지로 가는 님 오는 님의 생生과 사死, 사와 생의 반복이다.

춘화도와 마당

　춘화春畵란 남녀간의 성애를 그린 그림이다. 춘화春畵는 홍선표에 의하면, 남녀의 직접적인 성풍속 장면을 소재로 그린 그림이라 정의하고, 남녀교합지상男女交合之狀이나 남녀상교지형男女相交之形을 노골적이고 선정적으로 묘사하여 춘흥을 즐기거나 성욕을 촉진시키는 최음을 목적으로 그려진 것이라고 하였다.[1] 춘화는 춘의도春意圖, 운우도雲雨圖, 성희도性戱圖 등으로 불려지며, 성의식에서 비롯된 그림이다.

1　김헌선, 앞의 논문, 175쪽에서 재인용. cf.홍선표, 「춘화」, 『한국민족문화대백과사전』 22, 한국정신문화연구원, 1991, 605쪽.

　벚꽃이 만발한 담장 밖에서 가체머리의 중년 여인과 댕기머리 소녀가 개의 흘레 장면을 구경하고 있는데, 두 사람의 표정이 대조적이다. 한쪽 무릎을 세우고 노송에 걸터 앉은 유경험자의 얼굴에 화색기가 돌고, 댕기머리의 무경험자는 망측스럽다며 옆 여인의 긴장된 허벅지를 꼬집고 있다. 여기에 사랑을 나누며 나뭇가지에 앉아 있거나 퍼덕거리는 참새 한 쌍씩을 배치한 점은 신윤복다운 재치이다.[2]

---

2 이태호, 『미술로 본 한국의 에로티시즘』, 여성신문사, 1998, 125쪽.

　벚꽃이 핀 봄날에 후원에 나와 개의 교미장면을 바라보고 있는 두 여인의 모습을 그리고 있다. 남녀의 직접적인 성희 장면이 아닌, 개의 교미장면을 바라보는 처녀들의 심정을 통해 춘정을 표현한 특이한 도상이다. 이 장면은 신윤복의 풍속화첩에 들어 있는 이부탐춘嫠婦眈春에 연원을 두고 있는 도상이다.

정재鼎齋 최우석(崔禹錫, 1899~1965)의 또다른 춘화는 젊은 남녀의 정사장면이지만, 배경이 된 마당에 절구와 절굿공이를 첨가함으로써 성교를 간접적으로 표현함과 동시에 한 쌍의 닭과 병아리들이 묘사된 것은 평온함의 정경이라기보다는 아마도 다산多産을 의미하는 도상으로 첨가된 듯 싶다.

작자 미상의 무산쾌우도巫山快遇圖의 춘화는 19세기의 그림으로 보아지며, 국립중앙박물관 소장이다.

최우석이 그린 젊은 남녀의 성교장면과 절구와 절구통이 그려진 작자 미상의 무산쾌우첩巫山快遇帖이 있다. 전자의 춘화에는 닭과 병아리가 그려진 반면에 후자의 춘화에는 닭과 병아리가 안 보인다는 점에서 대조를 이룬다.

멍석마당 — 이야기 마당

1970년대 급격한 산업화가 시작되기 전에는 농촌이나 도시 마당의 멍석은 봄부터 뜯은 나물이나 곡물의 건조 외에도 일상에서 쓰이는 생활 도구 제작, 한 집안 식구나 마을사람의 애경사哀慶事에 옹기종기 모

여 앉아 마을의 공동체 의식을 발현하는 자리의 역할을 감당하였다.

우리네 전통사회에서 마당과 멍석은 부부, 부자父子, 약방의 감초처럼 뗄 수 없는 관계처럼 친연성을 가진 자리로 늘 함께 기쁨과 슬픔을 공유하였다. 이재무(1958~) 시인의 '멍석'이라는 시를 살펴보자.

멍석

몸은 무너졌으나 더운밥에 국물 뜨겁던
여름날 우리들의 저녁 식사여
냉수 사발에 발 담근 밤새 울음과
초저녁 별빛 몇가닥도 건져올려
겉절이와 함께 밥숟갈에 걸치어주고
트림 한 번으로도 낮 동안의 잘못
용서되던 반찬 없이 배불렀던 저녁 식사여
모깃불 연기 사이로
달 속 계수나무며 은하수 토끼 한 마리
모두 정겹던 아, 옛날이여 흑백영화여
늦은 밤 홀로 먹는 저녁밥에 목이 막힐 때
마음의 허청 속 거미줄에 사지 묶인 채
추억과 함께 돌돌 말려진 너의 몸 꺼내
서울 천지에 펼치고 싶다
우리들의 둥그런 식사를 위해

위의 시는 이재무의 2012년 27회 소월시 문학상 수상 시선집인 『길 위의 식사』에 수록되어 있다.[1] 멍석은 과거 농경문화가 주류를 이루던 시절 우리네 조상들과 연중 내내 고락苦樂을 같이 한 한 집안에서 없어서는 안 될 소중한 생활도구生活道具였다. 쑥, 고사리, 고추, 곡물 등속의 먹을거리 건조하는 자리, 마을이나 한 집안의 대소사(혼인 잔치, 회갑잔치, 장례식, 동제洞祭 등등) 등에 여러모로 빠짐없이 유용하게 쓰였던 자리가 멍석이었다.

권영민(단국대 석좌교수)은 이재무의 '멍석' 시를 두고서 "이 시에서 '멍석'은 도시공간에서는 이미 그 용도가 폐기된 것이다. 그러나 이것은 지난 세월 한때 시골집 여름 마당에 깔려 있었던 것이다. 식구들 옹기종기 모여 앉아 시절의 고달픔을 서로 의지하던 자리이다. 그 위에서는 비록 가난하여 초라했던 밥상도 배부르고 따숩게 먹던 저녁 식사였던 것이다. 그러므로 '멍석'은 자연과 사람이 함께하는 자리다. 그것은 땅 위에 깔려 있으되 하늘을 지붕 삼는다. 그리고 그 위에 차려놓은 초라한 식탁마저 배부른 성찬이 된다. 그 자리에 깃든 사랑과 인정이 '멍석'이라는 기표에 상징성을 부여한다. 시인은 자신의 경험 속에서 이미 잊어버렸던 '멍석'을 불러낸다. 그리고 차가운 도시의 시멘트 바닥에 그 멍석을 깔고자 한다. 이 때 '멍석'은 삶의 소중한 의미를 일깨우는 자리이며, 이웃에 대한 따스한 배려이며, 파괴적인 도회의 비인간적 속성을 덮어버릴 수 있는 사람의 사랑이다."라고 평하였다.[2]

멍석은 농경이 주류를 이루던 시절에는 남녀노소 모여 친교나 담소

---

1 이재무, 『길위의 식사』, 문학사상, 2012, 145쪽.
2 권영민, 「낯익은 그러나 만난 적이 없는 시인에게-이재무의 시 읽기」, 이재무, 위의 책, 247~249쪽.

그리고 철부지 아이들이 어른들에게서 옛 이야기나, 어른들간의 성적 담론을 발화하는 자리였다.

라디오, 텔레비전 등의 대중매체가 등장하기 전에는 우리네 고소설이나 옛 이야기를 읽거나 구연하던 그 멍석은 이제 흑, 청, 백색 등의 비닐이 등장하면서 민속박물관의 모서리에 전시물로 남아 있을 따름이다.

KBS 아침마당이 장수 프로그램인 이유는 어디에 있을까? 필자의 좁은 생각으로는 세상만사의 풍파를 겪어 온 출연자들의 삶의 경험담이 시청자들의 마음에 와 닿았기 때문일 것이다.

이야기꾼이 이야기를 선택하는 배경에는 이야기꾼 개인의 성장 환경과 가치관, 세계관 등이 자리를 차지하게 될 것인데, 특히 이야기꾼의 창조적인 능력이 발현될 수 있는 허구적인 이야기를 구연할 때, 이야기꾼의 개성은 뚜렷이 드러날 수 있게 된다. 이야기꾼들은 그 성향에 따라, 단순 흥미거리를 제공하기 위해서 이야기를 구연하는 경우도 있고, 이야기를 통해 어떤 교훈을 강조하는 경우도 있다. 이야기가 가진 성격에 따라 서술태도가 달라질 수도 있지만, 이야기꾼은 각자가 구축하고

있는 서술태도에 따라, 자신의 의도를 이야기 속에 형상화시킨다.[3]

이 장에서는 마당에서 행해진 우리네 옛 문헌에 실린 성담론, 혼례 관련 문헌설화와 구전설화의 이야기 보따리를 풀어보자.

먼저 찬자 미상의 『파수추』에 실린 문헌설화 몇 편을 살펴보자.

> 눈 쓰는 이야기
>
> 주인 나리가 일찍 일어나 문을 열고 보니, 흰 눈이 마당에 수북이 쌓였는데 종놈은 꿈쩍도 않고 있었다. 주인 나리가 종놈 충남에게 불호령을 내렸다. "충남이 놈, 아직 방구석에 처박혀 있는 게냐?" 충남이 깜짝 놀라 얼떨결에 답했다. "금방 일어났습니다요." "빨리 달려와 사당에 눈 쓸고 말 여물 퍼 대어라." 말이 이어지는 것이 어찌 이렇게 교묘할까? 과연 듣는 자나 묻는 자가 이상하게 여겼을까.[4]

위의 이야기는 주인 나리가 늦잠 자는 충남을 다그치는 데서 언어 유희가 드러난다. 요즘도 밤늦게까지 공부하거나 노닐다가 늦잠자는 자녀들을 아침에 깨우는 부모들의 일상과 다르지 않다.

> 손짓으로 죄인 부르기
>
> 한 위인이 상투 올릴 머리카락이 없어 나무로 상투를 만들어 머리털에 얹어 다녔다. 죄를 지어 관아로 잡혀가게 되었는데, 건장한 나졸이 그의 상투를 움켜쥐고 급히 관아의 뜰에 끌고 들어가 아뢰었다. "놈을

---

3 강성숙, 「이야기꾼의 성향과 이야기의 특성에 관한 연구」, 이화여대 석사논문, 1996, 105쪽.
4 이원걸, 앞의 책, 25쪽.

잡아 들였습니다요!" 그런 다음에 보았더니, 나무 상투 한 개만 달랑 손에 잡혔다가 마당에 떨어지는 게 아닌가. 깜짝 놀라 뒤를 돌아다보니, 놈은 아직도 문에 엎드려 있었다. 그제야 손짓을 하며 불러댔다. "냉큼 들어와!" 건장한 나졸이 사납게 끌어들일 때 만약 상투가 남아 있었다면, 목이라도 뽑혔을 터인데, 상투가 없었던 게 도리어 천만다행이다.[5]

위의 이야기는 웃음 속에 지방관아 나졸의 횡포가 공개된다. 단발령 斷髮令 이전에 행해진 조선의 풍습을 읽어낼 수 있다. 대머리로 살아가는 분들은 예나 지금도 존재한다. 간혹 길거리를 걷거나 대중교통을 이용하다 보면 연세가 드신 어른들의 대화 중에 대머리를 가진 분들은 부부가 저녁 잠자리에서 성행위 할 적에 '부인이 남편의 머리를 너무 잡아당기는 바람에 머리가 빠져서 그렇게 된 것이다'라는 근거없는(?) 얘기를 거리낌없이 내뱉는 말을 들을 경우가 있다. 이것은 머리에 머리털이 없어서 고통을 감수하고 살아가는 분들에게는 모욕적인 발언임에는 틀림없다.

필자의 학부 아무개 후배는 삼풍백화점에 둘째 딸 백일 선물사러 들어갔다가 그 백화점이 붕괴된 탓에 그곳에서 안타깝게 생을 마감한 슬픈 사연이 있다. 그 후배의 장례식을 치르고 식사 자리에 참석했다가 학부 Y선배는 대머리였음에도 불구하고 본인의 양복 상의 안주머니에서 머리빗을 꺼내 머리 빗는 모습을 보더니 좌중의 조문객들이 잠시나마 망자의 슬픔을 잊은 채 포복절도한 일화가 생각난다. 오래전 우연히 텔레비전에서 본 일화도 별반 다르지 않은 재미있는 이야기이다.

어느 회사의 사원들이 젊은 신혼부부의 집들이를 갔다가 사원들이

---

5 위의 책, 35쪽.

모여 차려진 음식을 먹기 직전 뜨거운 미역국을 손님들에게 나르다가 그만 어떤 분이 그 국그릇을 놓쳐 버렸는데, 하필 대머리 분의 머리에 쏟아지고 말았다. 좌중의 손님들이 웃지도 못하고 뜨거운 국에 데인분은 병원에 가서 치료 후 퇴원하였고, 집에 초대한 신혼부부가 한동안 곤경에 처했던 출연자의 이야기를 시청한 적이 있다.

세 며느리가 헌수獻壽하다

어떤 사람이 회갑을 맞이했다. 자손이 각기 잔을 들어 헌수獻壽(환갑還甲 잔치따위에서, 주인공에게 장수長壽를 기원하는 뜻으로 술잔을 올림)를 했다. 맏며느리가 잔을 들어 헌수하려고 하는데 시아버지가 말했다. "네가 이미 잔을 올리니 복되고 경사스러운 말을 하는 것이 좋겠구나." 며느리가 잔을 잡고 꿇어앉아 말씀드렸다. "아버님께서는 천황씨天皇氏(중국 태고 시대의 전설적인 인물, 삼황三皇의 으뜸으로, 12형제가 각각 일만팔천 년씩 임금을 하였다고 함)가 되시옵소서." 시아버지는 "그게 무슨 뜻이냐?"고 했다. "천황씨는 일만팔천 살을 살았기 때문에 이와 같이 축수를 하옵니다." "좋은 말이다."

둘째 며느리가 잔을 잡고 꿇어앉아 말씀드렸다. "아버님께서는 지황씨地皇氏(천지인天地人 삼재三才 사상에 바탕을 둔 중국 고대의 전설상의 제왕帝王. 삼황三皇의하나로 천황씨天皇氏를 계승하였다고 함)가 되시옵소서." 시아버지는 "그게 무슨 뜻이냐?"고 했다. "지황씨도 일만팔천 살을 살았기 때문에 이와 같이 축수를 하옵니다." "좋은 말이다."

막내며느리가 잔을 잡고 꿇어앉아 말씀드렸다. "아버님께서는 양물陽物(남자의 성기性器)이 되시옵소서." 시아버지는 놀라면서 말했다. "그게 무슨 말인가?" 며느리는 말했다. "양물은 비록 죽었다고 하더라도 다시 살 수 있사옵니다. 장생불사長生不死할 수 있기 때문에 이와 같이 축수를 했사옵니다." 시아버지는 "네 말도 좋다"고 했다.[6]

위의 이야기는 한 집안의 시아버지가 회갑을 맞이하자 세 며느리가 시아버지의 헌수하는 연회宴會에서 장수를 바라는 소망을 각자 말하였다. 맏며느리와 둘째는 중국의 전설상의 인물인 천황씨, 지황씨를 비유하여 시아버님의 장수를 언술했지만, 막내며느리는 두 동서들과는 달리 시아버지의 성기가 오래오래 제 구실하기를 바라는 언술을 희학적戱謔的으로 표출하였다. 예전에는 어른들이 막내 아들이나 막내 딸은 늦게 둔 덕에 어여삐 여긴 경향이 없지 않았다. 막내며느리는 시아버님에게 대담하게도 시아버님의 중요한 부위를 표명한 점에서 철없는(?) 것으로 볼 여지도 있다. 하지만 막내며느리는 시아버지의 연장을 재치있게 유발하므로써 연회에 참석한 좌중에게 폭소를 자아낼 만하다. 시아버지는 며느리가 친딸처럼 자신을 잘 예우해주기 때문에 며느리를 늘 예쁘게 여기는 것은 예나 지금이나 별반 다를 바 없는 듯하다. 하지만 인생을 살다가 어려움에 봉착하다 보면 시어머니와 며느리, 시아버지와 며느리 사이에 갈등이 생기게 마련이다. 그럴 때마다 며느리는 시어머니보다는 시아버님 사이에 서로가 씻을 수 없는 큰 과오가 없고 사세些細한 일이라면 고금古今이나 서로 눈감아 준 것은 인지상정 아니겠는가.

위의 설화는 우리네 전통마당에서 멍석 깔린 마당에서 가내 식구들 그리고 마을 사람들과 함께 웃어른들의 경사慶事스러운 회갑연의 한 장면을 엿볼 수 있는 공간이다. 1970년대부터 일기 시작한 산업화로 인해

---

6 이신성 역주, 앞의 책, 17~18쪽.

대도시가 조성되면서 회갑연은 농촌보다는 도시에서 거주하는 자녀들로 인하여 집안 어른들의 큰 잔치는 대체로 전통마당보다는 대형음식점을 선호하는 경향이 많아졌다. 20세기말부터 의학이 발달하고 생활여건이 이전보다 좋아져 인간의 수명이 점차 느는 추세에 있다. 근자에는 과거 우리네 전통마을에서 행해지던 회갑연을 마당에서 치르는 광경은 거의 찾아 볼 수 없다. 인간의 수명 연장으로 이제는 회갑연, 고희연古稀宴의 잔치문화도 가족들의 공동식사 혹은 국내외로 여행을 다녀오는 것으로 인식이 바뀌어가고 있는 양상이다.

  필자가 D대 대학원 재학 중에 K대 L교수님께 세미나에서 들었던 한 토막 얘기가 스쳐 지나간다. "인생칠십고래희人生七十古來稀"라는 구절은 '나이 70살은 예로부터 드물다'는 뜻으로, 중국의 시성詩聖으로 불리는 두보杜甫의 〈곡강曲江〉이라는 시에 기인한다. L교수님께서 "인생칠십고래희人生七十古來稀"의 구절을 두고 "인생칠십골이땡"이라고 언술하여 세미나에 참석한 동학들과 함께 웃은 적이 있다. 그 당시 L교수님은 '고희古稀'를 목전에 두고 계셨다. 고희가 되면 여생餘生에서 젊은 시절보다 대외활동은 적어질 수밖에 없다. 저와 인연을 맺었던 원로교수님들은 건강이 양호하지 못하여 거동이 불편하거나 병으로 고생하시다가 궂긴소식을 들을 적마다 마음이 애잔하다. 우리네 생활여건이 이전보다는 양호해졌지만 갈수록 노인층의 증가는 사회문제로 대두되고 있다.

  과거의 우리네 어울어지던 중심공간이었던 마당이 점차 나라 밖으로 확산되는 조짐이 일고 있다. 음력 8월이 되면 우리 조부의 생신때마다 원근에 사시던 일가 친척과 마을 사람들이 어울려 생신에 차린 음식을 먹으며 정답게 얘기를 나누던 옛 마당의 광경은 어린 시절의 기억 속에 자리하고 있을 뿐이다.

다음에는 상례의식喪禮儀式 도중 빚어진 일화를 살펴보자.

발이 얼어서 곡소리가 슬프다

한 상주喪主가 아침에 상식上食을 지낼 때에 이웃에 있는 벗 여러 명이 와서 방에 앉아 있었다. 상주의 곡哭하는 소리가 전에 비하여 더욱 슬퍼함을 듣고, 상식이 마치자 한 손님이 상주에게 물었다. "오늘은 무슨 날로 어떤 감회가 있어서 상식을 지낼 때 곡하는 소리가 전에 비해 더욱 애통한가?" 상주가 두 손으로 두 발을 움켜쥐면서 대답했다. "별다른 감회로운 일이 있는 게 아니고 오늘은 날씨가 매우 혹심하게 추워서 두 발이 얼어붙어서 고통을 견디기 어려웠다네. 그래서 곡소리가 저절로 크게 나왔다네." 앉은 자리에서 웃음이 터져 나왔다.⁷

---

7 위의 책, 158~159쪽.

위의 예문은 고인故人되신 분이 엄동설한嚴冬雪寒에 타계하자 상주喪主가 곡哭하는 자리에서 고인을 생전에 제대로 잘 모시지 못했다는 불효막심의 죄책감(?)에 슬프게 울되 전보다 더 애절하게 울기에 이웃에 사는 분이 상주에게 그 이유를 묻자 상주는 삼가 고인의 명복冥福을 진정으로 빌기보다는 추위에 언 자신의 두 발 때문에 견기기 어려워서 그렇다는 말을 하고서 앉은 자리에서 웃었다는 일화이다.

2002년 한국과 일본에서 동시에 열린 세계축구대회에서 우리 대표팀이 스페인 대표팀과 경기할 때의 일이다. 충주가 고향인 절친한 분의 부친께서 오랫동안 병석에 누워 계시다가 임종 후 발인 전날인 것으로 기억 된다. 그 선배네 뿐만 아니라 대다수 그 시기 장례의식을 치르는 분들 모두 그 경기를 지켜보면서 열광적인 응원을 보냈다는 소식은 매스컴을 통해 들었다.

앞의 예문과 유사한 또 하나의 일화는 필자가 버스를 타고 가는 도중에 모 방송국 라디오에서 나오는 소리를 들었던 내용이다.

어떤 부부가 절친한 분의 장례식에 문상을 갔다가 고인에게 추모 후 상주와 절을 하다가 상주가 신은 발가락 양말 한 쪽에 구멍이 나 있는 것을 보고 한 분이 그만 웃음을 지어 상주가 당황하였고, 급기야 웃던 분은 웃음을 억제하지 못하여 밖으로 나가서 한참동안을 웃다가 되돌아와 자초지종을 상주에게 전하고, 자신의 무례함을 상주에게 용서를 구하였다는 이야기는 경건의 자리에서 결례缺禮를 보인 것은 틀림없다. 상주는 문상객을 맞이하는 일로 인하여 구멍 난 양말을 바꿔 신을 겨를이 없었던 탓(?)에 웃음을 유발한 제공자임이 틀림없다.

우리 조부는 생전에 '막걸리'라는 애칭이 있었던 것은 어린 시절 집안

어른들에게 이따금 들었다. 우리 조부는 애주가셨지만, 동네에서 환자가 생기면 의술을 펼치되 돈을 받지 않고 치료해주시고, 소가 기력이 없으면 민간요법으로 처방하여 소를 그 자리에서 일으킨 이적異蹟(?)을 행하신 소식은 훗날 우리 동네에서 한의원을 하시다가 익산으로 이사가신 S분으로부터 들었다.

우리 부친은 2009년에 영면하셨는데 생전에 술과 담배를 전혀 하지 않으셨다. 조부께서 생전에 친목계 자리에서 늘 과음 탓에 거동이 불편하다는 전갈이 올때면 풍채가 좋고 기골이 장대한 우리 부친께서 조부를 10리 정도 거리에서 업고서 집까지 모시고 오셨다는 이야기를 종종 들었다. 조부는 전두환 신군부가 들어선 1980년대 초반 서울의 봄을 앞둔 시점에 가족들이 지켜보는 가운데 영면하셨다. 조부의 장례식이 행해졌던 그 마당에는 천식으로 먼저 세상을 떠나신 조모, 고모, 그리고 강산이 한 번 변한지 얼마 후 나의 군복무(화랑부대 군종 사병) 전역 보름을 남기고 조부를 모셨던 숙부는 불행히도 교통사고를 당하셔서 이내 세상을 떠나셨다. 조부와 숙부의 시신 곁에서 우리 부친과 함께 지켜보던 그 안방과 그 마당에는 조모, 고모, 조부, 숙부의 슬픔과 조모의 회갑연, 조부의 회갑연에 이은 고희연, 막내 숙부의 혼인잔치 등속의 기쁨의 흔적이 아련하게 남아 있다. 그 마당은 이제 콘크리트로 덮여 있고, 농촌의 일손을 더는 농기계와 자동차가 그 자리를 지켜주고 있을 뿐이다.

다음에는 조선조 인종仁宗과 관련된 설화를 살펴보자.

상주는 노래하고 여승은 춤추며 노인은 울다

조선 인종이 등극한 후에 교화가 잘 행해져 문치文治가 드높았으며 사대부와 백성이 그 직업에 힘썼다. 아비가 그 자식을 가르치고 형이 그 아우를 독려하니 충효로 입신立身의 근본을 삼지 않음이 없어, 진실로 동방의 성세聖世였다.

인종이 일찍이 밤에 도성都城을 순시하여 몸소 풍속을 살피고 때로는 혹 어진 선비를 방문하여 충효와 도덕으로 면려勉勵하니 사대부가 성은聖恩에 감읍感泣하지 않을 이 없고 더욱 감히 게으를 수 없었다.

하루는 임금이 미복微服(지위가 높은 사람이 무엇을 몰래 살피러 다닐 때 남이 알아차리지 못하도록 입는 남루한 옷차림)으로 살피러 나서서 북산 아래에 갔더니 오두막집에 등불이 창문으로 비쳤다. 임금이 몰래 가 엿보니 한 노인이 위에 앉고, 자리 앞에 술과 안주 등속이 놓였는데 노인은 먹지 않고 낯을 가리고 울고 있었다. 또 한 젊은 상주와 여승이 좌우에서 모시면서 상주는 손뼉을 치며 만수萬壽를 기리는 시를 노래하고, 여승은 소매를 들어 술잔 올리는 노래로 춤을 추었다.

임금이 크게 의아하여 '이에는 반드시 곡절이 있겠지' 하여, 곧 문을 두드리고 들어가니 상주와 여승이 바삐 맞이하였다. "당신 댁에 무슨 일이 있어 노인은 울고 상주는 노래하며 여승은 춤을 춥니까?" 노인이 말했다. "우리 집은 대대로 청빈을 지켜 다만 충효로 자손을 가르칩니다. 불행히 1년 전에 늙은 처가 병으로 죽고 다만 아들 하나, 며느리 하나가 상喪을 지키며 집에 있는데 아들은 글을 읽고 며느리는 베를 짜며 겨우겨우 생활합니다. 오늘은 이 늙은 놈의 회갑이지요. 집이 가난한 소치로 술상을 차려 만수萬壽를 기릴 수 없자, 자식과 며느리는 마음이 타는 것 같았답니다. 자식이 '내 머리카락을 베어 팔아 돈이 되면 음식을 차릴 수 있소' 하니, 며느리가 '안 됩니다. 당신은 남자의 몸으로 머리를 깎아 중이 되면 어찌 세상에 나서겠어요? 나같은 부녀자의 머리는 아까울 수 없지요.' 하며 스스로 그 머리카락을 잘라 시장에 팔아 돈 몇냥을 얻어 이렇게 술상을 차려 올렸답니다. 늙은 놈이 생각컨대, 늙어서 죽지 않고 가난하여 줄 것 없이 아이와 며느리의 용모를 헐도록 한 것을 오늘에야 차마 보게 되매 나도 몰래 눈물이 절로 흘렀답니다. 아이와 며느리는 술상을 차려 늙은 놈에게 바치며 만수萬壽를 기리며 기쁨을 드리자고 하나는 노래하고, 하나는 춤을 춘 것이지요."임금이 듣기를 마치고 마음에 매우 불쌍하고 또 자식과 며느리의 효성을 가상히 여겨 곧 천천히 하교下敎하였다. "상심하지 마오. 효도에 감동한 소치로 반드시 하늘의 은혜를 얻을 것이오. 젊은이는 상기喪期가 끝난 뒤에 반드시 과장科場에 나가 출세할 계책을 도모함이 좋겠소." 말을 마치고 돌아갔다. 노인 부자는 성상께서 오신 것인 줄을 전혀 알지 못했다. 세월이 말달리듯 흘러 그 젊은이는 상복을 벗었다. 홀연 과거령科擧令이 내렸다는 소문에 소년이 과거를 보러 과장科場에 들어가니, 성상聖上께서 몸소 납시어 선비를 뽑고자 하여 시제詩題를 냈는데, '상가승무노인곡喪家僧舞老人哭(상주는 노래하고 여승은 춤추며 노인은 울다)'이었다. 젊은이는 크게 놀라 헤아리기를, '전날 우리 집에 오셨던 분이 바로 성상聖上이셨구나' 하며, 드디어 생각한 바를 써서 시권詩卷을 드렸다. 임금이 몸소 그 시권을 보시고 그 젊은이인 줄 밝히 알아 의심 없이 방榜을 붙여 이름을 부르니 과연 그 소년이었다. 드디어 과거에 뽑아 벼슬을 주시고 봉록俸祿으로 그 아버지를 봉양하게 하였다. 그 소년이 황감함을 이기지 못하여 울며 천은天恩에 감사하고 마음을 다해 은혜에 보답하여 드디어 명류名流가 되었다. 그 사람은 성명이 이효달李孝達이라 하며 서울 사람이었다. 증명하는 시가 있다.

인가人家에 좋은 경사 수연壽筵이 최상이라

> 집안은 가난하나 아들 며느리 어질었네.
> 머리카락 팔아 음식 차려 노래하고 춤추니
> 그 효성 또한 천녀토록 전할 만하구나.[8]

　위의 일화는 조선조 인종 임금이 미복잠행微服潛行을 나섰다가 서울의 가난한 집에 살던 서생書生 이효달의 집에 들어갔다. 가난하지만 이효달은 모친 없이 홀아비가 된 부친의 회갑연을 위해 그의 아내가 자신의 머리를 잘라서 얻은 이익으로 조촐한 시아버지의 회갑연을 마련하자 이효달의 부친은 기쁨의 눈물을 흘리고, 이효달은 손뼉을 치며 부친의 만수萬壽를 기원하는 노래를 읊조리고, 머리를 깎은 며느리는 스님(?)의 모습으로 춤을 추게 된 사연을 인종은 접하게 된다. 세월이 지나서 이효달은 과거장科擧場에 들어갔다가 시제詩題를 보니 지난 날 자신의 집에 들린 분이 임금님을 알게 되고, 그 때의 일을 정리하고 생각한 바를 기술하여 제출하니 합격은 물론 벼슬을 얻어 봉록으로 그의 부친을 봉양하게 되어 그는 임금의 은혜에 보답하기 위해 근실하게 근무하여 명류名流가 되었다는 입신立身 관련 일화이다.
　이효달의 설화는 청빈과 충효를 가르친 부친과 어진 며느리의 덕에 미복을 한 인종의 배려에 힘입어 특별히 채용되어 환로宦路에 진출한 경우이다. 예나 지금이나 한 가정의 흥망을 좌우하는 것은 남성이 아닌 여성임을 알 수 있다. '여성은 연약하지만 강하다'는 진부한 언술은 위의 예문에서도 읽어낼 수 있다. 빈천한 집에 시집와서 홀아비가 된 시아버지와 남편의 뒷바라지를 위해 자신의 고통을 감내하면서까지 한 가정을

---

8 이신성·정명기 역주, 『양은천미』, 보고사, 2000, 169~172쪽.

일으켜 세운 것은 비움과 채움이 어울어진 우리네 전통마당의 조화로운 공간의 형상인 어머니(여성)를 표상하는 곰신화의 원형에서 찾아야지 않을까.

암수 어버이

세 친구가 늘 모여서 놀았는데, 그 중 한 친구가 며칠 동안 보이지 않았다가 나타났다. 두 사람이 의아해서 그 이유를 물었다. "무슨 일로 몇일 동안 보이지 않았는가?" 그랬더니 글쎄 그는 문자를 써서 답하였다. "숫어버이(웅친 雄親)께서 병환이 드셨다네." 두 친구는 배를 잡고 깔깔댔다. "에구. 이 무식꾼아! 숫어버이라니, 그게 무슨 말이냐?" 그 친구는 겸연쩍어하면서 해명하였다. "어미를 자친雌親이라고 부르는 터에 아비를 웅친雄親으로 부르는 게 뭐 잘못 되었나?" 두 친구는 또 웅친 소릴 듣고 나서 점점 기가 막혀 웃다 보니 허리가 끊어질 지경이 되었다. 그러는 사이, 이 친구는 부끄러워하며 집으로 발길을 돌렸다. 그런 뒤 그는 며칠 뒤에 두 친구가 놀려 댈까봐 감히 발걸음을 들여놓지 못하였다. 그가 뜰의 모퉁이에서 어정거릴 즈음에 두 친구는 마루 위에 앉아 있다가 그가 오는 것을 보고 동시에 무릎을 치고 깔깔거렸다. "숫 어버이가 오시는가? 암 어버이가 오시는가?" 한 친구는 무식해서 망발했고 두 친구는 경망해서 망발했으니, 피차일반이다. 그렇지만 두 친구는 너무 지나치다.[9]

위의 이야기는 상대편 어버이를 짐승 칭호인 것으로 암 수컷으로 부르는 어불성설語不成說 논리와 문자유희가 돋보인다. 대학에 출강하다

---

9 이원걸, 앞의 책, 68~69쪽.

보면 김미소, 김소라, 문하이얀, 이해, 이초록 등등 재미있는(?) 이름을 가진 학생들 때문에 출석을 부르면서 입실한 학생들에게 간혹 웃음을 선사하는 경우도 있다.

> 스님 불알(僧浮卵 : 승부란)
>
> 좌랑 벼슬하는 자가 산 속의 절간에서 요양을 하고 있었는데 마음씨가 고약하였다. 그래서 절간의 중에게 옛날 이야기를 들려 달라며 겁을 주고 윽박 질러 중은 머리가 아팠다. 한 중이 꾀를 내었다. "한 달분 이야기 거리가 이제 바닥났습니다요!" 좌랑이 성을 발끈 내며 호통을 쳤다. "이놈, 귀를 비틀어 버릴 테야!" "그렇다면, 설령 고담을 들려드리는 중에 망령된 말이 튀어 나와도 나무라지 않으실테죠?" "그래. 좋다." "우물 안의 파리 정승이요, 좋은 작두 판 호조판서일세. 함께 병들 병조판서요, 병들어 죽을 병사일세. 썩어 죽을 부사요, 물방울 수령일세. 달린 방울 현령이요, 앉은 불알 좌랑이로되, 중놈 불알은 어디 쓸거나?" 남에게 후하게 대하면 내게 후한 법이다. 남에게 박하게 하면 남도 내게 박한 법이다. 지금 이 좌랑은 양반 권세를 믿고 중을 멸시하고 위협했으니, 후회와 탄식이 없으랴?[10]

위의 이야기는 절간의 중이 고담古談을 들려달라고 졸라대는 좌랑을 우롱하는 이야기다. 조선후기(18·19세기)에 성행했던 강담사(講談師, story teller)의 역할을 절간의 스님이 수행한 것과 같은 이치이다.

---

10 위의 책, 71~73쪽.

거짓 탈

광대 아내 얼굴이 반반하여 같은 마을의 양반이 그녀에게 흑심을 품은 지 꽤 오래 되었다. 광대 아내는 놈의 심보를 먼저 알아채고 몰래 골탕 먹일 궁리를 하고 남편에게 털어놓았더니 그도 응했다. 그러던 어느 날, 광대 아내가 살짝 양반을 불러 은근히 수작을 부렸다. "제 마음으로 어르신네를 사모한 지 오래 되었어요. 마침 그 이가 출타했으니, 이보다 더 좋은 기회는 없을 거예요!" 그리고 탈을 꺼내더니 당부하는 것이었다. "저는 명색이 광대 아낙이랍니다. 저희 부부가 매번 그 일을 할 때마다 이걸 쓰고 했습지요. 이제 어르신과 저 외에는 아무도 알아채는 자가 없는데 이 탈을 써보셔요." 이 양반 음욕이 끓어올라 죽어도 피할 수 없는 지경이 되어 그걸 덮어썼다. 그러자 그녀는 양반의 등뒤에서 끈으로 단단히 묶었다. 그런 뒤에 여러 번 헛기침을 하고 배시시 웃으며 애교를 떠니 양반은 기쁘기 그지없었다. 그때, 광대는 울타리 아래 숨어 있다가 계략이 맞아 떨어졌음을 알아채고는 외마디 고함을 지르고 막대기를 들고 뛰어들었는데, 날쌘 모습이 번개와 우레 치는 것 같았다. 이즈음 양반은 혼비백산하여 탈도 벗을 겨를 없이 몸을 빼내어 곧장 자기집으로 쏜살같이 뛰어 들어갔다. 그 무렵, 양반의 아내와 자식들이 마당에 있다가 탈을 쓴 놈이 갑자기 마당으로 뛰어들어 오는 것을 보고 일제히 꾸짖고 달려들더니 몽둥이로 사정없이 두들겼다. 탈을 쓴 양반은 얼굴을 감싸 쥐고 숨을 할딱거리다가 겨우 말을 하였다. "아야! 아야!" 결국 탈이 깨어지고 본모습이 드러나자 자기 남편이며 아비가 아닌가. 만약 탈이 깨어지지 않았다라면, 반드시 모질게 매를 맞아 죽은 뒤에야 매질을 그만 두었을 것이다. 생각만 해도 어이가 없다. 그리고 아내나 자식들이 그 이유를 묻기라도 한다면, 뭐라고 변명할 것인가? 생각만 해도 한심하다. 광대 아내 역시 너무 인심을 썼다. 옳지 않은 일임에도 불구하고 이렇게 말했는가? 이 무슨 꼴인가? 이 무슨 꼴인가? 그리고 아내로서 남편을 치고 자식으로 아비를 치게 한 처사가 옳은가? 이건 무슨 말인가? 탈을 친 것이지, 남편을 친건 아니다. 아비를 친게 아니라, 탈을 친 것이다.[11]

위의 설화는 광대 아내에게 음욕 품은 양반이 그들 부부의 계교에 의해 위선이 철저히 드러난 상계층 우롱이다. 이 작품은 완력을 지닌 남성 공격자에게 대항하는 여성들의 재치있는 저항자세가 돋보이는 설화이다.

> 여승은 더욱 나의 소원이라.

> 김판원金判院 효성孝誠이 여색을 좋아하여 애첩이 십여 인에 이르더니 일일은 안에 들어간 즉 부인의 손에 물들인 베 한 필을 들고 있거늘, 공이 묻기를 "이것은 무엇에 쓰고자 하는가." 부인이 정색하며 대답하되 "공이 여러 첩에게 혹하여 나를 원수같이 여기고 조금도 상관치 않는 고로 결단코 삭발위승하여 이것으로 장삼을 지어 입고 집을 떠나고자 하노라." 공이 웃으며 "내가 평생에 색을 좋아하여 기생이던지 무당이던지 백정이던지 능직이던지 얼굴 얌전한 계집만 있으면 모두 상관하였으나, 다만 여승은 하나도 가까이 한 바 없는 고로 깊이 한이 되더니 이제 부인이 승이 된다 하니 이는 더욱 나의 원하는 바이라." 한대 부인이 어이없이 들었던 베를 땅에 던지며 아무 말도 못하더라.[12]

---

11 위의 책, 74~77쪽.
12 최인학 편저, 『조선조말 구전설화집』, 박이정출판사, 1999, 103쪽.

위의 이야기는 여색을 좋아한 김효성이 여러 첩과 지내다가 하루는 그가 집에 들어가자 본처가 승복僧服을 만드는 것을 보고는 김효성이 처에게 그 이유를 물으니 본인에게 무관심하여 그렇다고 답하자 김효성이 여승만은 가까이 한 적이 없었는데 오히려 잘된 일이라고 언술하자 부인이 어이없는 표정을 짓고는 장삼을 땅에 내던지며 아무 말도 못했다는 일화이다. 남성의 관점에서 보면 김효성의 재치있는 임기응변이 돋보이지만 자신의 처를 우울하게 만든 책임은 면하기 어렵다. 여성의 관점에서 보면 한 가정의 불화를 자초하는 남편의 여색에 대한 경계이자 본인에게 무관심하게 만든 부덕婦德을 일깨우는 설화로 볼 수도 있다. 김효성 이야기를 통해서 동서고금의 남성들은 여색으로부터 자유롭지 못한 것은 분명한 듯 싶다.

다섯 다리 달린 나귀(오각려五脚驢)

동냥하는 중이 인가를 찾아가 시주해달라고 청한 지 한참 지났지만 주인은 들은 척도 않았다. 또 아낙들도 뜰에서 방아를 찧고 있었지만 역시 한 마디 대꾸도 않는 것이었다. 중놈 마음이 매우 상했을 즈음에 절구 기둥에 매여 있던 나귀 놈의 양물陽物이 팽창하는게 아닌가. 중놈은 이를 보고 일부러 놀란 척하며 중얼거렸다. "이 놈은 무슨 짐승이기에 다리가 다섯 개나 달렸누?" "허! 참, 괴상한 놈일세!" 방아 찧던 아낙들이 놈의 말을 듣고 폭소를 터뜨렸다. "호호, 늘어진건 수놈 거시기지, 그걸 보고 다섯 개라니?" 중놈이 눈을 째려보더니 다음처럼 쏘아붙이며 달아났다. "그 년들, 동냥 귀는 어둡더니만 거시귀 귀는 밝구나." 애당초 대답해야 할 때는 잠잠히 있었고 뒤에는 대답하지 말아야 함에도 불구하고 답했으니, 중놈에게 욕을 얻어먹은 게 마땅하다. 행실이 올바르지 못한 여인에게 필경 바르지 못한 태도가 드러나는 법이다.[13]

위의 설화는 한 시주승이 인가를 찾았다가 주인과 아낙네들이 시주승을 차갑게 대하는데, 때마침 절구기둥에 매인 나귀의 성기가 팽창한 것을 본 스님이 '다리가 다섯 개 달린 이상한 동물'이라고 말하자 이 말을 엿들은 아낙네들이 폭소를 지었다는 내용이다. 스님에게 시주를 하지 않으면서 성담론에는 귀가 밝은 아낙네들의 처사가 이채롭다.

궁핍한 시절 집에 손님이 찾아오면 물 한 대접이라도 내놓는 것이 인지상정 아닌가.

어릴적 시주승이 우리집에 오면, 종종 쌀독에서 조금씩 퍼주다가 한두번 '우리 집은 교회에 나갑니다' 말하고는 스님에게 시주를 하지 않은 일이 후회스럽다.

기생과 건달

옛날에 어떤 기생과 더불어 오입을 하고 난 뒤 한 건달이 화대를 주지 않자 기생이 "꽃값을 주시오." 하고 손을 내밀었다. 그러자 건달이 역정을 내며, "귀후비개로 귀를 후비면 귀가 시원하냐, 귀후비개가 시원하냐? 내가 너를 시원하게 해 줬으니 네가 나한테 돈을 줘야지"라고 하였다. 그러니 기생이 "꿀단지에 혀를 대면 단지가 다오, 혀가 다오? 당신이 내 꿀단지 맛을 봤으니 꿀 값을 내야지요"라고 대꾸하였다. 할 말이 없어진 건달이 꼬리를 내리며, "그러면 당신은 귀가 시원했고, 나

---

13 이원걸, 앞의 책, 109~110쪽.

는 단맛을 봐 좋았으니, 돈을 줄 일도 받을 일도 없겠네"라고 했다. 그러면서 "숫돌에 낫을 갈면 낫이 둘 다 닳으니, 그만 없던 일로 하세" 이렇게 말하니, "낫 좋으라고 갈지, 숫돌 좋으라고 가나?" 이와같이 기생이 대꾸하니, 건달은 그제서야 오입 값을 줬다고 한다.[14]

위의 설화는 강원도에서 채록된 육담肉談이다.[15] 본 설화는 기녀가 하룻밤 풋사랑을 맺었던 건달이 그녀에게 화대(꽃값)를 주지 않자 그녀가 이의 제기를 하여 종국에는 건달에게서 화대를 받아냈다는 일화이다. 기녀는 기녀이기 전에 한 떨기 꽃과 같은 존재이다. 예로부터 창기娼妓를 지배층에 있던 자들이 노류장화路柳墻花, 해어화解語花(말귀를 알아듣는 꽃), 부인소물야婦人小物也(여자의 작은 물건 곧 노리개), 갈보 등으로 일컬었던 것은 어떤 연유일까? 신분의 제약이 자유롭지 못한 조선시대나 물신주의物神主義가 팽배한 이 시대에도 여전히 꽃같은 여인들이 유흥업에 종사하는 가운데 남성들의 노리개로 천하게 대접받으며 여흥과 성을 파는 광경은 인류가 망하지 않는 이상 필요악으로 남아 있을 듯 싶다.

조물주나 부모님의 사랑 혹은 본의 아닌 실수로 태어난 소중한 자신의 육신을 함부로 내던지고 싶은 여인은 이 세상에 아무도 없을 것이다. 주어진 고통스런 현실적 여건을 극복하지 못해 유흥업소에 출입할 수밖에 없는 여성 분들의 고달픈 삶의 여정은 남성들의 성욕에 집착한 자들의 그릇된 행태에서 비롯된 것만은 아닐 것이다.

위의 설화에서 귀후개비, 낫은 남성의 성기, 꿀단지, 귀의 모양은 여성의 음부를 상징한다. 낫과 숫돌이 닳는다는 건달의 말은 남녀가 육체

---

14 이상원, 앞의 책, 725쪽.
15 위의 책, 각주 508), 722쪽.

적으로 성교를 맺었다는 의미이다. 예나 지금이나 국적 또는 이념이 다르더라도 육담은 사람들이 많이 모이는 주점, 놀이 장소, 멍석마당 등에서는 거의 빠지지 않고 약방의 감초처럼 곧잘 화두의 대상이 된다.

2004년 필자의 박사논문 부심을 맡아주신 최모 교수님은 학계에서 구수한 입담으로 꽤 인기가 많으신 분이다. 그 교수님은 당년當年에 금강산을 유람갔다가 그곳 안내를 맡은 북한 아가씨를 만나자 남북의 정치적인 얘기보다는 육담을 풀었더니 그 안내원이 배꼽을 잡고 웃었다는 이야기를 전해들었다. 육담은 국경도 이념도 긴장의 끈을 푸는 에너지원임에 틀림없는 듯 싶다.

얼마전 J대학원에서 신문방송학을 전공하는 모교 국문과 우모 후배와 어느 모임에서 전해들은 이야기 한 토막을 소개하고자 한다. 그 후배의 말에 의하면, 신간을 펴낸 저자의 책을 신문에 광고하려면 기자가 그 신간을 읽고 그에 대한 평을 기사화하는 것이 보편적인 일이라 한다. 그런데 기자들은 그렇게 평하기보다는 자기네들끼리는 은어로 "빨아준다"는 표현을 쓴다는 말을 듣고 한참동안 모임에 참석한 선후배들과 함께 웃은 적이 있다. 예컨대 아기가 엄마의 '젖을 빨다', 할아버지가 '꿀을 빨다'는 언술은 일반적으로 할아버지가 꿀을 '빨다', '핥다', 아기가 입으로 친모의 모유 혹은 분유를 빨다는 언술이기에 웃음의 대상은 아니다.

필자의 어린 시절에 하루는 우리 부모님이 조반 무렵 이웃 집에 가서 젓을 얻어오라고 심부름을 보내어 이웃 아주머니에게 자초지종을 말했더니 아주머니께서 웃으시며 젓이 없다고 하자 필자는 집으로 되돌아와서 이웃집 아주머니의 말을 부모님께 사실대로 고하자 부모님은 젓이 아니라 젖이라며 배꼽을 쥐고 웃으시던 기억이 난다. 필자는 세월이 훨

씬 지나서야 그 이유를 알 수가 있었다. 그 당시 부모님과 이웃에 살던 어른들의 친근한 육담이었음을.

앞서 살핀 건달과 기생 이야기에서 보듯 여성의 성기를 꿀단지, 남성의 성기를 귀후개비로 비유한 것에서 사람들에게 언어적 유희遊戲로 제공되고 있다. 멍석마당에서 행해지는 것들은 어른들의 육담 외에도 윷놀이, 먹을거리 건조, 타작, 애경사, 아이들의 놀이터, 굿, 싸움과 화해, 해와 달 그리고 별보기, 마른 쑥이나 건초 모깃불 지피기 등등 다기한 일들이 행해진 곳이었다. 멍석은 짚으로 엮어 만든 생활의 도구이다. 멍석을 여러해 가정에서 쓰다 보면 낡아서 그 쓰임새가 줄어지게 되면 소제掃除하거나 퇴비로 재활용 된다. 멍석은 이제 방안의 구들같은 온기보다는 인공적인 카페트에 자리를 내준 듯하여 서글픈 생각이 든다.

2부 마당의 미학 241

마당과 옥지꺼리

전통마당은 어머니의 포근함이 느껴지는 가옥 내 공간을 이어주는 통로의 구실 뿐만 아니라 여름철의 보리, 가을철의 벼, 콩, 깨 타작 내지 건조 등속의 일터, 아이들의 놀이터, 혼사, 장례, 굿 등의 의례를 행하던 장소로써 생활의 중심이 되었던 것은 의심의 여지가 없다.

마당은 남녀노소는 물론 소, 말, 닭, 오리 등속의 길짐승 날짐승이 더불어 공생하는 삶의 터전이자 춘하추동, 낮과 밤의 변화와 마찬가지로 생生과 사死의 반복적인 우주의 기본질서와 맞물려 있는 생활의 한 축軸이었다. 이러한 마당 덕분에 비나 눈이 내리지 않는 날이면 멍석이나 평상 위에서 남녀노소가 하늘을 지붕 삼아 달과 별을 보며 명상에 젖거나 국사國事, 가사家事, 마을, 학교, 관공서, 성당, 교회, 절, 시장 등지에서 목도한 세상사世上事에 얽힌 이야기 보따리가 풀리기 시작한다. 이런 이야기를 전하거나 듣다 보면 따뜻하고 정감情感이 있는 이야기도 있지만 때로는 그늘지거나 험궂은 고성이나 욕설辱說이 오고 가다보면 이야기의 판이 깨지고 큰 소리가 이웃집에 전해져서 이웃이나 동네 사람들에게 흉볼거리가 제공되는 경우가 있다.

욕辱은 남의 인격을 무시하거나 짓밟는 모욕적인 언행에서 비롯된다. 어릴적 동네 선후배들과 주된 놀이터였던 마당에서 놀이를 하다가 정한 규칙에 따르면 문제되지 않지만 대부분 승부욕勝負慾이 앞서서 규칙에 위배되는 행위로 인해 종종 본의 아니게 욕이 나와서 싸움의 빌미를 제공할 수도 있다. 아이들의 싸움은 때때로 한 아이의 구타毆打가 일면 어김없이 할머니, 어머니가 부지깽이나 회초리를 들고 손자, 손녀를 때린 아이를 찾아가 더러는 몇차례 가격하기도 하지만 대부분 자신의 손자, 손녀들과 사이좋게 지내고 이후로는 친구들과 '싸우지 말라'는 훈계를 한다. 그런데 그 약속은 오래가지 못하고 만다. 아이들은 비바람 맞고 크는 나무처럼 이런 일 저런 일 겪으며 성장하기 때문이다.

사람이 태어나 혼인하고 자녀를 낳아 기르다가 세월이 흘러 수명이 다하면 죽음을 맞게 되는 것은 자연의 순리와 같다. 사람이 한 평생 사는 동안 욕하지 않는 사람은 없다. 인간의 삶을 윤택하게 해주는 의식주가 충족되지 않으면 백성들은 위정자들에게 불만을 토로하는 원성怨聲에는 예외없이 욕이 등장한다. 국가와 국가, 지배층과 피지배층, 부자와 빈자貧者, 부부, 부모와 자녀, 형제자매, 남녀, 성직자와 신도, 그룹회장과 사원, 공무원과 주민, 선생님과 학생, 주인과 손님, 벗과 벗, 버스기사와 탑승객, 감독과 운동선수 등등 동서고금을 막론하고 대인관계에 있어서 욕은 늘상 우리와 뗄 수 없는 듯하다. 어머니가 끓여주시는 구수한 맛이 나는 욕이나 친구들간에 주고받는 정겨운 욕이 있는가 하면 험궂고 듣기가 역겨운 욕이 존재한다. 거리의 마당이고 차 안이고 어디나 할 것 없이 욕할 거리가 지천으로 널려 있다. 이웃이나 친구 사이에 주고받는 정겨운 욕은 우정을 돈독하게 만드는 계기가 되어 훈훈한 인간미(?)를 느끼게 해줄 수도 있지만 때로는 적개심을 불러와 둘 사이가 소원疏遠해질 수도 있다. 욕이 난무하는 사회는 혼탁하고 병든 사회이기 때문에 욕거리를 듣지 않도록 각자 삼가는 마음을 늘 지녀야 한다.

욕이 난무하다는 것은 '신심愼心(삼가는 마음)'이 부족하기 때문이다. 욕이 없다면 세상은 무미건조해질 수 있다는 논리를 펴는 이도 있을 것이다. 타인에게 욕을 듣고 좋아할 사람은 세상에 아무도 없다. 정작 욕을 듣는 이유는 대개 자신의 행동거지가 상대방에게 비호감을 유발하게 만든 원인에 있다. 국정능력 부족, 남녀 문제, 돈 문제, 의사소통 부재 등등 궁극적으로는 모든 것이 과욕過慾이나 무지無知에서 비롯한다. 때문에 지나침을 경계하고 매사每事 주어진 일에 '진기심盡己心'을 다하면 서투름이 있어도 타인으로부터 욕은 많이 듣지 않는 것이 세상 이치이다. 욕은 하지 말아야 하는 것이기보다는 먹지 말아야 할 그 무엇이다. 이런 소극적인 의미에서도 욕은 캐야 한다. 그러나 보다 적극적으로 캐야 한다.[1]

욕이라고 굴레 벗은 말은 아니다. 욕은 경우에 따라서 무력에 저항하는 최후의 보루일 수도 있다. 욕일수록 얌치 갖추고 경위 바르다. 좀 사납고 망측하긴 해도 경위 바른 것으로 보상되고도 남는다. 경위 없이 잘나고, 얌치 없이 지체 높고, 의리 없이 점잖은 축들보다야 백 배 나은 게 욕이다. '입은 비뚤어졌어도 말은 바로 하라'는 속담은 욕의 금과옥조金科玉條다. 욕은 바로 쏘아대는 직격탄이고 직사포다. 욕은 여포 창날이다. 욕일수록 거짓이나 겉치레 또는 허세가 적거나 없게 마련이다.[2]

마당에서 행해지는 옛날 회갑잔치 이야기, 재담才談, 육담肉談, 우리네 고전소설, 탈춤 공연 등에는 욕지거리가 많이 등장한다. 마당에서의 욕은 싸움의 빌미가 되는 공간이 되기도 하지만, 화해, 평화, 축수祝壽를 희원希願하는 공간이기도 하다. 이는 마치 얼었던 겨울마당이 풀리는 봄마당의 온화한 기후 변화와 다를 바가 없다.

전통마당에서 시연試演되던 옛이야기 중에는 남녀의 성性 담론談論, 비속어卑俗語, 욕지거리가 적지 않다. 예컨대 우리말에 남성의 성기를 지칭하는 어휘로 자지, 연장, 그것, 좆, 물건, 거시기 등이 있고, 한자어漢字語는 남근男根, 신腎, 양경陽莖, 양물陽物, 옥근玉根 등이 있고, 우리말

---

1 김열규, 『욕 카타르시스의 미학』, 사계절출판사, 1997, 12쪽.
2 위의 책, 17쪽.

에 여성의 성기를 나타내는 어휘로 보지, 밑, 씹, 아래 등이 있고, 한자어 漢字語는 여근女根, 음문陰門, 음부陰部, 옥문玉門 등이 있다.³

옛이야기나 각종 의례가 행해지던 마당은 일터에서의 땀을 닦고 휴식하는 공간이자 한 해 농삿일을 무사하게 짓게 해주신 하늘의 은혜에 보답하는 의미로 천신天神과 곡신穀神 그리고 조상님께 제사를 드리는 경건의 장소, 마을과 집안의 제액초복除厄招福을 기원하고 이웃과 함께 신명나게 노니는 축제의 현장이었다.

마당은 한 집안이나 마을 사람들의 잘못된 일을 꾸짖어 바르게 살기를 도모하기 위해 멍석말이 풍습이 이루어지거나 삼강오륜三綱五倫의 해이解弛해진 기강紀綱을 바로잡는 욕거리의 현장이었다.

먼저 우리네 욕거리 마당에 나타난 설화 몇 편을 살펴보자.

남씨南氏와 신씨辛氏의 문답問答

남[南]씨가 신[辛]씨를 보고 농지거리를 하였다. "너의 성자姓字는 서 있는 열 십[十] 자이니, 서서 그 일을 벌인다는 뜻이다." 신씨도 놈의 망발을 다시 받아쳤다. "너의 성자姓字가 열 십[十] 자를 이고 앉아 있으니, 나는 서서 할 수밖에 없잖아!" 그렇다면 신辛씨가 그 짓을 하려면 엎드려서는 할 수 없겠다. 또한 남의 부친을 욕辱보이면 남도 그의 부친을 욕辱한다. 그리고 남의 형을 욕辱보이면, 남도 그의 형을 욕辱보이는 법이다. 지금 이 사람은 남의 성姓을 들어 욕辱을 보여, 남도 그의 성姓을 들어 욕辱보였으니, 후회가 없을까?⁴

---

3 김영진, 「한국육담개론」, 김선풍 외, 『한국육담의 세계관』, 국학자료원, 18쪽.
4 이원걸, 앞의 책, 86~87쪽.

위의 일화는 남南(남녘 남)씨 성姓을 가진 분이 신辛(매울 신)씨 성姓을 가진 분에게 십十(열 십) 글자로 성적性的 농지거리를 하다가 도리어 당했다는 내용이다. '거언미래언미(去言美來言美 : 가는 말이 고와야 오는 말도 곱다)'라는 속담은 이 얘기를 두고 한 말이다.

다음의 예화도 위의 일화와 유사성이 있다.

2부 마당의 미학 247

나그네 이야기

나그네가 주막집에 들어가 앉았다. 그런데 어떤 놈이 방문을 슬며시 열고 머리를 들어 밀었다가 그를 보고는 문을 쿵 닫았다. 안에 있던 놈이 농담삼아 지껄였다. "어떤 놈이 쑤셨다가 빼는감?" 바깥에 있던 놈이 그 이야기를 듣고 다시 문을 열고는 놈을 향해 다시 받아쳤다. "한 번 쑤셔 봤더니, 벌써 쑤셔 넣은 놈이 있어 그랬지 뭐냐!" 농담해서 무슨 유익이 있으리. 이는 이른바 되로 주고 말로 받는다는 격이다. 어찌 후회가 없으랴!⁵

두 사내의 지나친 성적 농담으로 빚어진 일화이다. 위의 예화는 빈 방을 찾은 자가 이미 방을 차지한 자와 나눈 대화는 남녀의 성을 해학적으로 희화戱化한 것이다.

헌작獻酌하며 욕辱 얻어먹기(헌작욕獻酌辱)

상주喪主가 대상大祥 날에 친구 한 명을 불러 집사 일을 맡게 했다. 그런데 막 술을 올릴 즈음에, 놈이 술잔을 받아 제사상에 올리지 않고 홀짝 마시는게 아닌가. 상주가 그 꼬락서니를 보고 화가 치밀어 올랐지만, 놈이 장난을 건다고 생각해 꾹 참고 나무라지 않았다. 두 번째 잔을 올렸는데 놈이 또 마셔버리는 것이었다. 상주는 분을 참지 못해 다시 한 잔 올리며 별렀다. "이 술 마시는 놈은 진짜 내 자식놈이다." 상주가 술잔 올리며 욕설을 하는 것이 비록 해괴한 짓이지만 어쩔 수 없어 그런 것이다. 그렇지만 집사가 스스로 마신 행위는 꾸지람을 들어야 한다.

---

5 이원걸, 위의 책, 127~128쪽.

이 무슨 꼴인가? 이 무슨 꼴인가?[6]

위의 얘기는 상주喪主가 대상大祥(장사지낸 후 두 돌 만에 지내는 제사)에 술 좋아하는 친구를 불러 집사執事를 부탁하자 고인故人에게 올리는 술을 올리지 않고 두 번씩이나 마신 일을 책망한다는 내용이다. 지나친 행위는 늘 화禍를 자초自招한다. 집사를 맡은 상주의 친구는 욕을 들을 만하다. 경건하게 제사 후 상주와 친구가 함께 음복飮福을 했더라면 구차한 욕을 듣지 않았을 것이다.

욕 면하려다 욕을 당하다(면욕환욕免辱還辱)

기생집에서 놀던 한 사람이 말을 주거니 받거니 하다가 깡패들의 신경을 건드려 맞아 죽을 위기에 처하였다. 궁지에 빠진 그 사람은 문득 너털웃음을 웃으며 말하였다. "날 패주고 싶겠지만 나처럼 천하기 짝이 없는 사람을 때려주느니 차라리 스스로 자네 신腎(콩팥 신, 남근을 의미)을 때려주게나." 이르기를, 신腎만도 못하니 차라리 네 자신의 신腎을 때려 줌만 같지 못할 것이라는 말이다. 차라리 맞아 죽을지언정 어찌 차마 신腎만도 못 하리만큼 하찮다는 말을 한단 말인가? 신腎도 못한 놈이 느닷없는 변을 당하여 너털웃음을 웃을 수 있다는 것도 용기는 용기라 하겠다.[7]

'좆도 모르는 놈', '쥐(좆)도 모르는 놈', '좆도 못한 놈', '좆 만은 것' 등의 욕거리를 연상시키는 이 설화는 취중에 홍등가를 드나들던 자가

---

6 이원걸, 위의 책, 125~126쪽.
7 김영준 역, 『파수록/진담록』, 278쪽.

홍등가의 주먹세계에 있는 건달(?)에게 시비를 걸다가 얻어 맞기 직전 임기응변을 취하여 위기를 벗어났다는 내용이다. 연말연시 각종 모임 혹은 사내社內의 회식, 선후배들의 모임 등에서 술에 취한 사람끼리 험한 욕설과함께 주먹이 오고 가는 경우가 곧잘 일어난다.

다음에는 옛날이야기에 종종 등장하는 훈장訓長과 학동學童의 익살스런 말하기와 되받기의 언술이 멋스럽게 연출되는 몇몇 일화나 재담才談을 살펴보자.

훈장 욕보이기(욕훈장辱訓長)

훈장이 옛날이야기에 빠져 학동學童들에게 책 읽기를 권하지 아니하였다. 하루는 한 아이가 훈장과 마주 앉아 옛날이야기를 시작하였다. "옛날에 신통술을 가진 중이 하나 살고 있었는데 자기 부친이 병으로 죽는 걸 보고 즉시 부친의 혼백을 뒤쫓아 갔습니다. 부친의 혼백이 팔랑팔랑 나부껴서 산골짜기 초가草家 안으로 들어갔습니다. 그 중이 그 집 마당 근처를 어정거리며 동정을 살폈습니다. 이윽고 한 늙은이가 비를 들고 나오는데 얼굴엔 홍조를 띠고 이마에는 땀이 맺혀 있었습니다. 중이 합장하고 인사를 드리며 말했습니다. '시주님께서 필시 일을 치르셨군요.' 노인이 웃으면서 대답하였다. '과연 망령된 일이 있었습니다.' '반드시 사내아이를 낳을 터인즉 그 애를 소승에게 주시면 오래 살겠지만 그러지 않으면 요절할 것입니다.' 노인이 믿지 못하면서 건성으로 그러마고 대답하자 중이 작별을 고하더니 '5년 뒤에 다시 오도록 하겠습니다.' 하고는 유유히 사라졌습니다. 노인이 매우 이상하게 생각하고는 애 낳기를 손꼽아 기다렸습니다. 그 후에 과연 사내아이를 낳게 되었습니다. 5년 뒤 그 중이 다시 찾아오자 노인이 즉시 그 아이를 내주었습니다. 그 중이 냉큼 그 아이를 업고 절간으로 돌아와 불경을 십년 동안 가르쳤습니다. 그러는 사이 그 아이도 도道를 통하게 되었습니다. 하루는 그 중이 그 아이의 전생前生의 일을 서로 이야기하게 되었는데 갑자기 아이가 그 중에게 말하였습니다. '스승님은 곧 내 아들놈이오.'"
이르기를, 그 훈장을 욕한 것이다. 그 아이가 그 중의 아버지로 태어났으나 현세에서 삶을 물색하다 보니 그 중의 제자가 된 것이므로 스승님을 곧 자신의 아들이라고 말한 것이다. 학동學童을 데리고 옛날이야기만 일삼는 것도 옳지 않지만 훈장을 대놓고 옛날이야기를 빗대어 욕설을 퍼붓는 것도 옳지 않다. 또 월량月兩(예전에, 스승에게 감사의 뜻으로 다달이 바치던 돈)만 챙기고 공부는 가르쳐주지 않으니 아이에게 욕을 먹어도 싸다고 하겠다.[8]

위의 일화는 훈장이 자신의 소임을 하지 않아서 사람들에게 욕을 당한다는 내용이다. 일선 교육현장에서 근실하게 주어진 소임을 다하는 분들 중에 소수의 몰지각한 교사들 때문에 다수의 교사들이 국민들에게 지탄의 대상이 된 경우와 다를 바 없다.

선생님이 깨우시오.

교수 "김군! 옆에 조는 학생좀 깨우시오."
학생 "선생님께서 깨우십시요. 선생님께서 졸게 하셨으니까요."[9]

---

8 김영준 역, 위의 책, 278쪽.
9 정명기, 『한국재담자료집성』 2, 보고사, 2009, 115쪽.

위의 두 얘기는 교권이 무너져가는 오늘의 우리네 교육현장을 엿보는 듯하여 못내 가슴이 아프다. 모방송국에서 일요일 저녁 방송되는 '멘탈 스쿨' 코너가 연상된다. 근년에 들어서 대학생들을 근실하게 교육시키려는 교수님이나 외래교수들이 대학에 갓 들어온 신입생들을 만날 때면 고교시절의 구태의연한 생각에 젖어 신성한 강의실에서 강의를 근실하게 듣기보다는 수면을 취하거나 잡음을 일으켜 다수의 학생들에게 폐를 끼치는 일부 철부지 학생들을 종종 만나게 된다. 학생들과의 강의가 원만하게 이루어지기 위해서는 그들과의 소통이 되어야만 교수와 학생이 만족한 성과를 도출할 수 있다. 교수와 학생의 소통이 충분히 이루어지지 않으면 강의평가에서 외래교수는 불이익不利益을 받게 된 탓에 한 동안 강의를 할 수 없게 된 것이 지금의 우리네 교육현장이다. 공교육이 무너지고 사교육이 횡행하고 공교육비보다 사교육비가 비싼 것은 어제 오늘의 일은 아니다. 매번 교육대통령으로 자처하는 분들이 당선되면 임기 내에 개혁하겠다고 의지를 천명하지만 이내 시간이 지날수록 그 공약은 물거품으로 돌아가고 마니 매번 위정자들이 국민들로부터 욕을 안 들을 수가 없다. 농경이 중심이 된 과거의 전통마당에서는 부모님들이 위로는 조부모님을 모시고 아래로는 아이들을 일상 속에서 훈육을 담당했으나 1970년대 이후 산업화로 들어선 이후로는 가정보다는 학교에서 인성교육을 가르치는 일이 적어지고 또 명문대학 진학 위주로 편성된 비효율적인 교육현장에서 파생된 일에 적응 못한 젊은 세대가 일탈의 길로 접어드는 비율이 이전보다 많아지는 행태는 참교육을 지향하는 분들에게 욕 안 들을 수가 없다.

   다음 예화도 앞 두 예문과 유사한 내용이다.

낮잠자는 이유理由

어떤 시골 서당에 훈장訓長이 매일 낮잠 자는 버릇이 있어 매일 낮에 한잠씩 잤다. 그러나 아이들은 절대 낮잠을 못 자게 하고 껏득 졸기만 해도 내세우고 종아리를 때렸다.

학생 "우리들은 졸지 못하게 하면서 선생님은 왜 늘 낮잠을 주무십니까?"

훈장 "내가 낮잠 자는 것은 주공周公(중국 주나라의 정치가 문왕의 아들로 성은 희姬. 이름은 단旦. 예악제도禮樂制度를 정비하였으며, 『주례周禮』를 지었다고 알려짐)을 만나려고 자는 것이다." 그 이튿날 학생이 낮잠을 자는 것을, 훈장이 깨워서 책망하기를

훈장 "그렇게 말을 해도 채심採心(마음속으로 셈하여 생각함)을 못해."

학생 "아니요. 저도 주공周公을 좀 만나려고 잤습니다."

훈장 "그래 만난니? 주공周公이 무어라던?"

학생 "네, 만났습니다. 그런데 주공周公은 어제 선생님을 만나지 못했다고 하십니다."[10]

위의 예화를 보니 문득 1980년대 초반 필자의 학부 시절이 생각난다. 당시 S대학에 재직하셨던 J원로 교수님이 국문학사를 강의해주셨는데, 출강하실 때마다 늘 막걸리를 드셨던 것 같다. 첫 주는 강의에 참여한 학생들의 출석을 부르되 학생들의 이름 풀이, 둘째 주에는 당신이 저술한 서문과 목차 풀어 놓기, 셋째 주는 잠시 구비문학 대목을 강의하시다가 중도에 강의를 접어 동료 L이 이를 문제삼자 교수님께서는 화를 내시며 중간, 기말 과제를 말씀해주시고는 강의실을 나가셨고, 넷째 주부

---

10 정명기, 위의 책, 2009, 169쪽.

터는 원로 교수님은 강의실에 나오시지 않으셨다.

1960년대 대학을 다녔던 은사님들의 회고담을 들을 때면 대부분 초창기 국문학자들은 학기초 개강 때에는 강의실에 나오시기보다는 늘 학교 인근 주막에서 곡차를 마시고 계서서 제자들이 강의실에 모시고 강의를 듣는 경우가 많았던 것 같다. 비싼 등록금에 생계 문제로 이중고二重苦를 겪는 요즘 젊은 대학생들에게는 꿈같은 얘기로 들릴 수 있다. 학생들이 스스로 공부할 수 있는 방안이나 지침만 제시하고 한 학기를 보냈던 은사님들의 교육방식은 호랑이 담배 피우던 호시절이었는지 모른다. 정년을 목전에 둔 연세가 지긋하신 교수님들은 젊은 시절 연구실에서 학구열을 불태웠던 열정으로 인하여 건강이 양호하지 않아서 종종 몸이 쇠잔해지는 경우를 종종 보게 된다. 지천명知天命에 든 필자는 그 때를 회고하면 쓴 웃음이 나온다. 학문은 고독孤獨의 길이다. 학문은 하루 아침에 이루어지지 않는다. 때문에 장시간 연마해야 비로소 이룩되는 것임을.

위의 예문에 등장하는 학생은 훈장에게 예의를 갖춰 말하기보다는 직설적으로 자신의 생각을 훈장에게 말하는 것에서 이 학생은 남에게 자신의 주장을 솔직하고 당당하게 펼치는 학생으로 보아진다. 주어진 강의를 근실하게 하지 않는 담당교수들은 학생들의 원성을 살 수 밖에 없는 세상이다. 스펙쌓기에 여념이 없는 요즘 대학생들에게 '앞만 보지 말고 이따금 자신의 주변과 하늘을 두루 보살필 줄 아는 우리네 전통마당의 지혜(비움으로써 채워짐)를 배우라'는 말을 전해주고 싶다.

다음에는 부부의 애정 싸움은 '칼로 물베기'라는 격언格言을 담은 일화를 살펴보자.

물에 빠져 죽겠다는 여인의 변명

부부가 어떤 일로 싸웠다. 아내는 남편에게 두들겨 맞아 울분을 이기지 못하였다. "물에 빠져 죽어 버리고 말리라!" 그렇게 하고 두 머리채를 움켜쥔 채 발을 콩콩 굴리더니 집을 뛰쳐 나갔다. 남편 역시 분해서 처음에는 그녀를 붙잡지 않았지만 한참 지나 생각해보고는 중얼거렸다. "저 여편네가 좁은 마음으로 갑자기 물에 빠져 죽는다면, 후회가 남겠지. 달려가 말려야겠구먼." 그리고 일어나 그녀의 뒤를 쫓아가 보니, 여인은 두 손으로 치마를 움켜쥔 채 물가를 분주히 오가는 것이었다. 남편은 속으로 여편네가 죽지 않으리라는 것을 알아차리고 정색을 하며 고함을 질러댔다. "왜 물에 빠져 죽지 않고, 어정거리기만 해?" 그녀는 성이 났지만 참고 종알거렸다. "내가 죽지 않으려고 그러는 줄 알아요? 저쪽 물에 빠져 죽으려고 하는데 여기 물이 깊어 건너갈 수 없잖아요?" 만약 죽기로 작정했다면, 저쪽 이쪽을 가리는 건 무슨 심보인가? 사랑 싸움에 칼 뽑는 격이다.[11]

---

11 이원걸, 앞의 책, 120~121쪽.

한 가정을 이루고 있는 부부는 무촌無寸이다. 촌수가 없기에 가장 가까운 사이라는 의미도 있지만 부부가 싸움을 자주하면 잠자리에서 등을 돌리게 되고 결국 그 둘의 관계가 깨짐으로 인해 촌수가 없어진다는 옛 어른들의 말이 있다. 양자 허언이 아닌 듯 싶다. 부부는 사소한 문제로 언쟁을 벌이기 십상이다. 점잖은 부친과 매섭지만 정이 많은 우리네 부모님도 필자의 어린시절 부부 싸움을 하고는 모친이 짐을 싸 친정에 갔다가 이내 돌아오신 일이 필자의 뇌리에 아련하게 남아 있다. 양친께서 생전에 "네도 나중에 혼인하여 자식을 낳아 기르다 보면 부모님의 마음을 알 것이다"라는 말은 조금도 어긋남이 없는 듯 싶다.

다음에는 조선 후기의 오만傲慢한 양반의 일화를 살펴보자.

부인 꾸짖기

양반이 곤궁한 생활을 벗어나지 못해 가족을 이끌고 시골로 내려와 어느 촌에 임시로 거주하였는데, 그곳은 백정白丁이 모여 사는 마을이었다. 양반은 먹고 살 도리가 없었다. 버들가지를 벗기거나 개가죽을 벗기는 백정의 일을 도우며 연명하였다. 그러다가 뜻밖에 벼슬 한 자리를 얻어 그 고을로 부임을 하였는데 남자와 여자, 늙은이, 아이 할 것 없이 행차를 구경하러 빽빽이 모여들었다. 봄기운이 무르익은 날, 작은 정자에 치렁치렁 늘어진 버들잎이 매우 고왔다. 부인이 가마 안에서 버들가지가 한들한들거리는 것을 보고 속으로 부러워하여 손뼉을 치며 감탄하였다. "에구, 좋구나! 저 버들가지 베어 햇볕에 말려 대상자도 만들고, 가는 버들가지로 자리를 만들면 얼마나 좋을꼬?" 양반은 그 소리 듣고 부끄러운 마음을 이기지 못해 불쑥 말하는 것이었다. "백정 놈들 짐승 가죽 벗기는 칼을 뽑아 저 년 목을 쳐버릴까보다." 버들가지를

보고 탄식한 것은 사랑스러워 말한 것이다. 그렇지만 칼로 목을 벤다는 말은 지나치게 무식한 말이다.[12]

위의 양반은 자신의 한미寒微했던 시절을 모르는 오만한 양반으로, 자신이 어려울 때 도와준 미천한 사람들을 경시하고, 안 살림을 꾸려나가는 현명한 부인을 칼로 베어버린다는 말에서 포악하고 낭만도 모르는 무지한 사람임에 틀림없다. 사람은 자고로 어느 위치에 있던지 간에 아랫 사람들을 잘 보살피는 것이 목민관牧民官의 자세가 아니겠는가?

다음에는 두 여인이 한 남자 친구의 변심(?)을 두고 언술하는 과정에서 욕지거리를 내뱉은 재담을 살펴보자.

누가 할 소리?

옥희 "예! 정희야! 나는 모든 것에 비관이 되는구나. 세상에 남자처럼 변하기 쉬운 것이 없더라."
정희 "애좀 봐. 너 실연失戀했구나?"
옥희 "예끼! 망할 계집애……. 그런게 아니라 재덕씨가 어제까지도 예쁘더니, 오늘 보니까 어째 그러냐? …… 보기 싫어 똑 죽겠어."[13]

요즘처럼 외모를 중시하는(?) 세태에서는 젊은 남녀 뿐만 아니라 젊어지려는 기성인들 또한 성형을 너무도 자연스럽게 받아들이고 있다. 대중들의 인기를 누리고 사는 일부 연예인들의 성형 부작용으로 인해

---

12 이원걸, 위의 책, 209~210쪽.
13 정명기, 앞의 책, 159쪽.

자신의 처지를 비관하는 예인藝人들의 가십gossip을 볼 때마다 자못 마음이 아프다. 천신과 부모님이 물려준 좋은 외모를 자신의 마음대로 성형하는 것은 나무랄 생각은 추호도 없다. 다만 사회생활을 함에 있어서 외모도 하나의 중요한 요인이 될 수도 있지만 고상하고 순결한 사람들의 심성이 더해지면 금상첨화錦上添花가 되지 않을까? 건장健壯한 체구를 가진 분들에게 비대肥大하거나 뚱뚱하다고 하면 싫어하니 풍채가 좋다고 말하면 비호감이 덜할 것이다. 같은 말을 하더라도 속된 표현보다는 가식없이 표현을 상대방에게 구사하면 좋은 만남이 오래 지속되는 경우도 있다. 격이 없이 친하게 지내는 사이라도 상대방에게 무심코 던진 말 한 마디 때문에 도리어 화禍를 자초自招할 수도 있다. 그러한 예화는 다음과 같다.

귀 크면 안 죽나

어떤 사람이 병이 중해서 죽게 되었는데, 친구가 찾아와서 위로하는 말이
친구 "자넨 안 죽겠네."
환자 "왜 안 죽겠나?"
친구 "자네 귀가 커서 안 죽겠네."
환자 "귀 크면 안 죽나?"
친구 "귀 크면 안 죽지."
환자 "홍! 제길 나 죽고 귀만 살면 뭘 하나?"[14]

---

14 정명기, 위의 책, 175쪽.

위의 예문은 중병으로 신음하는 한 환자의 친구가 병문안 온 것까지는 좋았는데, 환자에게 위로하는 병문안을 왔던 친구의 말 한마디 때문에 도리어 환자에게 욕거리를 듣게 된 내용이다. 환자를 내방한 친구가 웃으며 "친구! 어여 쾌유를 비네"라는 진정성 있는 한마디 언술을 정겹게 건넸더라면 환자는 크게 상심하지 않았을 것 같다.

예전부터 '귀가 크면 장수한다'는 속신俗信이 있다. 귀는 소리를 듣는 청각기관이다. 남에게 욕지거리를 들을 때마다 본인의 허물을 고치고 바르게 살겠다는 마음의 다짐이 있기에 이러한 속신이 지금까지도 전해오는 듯하다. 남이 하는 조언을 알아듣지 못하고 자기 마음대로 하는 사람을 두고 '우이독경牛耳讀經', '귀머거리 들으나 마나'라는 속담을 구사한다. 속담은 오랜 세월 우리네 조상들의 공동체적인 삶의 터전이었던 마당에서 나온 경험과 지혜의 소산所産이다.

골라 먹어라

팥죽을 사서 들고 오던 계집 하인이 너무도 먹고 싶어 한 꾀를 냈다.
하인 "아씨님! 팥죽을 골라 잡수세오.
부인 "무엇을 어떻게 골라 먹으란 말이냐?"
하인 "죽을 들고 오다가 재채기를 하였더니 코가 빠졌기에 건져 버
　　　리려고 했더니 점점 속으로 들어갔어요."
부인 "이 년아! 네나 갖다 먹어라"[15]

---

15 위의 책, 246쪽.

위의 재담에 등장하는 여인들은 양반집 규수와 여종 혹은 부잣집 사모님과 가정부의 구도로 보아도 무방할듯 싶다. 부인은 하인의 평소 먹고 싶은 음식을 챙겨주지 않아서 이런 일이 일어날 수도 있고, 역으로 하인이 부인을 골탕먹이기 위한 방편에서 이런 일을 의도적으로 꾸몄을 수도 있다. 누구나 어른들의 심부름을 다녀오다가 본의 아니게 실수할 경우가 있기 마련이다. 이럴 경우 실수한 것을 사실대로 어른께 고하게 되면 용서를 받을 수 있지만, 사실을 가리고 우물쭈물 변명을 늘어 놓다가는 오히려 어른들께 욕거리를 듣게 된다.

위의 재담 말미에 보이는 "이 년아! 네나 갖다 먹어라"는 구절은 여러 사람들이 모이는 음식점, 주점, 집안 경사慶事 등의 연회에서 먹을거리 때문에 시시때때로 주인과 손님, 남편과 아내 사이에 시비是非를 가리는 원인이 되거나 언쟁의 불씨가 되기도 한다.

다음에는 과대망상誇大妄想에 빠진 사람에 관한 일화를 살펴보자.

홀로 난리를 보다

마음씨 고약한 사람이 난리가 일어난다는 헛말을 듣고 속으로 계산하였다. '난리가 일어난다면 필경 목숨을 보존하기 어려울테지, 빚을 진들 누가 빚을 달라고 조를 것인가? 이럴 때 마음껏 빚을 내어 잘 입고 잘 먹는 게 좋겠어!' 그래서 그는 자기와 친하게 지내건 그렇지 않건 간에 따지지 않고 이리 저리 돈을 빌려 비단옷을 사서 입고 맛난 음식을 먹으며 밤낮 취해 있었다. 그러는 몇 년 사이 산더미처럼 빚이 불어났지만 난리는 일어나지 않았다. 이에 빚 독촉하는 사람들이 몰려들어 꾸짖고 나무라며 계속 두들겼다. 놈은 하늘을 우러러보며 탄식했다. "난리 났다! 난리 났다! 나 혼자 난리 만났다. 이제 망했다!." 재앙은 자기로부터 시작되고 화禍도 자기로부터 비롯되는 것이다. 후회해도 소용없으니 죽은들 아까울 것 없다![16]

위의 일화는 허풍에 속아(?) 철부지 짓을 행하다가 쪽박을 찬 신세임이 틀림없다. 내실보다는 허상을 쫓는 자들에게 귀감이 될 만한 내용이다. 개발을 미끼로 투자자에게 높은 이자를 주겠다고 자금을 끌어 모아놓고 투자금을 중간에 가로 채고 줄행랑치는 사기꾼의 전형적인 수법을 가진 자이다. 안보장사하는 몰지각한 위정자들의 행태 또한 이런 자와 별반 다를 바 없다. 누구든 신실함이 없으면 남들에게 욕을 듣는 것은 너무도 당연하다.

다음에는 정월 초하루 세배하다가 실언하여 쫓겨난 이야기를 살펴보자.

백년을 사시고 백년을 더 사세요

중추 민대생閔大生은 나이가 아흔이 넘었는데, 정월 초하룻날 세배하러 온 조카들 가운데 한 사람이 "숙부님께서 백 살까지 사시는 복을 누리소서"라고 하자, 화를 버럭내며 "내 나이 아흔이 넘었는데 만일 백 살까지 산다면 앞으로 몇 년밖에 남지 않았다. 어찌 이리도 복 없는 소리를 하느냐!" 하고는 쫓아내버렸다. 다른 조카가 "숙부님 백년을 사시고 또 백년을 사시는 복을 누리소서"하였다. 그러자 중추는 "참으로 장수를 비는 풍모가 있도다"하고 잘 먹여서 보냈다.[17]

---

16 이원걸, 앞의 책, 162~163쪽.
17 이강옥, 앞의 책, 278쪽.

위의 이야기는 성현(成俔, 1439~1504)의 『용재총화』에 수록되어 있다. 음력 정월초에 조부 댁에서 차례를 지내고 일가 친척이 모여 조부와 웃어른들께 세배를 드리고 덕담과 함께 세뱃돈을 받은 후 이웃 아저씨, 동네 어르신들을 뵙고 세배하러 다니다 보면 하루가 너무도 짧다는 생각이 들었던 시절이 있었다. 정월 초하룻날 우리 부모님께서 늘 언행을 조심하고, 행실을 바르게 하라는 의미는 세월이 지나서야 알 수 있었다. 연중 내내 근신謹愼하는 마음으로 지낸다면 남에게 해를 끼치지 않고 복 짓는 일을 많이 할 것이다. 위의 이야기는 세배하는 자리에서 신중하게 언행을 전했으면 다른 조카처럼 즐거움을 공유하는 자리에서 훈훈한 덕담을 들었을 법하다.

다음으로 우리네 고전의 백미白眉로 일컬어지는 몇 작품들을 대상으로 욕거리를 살펴보자.

> 본관本官 사또(사도使道) 정신精神을 잃고 아상衙上(지방 관청의 대청이나 안뜰의 바닥)으로 들어가며, "문門 들어온다. 바람 닫아라. 요강 마렵다. 오줌 들여라." 마누라님 넋을 잃고, "애고. 여보, 사또(사도使道)님. 자하紫霞골 아씨 똥을 싸고, 삼청동三淸洞 아씨도 똥을 싸고, 소녀小女도 똥을 쌌소." "에라, 요년. 나는 싸도 못하고 반만 빼물고 간다. 남원南原이 호마胡馬 똥구녕 뒤 새듯 하였구나."[18]

위의 예문은 『장자백 창본 춘향가』 중의 일 부분이다. 어사또가 출도하자 본관 사또와 그의 부인 등이 정신을 잃고 똥을 싸는 장면을 희학적戱謔的으로 그려내고 있을 뿐만 아니라 '요년', '호마胡馬 똥구녁 뒤 새

---

18 김진영·김현주 역주, 『춘향가』, 박이정출판사, 1996, 282~283쪽.

듯' 이라는 욕설에서 생동감 넘치는 판소리 마당의 흥을 엿볼 수 있다.

그리하여 여러 사람이 한가지로, '팥쥐년은 천참만륙千斬萬戮(수없이 베어 여러 동강을 참혹하게 죽임) 되어야 마땅하다'고 떠들썩하게 말하므로, 드디어 감사도 그것을 알게 되매 문초를 더욱 엄히 하더라.[19]

위의 예문은 『콩쥐팥쥐전』의 한 구절이다. 본 작품은 콩쥐의 계모인 배씨와 그의 분신인 팥쥐의 흉계로 인해 콩쥐가 원통하게 당하나, 콩쥐는 혼절에서 깨어나고 흉계를 꾀한 배씨와 팥쥐의 흉사가 감사에게 발각되어 그들을 엄하게 문책하되 팥쥐의 죄를 물어 천참만륙으로 찢어 죽여한다는 여러 사람의 언술이 이목耳目을 끈다.

놀보의 거동擧動보소. 곡간穀間에 들어가서 홍두깨 큰 몽치를 메고 나오더니, "엇다, 이 놈, 강도强盜놈아. 내 말을 들어보라. 볏말이나 주자 한들 노적露積가리 섬을 지어 놓았으니 너 주자고 노적露積 헐며, 쌀되나 주자 하니 남대청南大廳 뒤주 안에 가득 소복 넣었으니 너 주자고 뒤주 헐랴. 돈이나 주자 한들 옥당방玉堂房 용목궤龍目櫃에 쾌(엽전 열 꾸러미, 곧 열 냥을 한 단위로 세는 말)를 지어 넣었으니 너 주자고 쾌돈 헐랴. 찬밥이나 주자 하니 새끼 낳은 거멍 암캐 부엌에 누웠으니 너 주자고 개 굶기며, 지게미나 주자 하니 궂은 방 우리 안의 떼도야지 있으니 너 주자고 돝(돼지의 이칭) 굶기랴. 에라 이놈, 박살撲殺할 놈, 잘 살기도 내 복福이요, 못 살기도 네 팔자八字라. 곡식이 썩어나고 돈이 녹이 나도 너 줄 것은 없다." 몽둥이 둘러 메고 홍보의 잔등이를 담에 얹힌 구렁이 패듯, 오뉴월五六月의 보리 치듯, 강새암하는 놈 계집

---

19 구인환 엮음, 『콩쥐팥쥐전』, 신원문화사, 2003, 79쪽.

치듯, 이리 치고 저리 치니 홍보興甫의 잔등이를 아주 쾅쾅 두다리니, 홍보가 기氣가 막혀 물똥을 와라락 싸고, 정신精神이 어질하야 어안이 벙벙, 흉중胸中이 답답, 기氣가 막혀 집으로 돌아올 제, "애고, 애고 우리 형님, 세상에 지중至重한 게 윤기倫紀밖에 없건마는 윤기를 잊었으니 형세形勢 부득不得이나 지지장경止持莊敬(나쁜 짓을 아니함으로써 죄업을 짓지 않고 공경하는 마음을 지님)이라.[20]

위의 '놀보', '홍보'라는 등장인물에서 알 수 있듯이 본 작품은 『장홍보전』의 한 대목이다. 성품이 모진 형(놀부)에게 심성이 착한 아우(홍보)가 먹을 것을 얻으러 갔다가 양식을 얻기는커녕 도리어 형에게 욕설을 듣고 얻어 맞아 물똥까지 싼 처량한 신세로 그려져 있다.

다음에는 잡가雜歌 '지타령'을 살펴보자.

   지타령을 들어봐
   ○지타령을 들어요
   이상하고도 맹긴가
   금도치로 무엿는지
   올바르게도 째졌네
   콩밭풋밭을 갈았는지
   동백꽃이 완연하고
   임실곶감을 먹었는지
   감시가 두리대하고
   칠년대한 가물음에
   마르지 않은 음양수

---

20 김진영·김현주 역주, 『홍보전』, 박이정출판사, 1997, 65~67쪽.

물은 하량 고여 있고
도리동산을 뚫어보니
한량없이 들어간다.
(후렴)
○지야 ○지야 너 자랑마라
○지가 없으면 쇠말뚝된다.
○지야 ○지야 너 자랑마라
○지가 없으면 쥐구멍된다.[21]

위의 자료는 박초향의 잡가 '지타령'이다. 앞 대목은 여성성기에 관한 묘사이고, 후렴부분은 남성성기와 필요성을 간절하게 묘사하고 있다. 남성성기의 중요성을 언술하기 위해서 여성기의 생김새를 묘사하고, 남성성기와 여성성기의 궁극적 결합이 이상적인 것임을 나타냈다.[22]

다음에는 탈놀이에 대한 비속어(卑俗語)의 욕지거리를 살펴보자.

동래야유

(1) 말뚝이 : …… 떨어진 중우 가래 좆대강이 나온 듯.
(2) 원양반 : 이놈 말뚝이……
(3) 말뚝이 : …… 말뚝인지 개뚝인지 제 의붓아비 부르듯이……
(4) 원양반 : 이놈 말뚝아…… 너같은 개똥쌍놈 내같은 넓적한 소통 양반이 너 한 놈 죽이 면……

---

21 김헌선, 「구비전승에 나타난 성적사유의 실상과 기물타령」, 김선풍 외, 『한국육담의 세계관』, 국학자료원, 1997, 205~206쪽. 본 자료는 정병호, 『민속기행』, 눈빛출판사, 1992, 178쪽에도 실려 있다.
22 김헌선, 위의 논문, 201쪽.

(5) 제양반 : 이놈 내 아들이라니.
(6) 원양반 : 고자식 생색 있다.
(7) 원양반 : 이놈 노생원이라니.
(8) 말뚝이 : 종년 서답 빨래가고 …… 대부인 마누라가 하란에 비켜 앉아 녹의홍상에 칠보를 단장하고 보지가 재빨개옵다.
(9) 말뚝이 : 마리에 떡 올라가니 좃자리를 두루시 펍다.
(10) 원양반 : 너 같은 쌍놈 오면 …… (이상 양반과장)[23]

위의 인용문은 부산지역에서에서 전승되는 동래야유의 한 대목이다. 탈놀이에서 사용되는 비속어卑俗語는 남을 낮추어 부르는 말이나 품격이 낮은 상말을 말한다. 주로 하류계급·빈민계급에서 사용된다. '좃대강이', '이놈', '개뚝', '개똥쌍놈', '소똥양반', '고자식', '보지', '좃자리' '쌍놈' 등 도처에 비속어가 튀어나오고 있다. 등장하는 남성과 여성, 양반과 상놈 등이 비속어를 사용하고 있는 저의底意는 어디에 있는가? 탈놀이는 카니발 축제에서 벌어지는 시간과공간 안에서는 무슨 일이든지 다 허용되듯이, 일상생활속에서라면 마땅히 금기시되는 언어가 사용되고 있다.[24] 이는 양반들을 우스꽝스러운 바보로 만들어 계층간에 생긴 갈등이나 평소 억압되었던 마을 사람들 간의 응어리를 풀고 다같이 공동체적인 춤판에서 신명나게 놀이를 펼치려는 것과 무관하지 않은 듯 싶다.

---

23 전경욱,「탈놀이에 나타난 비속어와 육담의 의식과 세계관」, 김선풍 외, 앞의 책, 285~286쪽.
24 전경욱, 위의 논문, 286~287쪽.

속담과 수수께끼로 본 마당

속담(Proverbs), 옛말의 이치(理致)

속담은 말 그대로 민중들 사이에서 전해 내려오는 옛말이다. '속俗'이란 '민속'이나 '습속'이라는 어의語義에서 알 수 있는 것처럼 민중의 생활공간을 의미한다. 속담에서의 '속'은 이러한 일상공간에서 얻어진 삶의 지혜나 예지가 응축된 것이라는 의미를 내포하고 있다. '담談'은 이야기이기는 하되 비교적 짤막한 길이로 되어 있으며 비유적 표현을 담고 있는 점이 특징이다. 이렇게 볼 때, 속담이란 민중의 생활공간에서 체득된 삶의 지혜나 예지가 비유적으로 서술된 비교적 짤막한 길이

2부 마당의 미학

의 이야기로서 교훈적 의미를 전달하기 위한 혹은 풍자적 효과를 나타내기 위한 관용적 표현물을 말한다.[1]

일찍이 우리 민족은 농경주의에 근본을 두었던 까닭에 민중의 일상생활에서 체득된 마당 관련 속담이 적지 않다. 마당 관련 속담을 제시해 보이면 다음과 같다.

하당영지下堂迎之 - 반가운 사람이 오면 버선발로 마당으로 내려가 맞는다는 속담으로 귀한 손님맞이를 의미한다.

마당 하나 사이로 십 촌이 넘어간다 - 이웃하여 살던 정겨운 친척도 세월이 지나면 멀어지거나 가까운 친척과의 사이가 소원해진다는 속담으로 뜻으로 가족의 소중함을 뜻한다.

시앗이 한마당에 사는 집에는 까마귀가 앉지 않는다 - 시앗(남편의 첩)이 한집안에 사는 집은 가정이 불화하기 때문에 사람들은 출입을 하지 않는다는 뜻으로 가정의 화목을 중시한 속담이다.

남산에서 돌팔매질을 하면 김씨나 이씨네 집마당에 떨어진다 - 우리나라 사람의 성姓에 김씨나 이씨가 많다는 말로 주변에 너무도 흔한 것을 비유한 속담이다.

가래질하는 마당의 종놈처럼 - 무뚝뚝하고 거칠며 예의 범절이라고는 도무지 모른다는 속담으로 종의 신분을 폄하하는 뜻이 있다.

급하면 콩마당에 간수치겠다 - 순서도 없이 두부를 바란다는 속담으로 성미가 매우 급하다는 뜻을 의미한다.

타작마당에 가서 숭늉 찾겠다 - 북한 속담으로 우물에 가 숭늉 찾는다는 격이니, 일의 순서도 모르고 성급히 덤빈다는 뜻이다.

콩마당에 넘어졌나(자빠졌나) - 숭숭 구멍이 뚫렸다는 뜻으로, 얼

---

[1] 김의숙・이창식, 앞의 책, 250~251쪽.

굴이 심하게 얽어 있는 사람을 놀림조로 이르는 말이다

마당질 뒤의 쌀자루 - 북한어로 우두커니 침묵만 지키고 있는 모습을 비유적으로 이르는 말이다.

소지황금출(掃地黃金出 : 마당 쓸고 황금을 주움을 이르는 말. 掃 쓸 소) · 마당 쓸고 동전 줍고 - 일석이조(一石二鳥 : 돌 하나로 두 마리의 새를 잡는다는 뜻으로, 한 가지의 일로 두 가지 또는 그 이상의 이득을 얻음을 이르는 말)의 뜻이다.

마당 삼을 캐었다 - 무슨 일을 쉽게 얻거나 성공하였을 때 이르는 말이다.

마당이 환하면 비가 오고 계집 뒤가 반지르르 하면 애가 든다 - 아이 어머니의 쇠약했던 몸이 다시 회복되고 몸매가 반지르르 하게 되면 또 아이를 가지게 된다는 속신으로 성풍속과 날씨를 견주어 빗댄 속담이다.

비올 때 마당에서 큰 거품 일면 비가 많이 온다 - 저기압이 상승하면 기온이 상승하고 기압이 하강한다. 이럴 때는 물 속의 유기물들이 활발하게 거품이 잘 생기게 된다. 이런 관찰한 결과 거품이 일면 큰 비가 오게 된다는 속신의 뜻이 있다.

벼꽃 필 때 장마지면 마당 흉년 - 벼 이삭이 꽃필 때 비가 자주 보면 벼가 여물지 못하여 수확이 줄어들어 흉년이 든다는 뜻으로 조상의 슬기에서 나온 속담이다.

볏단이 두터우면 마당이 흉년든다 · 풋 농사 마당 흉년이다 - 벼에 새끼칠 거름을 많이 주거나 늦게 주면 헛새끼를 많이 쳐서 가을에는 볏짚 농사만 짖는다는 결과가 되며 질소과다로 인해서 각종 병충해의 발생이 많고 도복(倒伏) 등으로 수량이 떨어지므로 퇴비는 적기適期에 적량을 주어야 한다는 데서 유래된 말이다.

가을 마당에 빗자루 몽댕이 들고 춤을 추어도 밑이 어둑하다 - 풍요로운 가을에 타작을 하여 줄 것은 주고 갚을 것은 갚고 빈 손에 빗자루 하나 들더라도 그래도 남는 것이 있다는 말이니 농사 일이란 든든한 것이라는 뜻이다.

사돈네 가을마당에 씨암탉 넘보듯 한다 – 가을닭들이 탐스럽게 살쪄 있음을 비유해서 쓰는 말이다.

왕지네 마당에 씨암탉 걸음 – 왕지네가 가득한 마당에 씨암탉이 걷는 걸음이라는 뜻으로, 살이 쪄서 어기적어기적 걷는 모양을 비유적으로 이르는 말이다.

마당 빌린 놈이 안방까지 빌리란다 – 처음에는 조심 조심 시작하였던 일이 점점 재미를 붙여 정도에 지나친 짓을 한다는 뜻. 차청차규(借廳借閨 : 행랑 빌면 안방까지 든다. 借 빌릴 차, 廳 관청 청, 閨 도장방 규)와 같은 의미의 속담이다.

비를 드니 마당 쓸라 한다 – 자기가 막 하려는 일을 마침 남이 시킬 때 쓰는 말이다.

길 주면 마당 달란다 – 새마을운동이 본격적으로 시작되던 1970년대 무렵 생성된 속담으로 보아지며, 당시 마을 길을 넓힌다는 취지에 동조하고 길을 내주더니 이후 마당을 달라는 전시행정의 국책사업에 맞서 투쟁을 일삼는 주민들의 지나친 요구를 비유적으로 비꼬는 말이다.

마당 터진 데 솥 뿌리 걱정한다 – 터진 마당을 기우려고 솥뿌리 걱정을 함이니 사건이 벌어졌을 때 당치 않은 탁상공론卓上空論으로 이것을 수습하려 할 때 쓰는 말이다. 솥뿌리는 그릇 터진 데를 잡는 데 씀.

장마당에 쌀자루는 있어도 글자루는 없다 – 장사와 공부는 서로 관계가 없으므로 공부를 하려면 장 같은 곳은 드나들지 말아야 한다는 말이다.

천도天桃가 우리 마당에 떨어졌다 – 하늘의 선녀가 먹는다는 천도가 집 마당에 떨어졌다는 것은 노력하지 않고 기적이나 요행만을 바라는 자에게 빗대어 이르는 말이거나 집마당이 세상에서 가장 깨끗하기 때문에 떨어졌다는 말로 항상 집안을 정결히 하라는 격언이다.

반 풍수風水 마당 나무란다 · 선 무당이 마당 기울다 한다 — 무슨 일에 능숙하지 못한 자가 잘 알지도 못하면서 아는 체하여 일을 하다가 일을 아주 크게 그르칠 경우를 이른다.

이상에서 알 수 있듯이 가래질, 콩마당, 마당 쓸기, 볏단, 씨암탉, 쌀자루, 빗자루, 집마당, 타작 등의 어휘들은 농경주의와 연관된 생각에 바탕을 둔 것과 밀접한 관련이 있다.

수수께끼(Riddles), 말놀이의 장난

수수께끼는 '수수적기(강릉)', '식끼저름(경상도 동래)', '숭키잽기(남원)' 등 지역에 따라 부르는 명칭이 다양하다. 수수께끼의 '수수'는 숨은 것을 찾아낸다는 뜻으로서 숨바꼭질과 상통하는 의미로 이해되며, '겨루기'라는 의미의 '겻구기'가 변한 말인 '께끼'가 덧붙어 수수께끼라 일컬었던 것으로 추정된다.

수수께끼는 주로 은유를 써서 대상을 정의하는 언어표현이다. 또한 수수께끼는 즐거움과 심심풀이를 위해 이루어지는 놀이이다. 수수께끼는 옛날 시골 마당에 깔린 명석에서 어른과 아동 사이에서 또는 아동들끼리 서로의 지적능력을 개발하고 시행하기 위해 제시되기도 했다. 수수께끼의 주제는 우주와 자연, 인간과 동 · 식물, 의식주 생활과 관련된 사물의 전반에 걸쳐 있는 점에서 지식습득의 측면이 강하며, 인간의 상상력과 지력이 개발되고 심화될 수 있는 여지가 큰 무형의 교과서임에 틀림없다.[2]

마당 관련 수수께끼 사례는 다음과 같다.

> 차 안에 마당이 있는 것은? 트럭
>
> 마당에서 열심히 땅을 파면 나오는 것은? 땀
>
> 비오는 날 마당에서 빗자루를 가지고 있는 여인을 뭐라고 할까? 쓸데없는 여인 - 이유는 비가 오니까 쓸데가 없으니 쓸모 없음.
>
> 기둥이 넷, 주춧돌이 여덟, 한 놈은 밥 먹고, 또 한 놈은 마당을 쓸고 있는 동물은? 소 - 게으름을 피우면 소로 변할 수도 있으니 늘 경계하고 조심해야 한다. 육중한 네 다리로 큰 몸을 지탱하고 있다. 다리 아래 발을 보면, 발굽이 두 갈래로 갈라져 있다. 때문에 비유하자면 네 기둥에 주춧돌이 받치고 있는 셈이다. 한 놈이 밥을 먹고 있다고 한 것은 바로 소의 입을 말한다. 마당을 쓰는 것은 다름 아닌 소의 꼬리이다. 우직하게 네 다리로 지탱하고 서서 입으로 연신 먹는 것을 되새김질하고 꼬리로 넓쩍한 등에 붙어 있는 벌레들을 쫓고 있는 전형적인 모습을 수수께끼로 풀어내었다.
>
> 마당에서는 산이 되고 집안에서는 물이 되는 것은? 배산임수(背山臨水 : 산을 등지고 바라보는 자세) - 북한의 수수께끼
>
> 솔밭 아래 마당, 마당 아래 송충이, 송충이 아래 깜박이, 깜박이 아래 홀쩍이, 홀쩍이 아래 쩝쩝이, 쩝쩝이 아래 낭떠러지가 있는 것은 무엇일까? 사람 얼굴
>
> 집안 곳곳의 신들 가운데 터줏대감은? 마당

---

2 위의 책, 257~258쪽.

세상에서 가장 억울한 과부는? 과부마당 －혼약만 하고서 성례도 못
　한 과부, 혼례청 마당에도 가보지 못했다고 하여 이름 붙여짐.

　이상에서 보듯 소재 이상의 의미가 있다. 땀(노동), 트럭 내부, 소의 형상, 집터, 사람의 얼굴, 혼사 전의 처녀 등의 갖가지 소재가 은유의 기법으로 탈바꿈한 마당이 사람들에게 언어적 유희遊戲로 제공되고 있다. 수수께끼 현장에서는 웃음이 촉발된다.

참고문헌

1부

김영진, 『충북문화론고』, 향학사, 1997.
이정재 외, 『남한강 수운의 전통』, 한국학술정보(주), 2007.
이창식 외, 『단양 남한강 민속을 찾아서』, 대선, 2004.
이창식, 『충북의 민속문화』, 충북학연구소, 2003.
이창식, 「민속놀이의 유형과 의미」, 『민속놀이와 민중의식』, 집문당, 1996.
이창식, 『태기치기의 울림과 신명 파대놀이』, 민속원, 2011.
이창식, 『한국의 유희민요』, 집문당, 1999.
장태현, 「도시광장의 공간구성에 관한 연구」, 홍익대 대학원 박사논문, 1996.
정효구, 『마당이야기』, 작가정신, 2008.
한국향토사연구전국협의회, 『한강유역사연구』, 1999.
한현심, 「지역문화유산의 발굴과 발전방안의 연구」, 공주대학교 경영행정대학원 석사논문, 2003.

2부

강인구 외, 『역주 삼국유사』Ⅱ, 이회문화사, 2002.

강재철·홍성남·최인학 공편, 『퇴계선생설화』, 노스보스출판사, 2011.
구인환 엮음, 『콩쥐팥쥐전』, 신원문화사, 2003.
김선풍 외, 『한국육담의 세계관』, 국학자료원, 1997.
김열규, 『욕 카타르시스의 미학』, 사계절출판사, 1997.
김영준 역, 『완역 어수신화』, 보고사, 2010.
김영준 역, 『완역 파수록/진담록』, 보고사, 2010.
김용태, 『옛살림 문화이야기』, 대경출판, 1997.
김용택, 『섬진강』, 창작과비평사, 1985.
김의숙·이창식, 『민속학이란 무엇인가』, 도서출판 북스힐, 2004.
김진영·김현주 역주, 『춘향가』, 박이정출판사, 1996.
김진영·김현주 역주, 『흥보전』, 박이정출판사, 1997.
노명흠 원저, 김동욱 역, 『국역 동패락송』, 아세아문화사, 1996.
문복선, 『시조집 마당』, 새미, 2003.
『미당 서정주 전집』, 민음사, 1983.
박명희, 『한국의 생활문화, 교문사, 2003.
박영순, 『우리가 알아야 할 한국문화』, 현암사, 2008.
서대석·손태도·정충권, 『전통 구비문학과 근대 공연예술』Ⅰ, 서울대출판부, 2006.
서화숙, 『마당의 순례자』, 웅진 지식하우스, 2009.
시귀선·유화수·이월영 역주, 『고금소총』, 1998.
신익철 외, 『교감역주 송천필담』1, 2, 보고사, 2009.
안기수, 『한국 전통문화 탐방』, 보고사, 2007.

박지원 외, 안대회 옮김, 진준현 해설, 『단원 풍속도첩』, 민음사, 2005.
윤서석, 『한국의 풍속 잔치』, 이화여대출판부, 2008.
이강엽, 『바보 이야기, 그 웃음의 참뜻』, 평민사, 1998.
이강옥, 『말이 없으면 닭을 타고 가지』, 학고재, 1999.
이문성, 『조선후기 풍속의 재구성』, 한국학술정보, 2008.
이상원, 『기생문학산고』 2, 국학자료원, 2012.
이신성 역주, 『졸음을 물리치는 가지각색의 이야기』, 보고사, 2003.
이신성·정명기 역주, 『양은천미』, 보고사, 2000.
이영진, 『공간과 문화』, 민속원, 2007.
이원걸 번역/해설, 『역주 파수추』, 이회문화사, 2004.
이원명 원저, 정명기 편, 『원본 동야휘집』상, 보고사, 1992.
이재무, 『길위의 식사－2012 소월시 문학상 수상 시인 시선집』, 문학사상, 2012.
이재선, 『한국문학 주제론』, 서강대출판부, 1989.
이종철·김종대, 『민중들이 바라본 성문학』, 민속원, 1999.
이창식, 『한국문화와 문화콘텐츠』, 도서출판 역락, 2006.
이창식, 『태기치기의 울림과 신명 : 파대놀이』, 민속원, 2011.
이창식, 『김삿갓문학의 풍류와 야유』, 세명대지역사회연구소, 2011.
이태호, 『미술로 본 한국의 에로티시즘』, 여성신문사, 1998.
이태호, 『풍속화』 1, 대원사, 1995.
이태호, 『풍속화』 2, 대원사, 1996.
이훈종, 『재미있고 유익한 사랑방이야기』, 전통문화연구회, 2001.
이희평 원저, 유화수·이은숙 역주, 『계서야담』, 국학자료원, 2003.

임경순, 『한국문화의 이해』, 한국외대 출판부, 2009.

임동권, 『여성과 민요』, 집문당, 1984.

장석남, 『'99 현대문학상 수상시집/마당에 배를 매다』, 현대문학, 1999.

정대림, 『실용 한문의 길』, 태학사, 1999.

정명기, 『한국재담자료집성』 2, 보고사, 2009.

정성희, 『조선의 성풍속』, 가람기획, 1998.

정종수, 『사람의 한평생』, 학고재, 2008.

정효구, 『마당 이야기』, 작가정신, 2008.

조흥윤, 『민속에 대한 기산(箕山)의 지극한 관심』, 민속원, 2004.

찬자 미상, 이월영·시귀선 역, 『청구야담』, 한국문화사, 1995.

찬자 미상, 김동욱 역, 『국역 기문총화』 3, 아세아문화사, 1999.

최운식, 『심청전』, 시인사, 1984.

최인학 편저, 『조선조말 구전설화집』, 박이정출판사, 1999.

하종갑, 『한국인의 정서』, 도서출판 우석, 1981.

『한국인의 성』, 태백출판사, 1993.

강성숙, 「이야기꾼의 성향과 이야기의 특성에 관한 연구」, 이화여대 석사논문, 1996.

권영민, 「낯익은 그러나 만난 적이 없는 시인에게—이재무의 시 읽기」, 이재무, 『길위의 식사』, 문학사상, 2012.

김광언, 주생활의 연구, 최인학·최래옥·임재해 편, 『한국민속연구사』, 지식산업사, 1994.

김헌선, 「춘화의 예술사적 전개와 의의」, 비교민속학회 엮음, 『한국의 민속과 성』, 지식산업사, 1997.

김헌선, 「구비전승에 나타난 성적사유의 실상과 기물타령, 김선풍」 외, 『한국육담의 세계관』, 국학자료원, 1997.

이명희·이영호, 「한국 전통주택의 상징성에 관한 연구」, 부산대학교 가정대학 연구보고 15집, 1989.12.

이미라, 「연행 집단의 성격에 따른 이야기 연행의 변화 연구」, 연세대 석사논문, 2003.

이창식, 「제주도의 신당과 신화」, 부산대학교 한국민족문화연구소 『로컬리티 Localitology의 인문학』 22, 2011, 7/8.

이창식, 도굴, 『시와 산문』 여름호(2012), 시와 산문사, 2012.

전경욱, 「탈놀이에 나타난 비속어와 육담의 세계관」, 김선풍 외, 『한국육담의 세계관』, 국학자료원, 1997.

최동호, 「한국전통 주거공간의 마당구성원리에 관한 연구」, 홍익대 환경대학원 석사논문, 1995.

최동호, 「한국전통 주거공간의 마당 구성원리(1)」, 『건축사』 통권 329호, 대한건축사협회, 1996.9.

최동호, 「한국전통 주거공간의 마당 구성원리(2)」, 『건축사』 통권 332호, 대한건축사협회, 1996.12.

한경애, 「집, 삶, 꿈 : 주거문화의 일상성」, 『일상 속의 한국문화 - 자기성찰의 사회학』 2, 나남출판사, 1998.

색인

ㄱ

가무오신 22
각성받이마을 21
강강술래 144, 161
강골마을 28, 37
강담사講談師 234
강릉부지江陵府誌 209
거북놀이 23, 49, 50, 51
거북몰이 50, 51
건건이(반찬) 115
걸립乞粒 22, 50
겨루기 23, 25, 47, 48, 85, 271
결혼잔치 33
경객 60
계 26
계서야담 206
고사 137, 145, 151
고싸움놀이 24, 47
고을굿 80
곡우 39
공공마당 32, 51
공기놀이 125, 161

공동선共同善 17, 85
관등절觀燈節 140
관혼상제 110, 137
광대 83, 236
광대굿놀이 123
교수잡사 175
구술문법 16
구슬치기 125
권별權鼈 149
권영민 220
그리스로마신화 102
그림자극 66
금기 21, 43, 57, 59, 80, 196, 266
기문총화 206
기줄다리기 24, 48
기풍祈豊행사 208
길쌈 141, 161
김삿갓 83, 144, 183, 185
김선달 83
김용택 165
김인후 58, 128
꼬댁각시 노래 163

ㄴ

나무아미타불 193
나무절구 38
낙안읍성 28, 37
남사당 70, 71, 72, 74, 76, 78, 79, 85
남사당놀이 70, 75, 76
남사당 바우덕이 70
남사당패 71
납채 43
내림굿 125
내방가사 37
널뛰기 49, 161
노래극 66
노래하기 25
노류장화路柳墻花 239
노름 33
노명흠盧命欽 206
놀부전 63
놀음 25, 47
놀이꾼 51, 57, 66, 69, 71, 72, 81
놀이마당 32, 52, 78
농경세시農耕歲時 136
농경제農耕祭 139
농경주의 268, 271
농악 23, 26, 37, 65, 78, 125

ㄷ

다리밟기 23
다시래기 57, 62, 63
단오 23, 39, 80, 140
단풍놀이 39
닭서리 111, 156, 157
닭실마을 37
당고사 24
당신본풀이 96, 98
대동계 17, 26
대동놀이 17, 23, 24, 25, 26, 46, 47, 51, 65, 82
대동여지도大東輿地圖 123
대례大禮 43, 64, 65
대물림 21, 30, 39, 43, 80, 157
대보름 23, 47, 48, 80, 138, 143, 144, 150, 208
대장금 82, 101
덕담고사풀이 65
덕석기 뺏기 37
덜미(꼭두각시놀음) 76
덧뵈기(탈놀이) 76
데미지(Damage) 185
도가니 190
도깨비굿 196
도래마을 37
동네마당 32, 51, 69, 126
동야휘집 152
동전치기 125

색인 281

동제洞祭 17, 21, 124, 125, 137, 138
동지 39
동패락송 206
동회천 석불미륵(회천동 화천사) 99
두레 17, 26
딱지치기 33
땅놀이 78
땅따먹기 69, 125, 162
땅지치기 125

ㄹ

로즈데이 146

ㅁ

마당 14, 16, 20, 21, 23, 28, 29, 30, 31, 32, 33, 34, 35, 36, 37, 38, 39, 40, 41, 42, 43, 44, 45, 47, 49, 50, 51, 52, 53, 54, 55, 56, 57, 58, 59, 60, 61, 62, 63, 64, 65, 67, 68, 72, 76, 78, 80, 83, 84, 86, 87, 88, 102, 103, 107, 108, 109, 110, 111, 112, 113, 114, 115, 117, 118, 119, 120, 121, 122, 123, 124, 125, 126, 127, 129, 130, 131, 133, 134, 138, 139, 140, 141, 144, 145, 146, 148, 149, 150, 151, 152, 155, 158, 161, 162, 163, 165, 170, 171, 172, 174, 176, 178, 182, 190, 195, 201, 202, 216, 218, 219, 220, 222, 225, 226, 227, 229, 243, 244, 245, 246, 259, 263, 268, 271, 272, 273
마당굿 40, 56
마당놀이 32, 40, 47, 49, 51, 52, 54, 56, 63, 69, 70, 72, 78, 79
마당발 122, 123
마당밟기 22, 46, 69, 124
마당세시 80
마당소극 56
마당쇠 122, 123
마당축제 53, 54, 55, 56, 57, 58, 59, 61, 62, 63, 64, 65, 66, 78
마당통과의례 65
마대장군 120
마을 14, 16, 17, 18, 19, 20, 21, 22, 23, 24, 25, 26, 27, 28, 29, 30, 32, 33, 37, 47, 48, 49, 51, 52, 55, 57, 58, 59, 60, 64, 65, 71, 81, 83, 87, 96, 97, 98, 99, 100, 102, 103, 108, 110, 114, 115, 116, 117, 120, 121, 124, 125, 138, 141, 145, 157, 174, 177, 178, 208, 210, 219, 220, 225, 227, 243, 246, 266
마을공동체 30, 196

마을굿 21, 22, 23, 25, 51, 80, 124
마을신앙 21, 23, 209
만담 208
말뚝박기(말타기) 125
말먹이소리 54
망혼일亡魂日 141
머슴(일꾼)의 날 141
멍석 38, 64, 110, 111, 115, 121, 129, 130, 131, 218, 219, 220, 221, 225, 241, 243, 271
목계별신제 24
몸짓놀이 78
무당 42, 60, 83, 125
문묘제례文廟祭禮 137
문무병 78
문복선 158, 161
문화박물관 29
문화소文化素 16
문화역사마을가꾸기 19, 20
문화콘텐츠 18, 29, 54, 55, 63, 101
문화콘텐츠산업 68, 76, 85, 101
미국마케팅협회(American Marketing Association) 18
민담 114
민본적民本的 26
민속놀이 45, 56, 133, 143, 161, 172
민속연희 74
민속지식(folkknowledge) 38

ⓑ

바다마당 103
바우덕이 71, 72, 73, 75, 76, 78
바우덕이축제 70, 74, 75, 76, 77, 78
박초향 265
박춘재 208
반지의 제왕 102
백련초해百聯抄解 128
백중 23, 138, 141, 143
백중놀이 23
밸런타인데이 146
버나(대접돌리기) 76
보리타작소리 54
복신미륵 99
복토 훔치기 133
본풀이 무가巫歌 87
본향당신 96, 98
부인소물야婦人小物也 239
붉은악마 26, 47, 82
블랙데이 146
비석치기 69, 125
비속어卑俗語 245, 265, 266
빈상여놀이 33
빼빼로데이 146

ⓢ

사시조四時調 131
살판(땅재주) 76

삼강오륜三綱五倫 246
삼국유사三國遺事 148, 187, 188
삼신당제 24
삼짇날 39, 139
상례喪禮 108
상례의식喪禮儀式 227
서울놀이마당 53, 78
서정주徐廷柱 163, 165
석전제의釋奠祭儀 137
선박들(신발들) 118
섣달 39
설 39
설문대할망 92, 93, 94, 95, 98, 102
설문대할망공원 91
설문대할망설화 94
성주굿 42
성현成俔 200, 262
성희도性戱圖 213
세시의례 21, 23, 120, 126
소격서昭格署 138
속담 120, 170, 182, 208, 245, 247, 259, 267, 268
속신 21, 25, 38, 40, 133, 145, 259
송당본향당 98
송천필담松泉筆譚 150, 151
송효순 71, 72, 73
쇠머리대기 24, 47
수수께끼 91, 112, 143, 271, 272, 273
수연壽宴 109

수운水運 24
술래잡기 125
숨박꼭질 33
스와핑Swapping 185
스토리텔러 56, 57, 81, 82, 83, 86
스토리텔링 56, 57, 68, 69, 80, 82, 84, 85, 86, 98, 101, 102
신당 87, 88, 96, 97, 98, 99, 100, 101, 102, 103
신마당 103
신명 22, 23, 24, 25, 32, 34, 42, 45, 46, 52, 53, 54, 57, 63, 68, 71, 80, 123, 174, 246, 266
신윤복 214, 215
신화마당 89
실천공동체(Creative Community of Practise) 82
심우성 78
심재沈鋅 150
심청전 66, 197
싸움 25, 47, 51, 241, 243, 245, 255, 256
쌍룡거줄다리기 48
쌍룡줄다리기 48

◎

아바타 103
안택굿 33, 42, 60

양동마을 28, 37
어름(줄타기) 76
역사문화유적지 18
연길涓吉 43
연날리기 125, 161
연회宴會 225, 260
영산줄다리기 197
오늘이 82, 100
오신적娛紳的 22, 58
오인적娛人的 23
오징어(마이 또는 달구지)놀이 125
오탁번 44
오티마을 28
오티별신제 23
완다와 거상 102
왕곡마을 28, 37
외암마을 37
욕불일浴佛日 140
우란분재일盂蘭盆齋日 137
우륵문화제 24
우리네 고전소설 245
우물마당 32, 51, 126
운우도雲雨圖 213
웃송당 백주할마당 98
원터마을 37
원효 화쟁和諍 86
유두 39, 138
유희遊戲 78, 146, 179, 222, 233, 241, 273

육담肉談 176, 177, 178, 195, 197, 199, 239, 240, 241, 245
윤홍길 44
윷놀이 33, 138, 161, 241
이광정李光庭 202, 206
이세보李世輔 157
이야기꾼 62, 65, 81, 83, 221
이야기장독대 69
이야기하기 25
이재무 112, 219, 220
이춘풍전 63
이황 선생 182, 183
이효달 232
이희평李羲平 206
인욕이대忍辱而待 151
인종仁宗 229
인종 임금 232
일연 스님 188
임진택 78

ⓒ

자치기 125
장마 44
장석남張錫南 170
장소판촉(Place Marketing) 14
장자백 창본 춘향가 262
장치기 33
장흥보전 264

색인 285

재담才談 65, 71, 76, 123, 206, 208, 245, 250, 257, 260
재담춤 66
재수굿 42, 137
전기수 83
전통마당 36, 37, 40, 56, 70, 126, 225, 226, 233, 243, 245, 252, 255
전통마을 14, 16, 17, 18, 19, 20, 21, 23, 24, 25, 26, 28, 29, 30, 31, 32, 33, 34, 37, 38, 40, 46, 47, 53, 108, 109, 110, 121, 125, 127, 134, 146, 178, 226
전통연희 55, 76, 143
전통주거 122
점쟁이 60
점치기 25, 47, 138
점풍占豊행사 208
제기차기 125, 133, 161
제액초복除厄招福 137, 138, 246
제주도돌문화공원 100
제주돌문화공원 88, 89, 90, 103
제주신화 86, 95, 103
조식 선생 182, 183
종교의례 172
종묘제례宗廟祭禮 137
주역周易 180
죽마타기 69
죽부인竹夫人 110
줄넘기 125

줄놀이 78
줄다리기 23, 24, 37, 47, 48, 49, 80, 125, 144, 197, 208
중구 39
지게놀이 69
지신밟기 23, 26, 33, 46, 65, 78, 124, 138, 144
지타령 264, 265
진산鎭山 37
질마재 신화 163, 165
집마당 47, 102, 103, 271

ㅊ

차전놀이 24, 47
창세신화유형 96
창조마당론 86
청구야담靑邱野談 152
청룡사 72
청명 39
초파일 137, 140
초행初行 43
최우석崔禹錫 216, 217
추석 23, 39, 49, 80, 141, 143, 161
추석 놀이 144
축제성祝祭性 24, 28, 46, 61, 138
축제콘텐츠 55, 56, 57
춘의도春意圖 213
춘향전 66

춘화春畵 174, 213, 216, 217
치성 65
칠석七夕 39, 141, 143, 161

ㅋ
콩쥐팥쥐전 263

ㅌ
탁발승 44, 83
탈 123
태평한화골계전太平閑話滑稽傳 149
택리지擇里志 123
퇴계 183

ㅍ
파대놀이 143
파수록破睡錄 179
판소리 69, 120, 123, 174, 263
패션 78, 84, 101
팩션faction 71
팽이돌리기 125
폐지치기(딱지치기) 125
풋굿 141
풍년굿 137
풍물 76
풍물치기 25

풍수 35, 36
필암서원 58

ㅎ
하당영지下堂迎之 120
하회마을 28, 37
한국인의 밥상 101
한식 39, 69, 80
한옥마을 55, 78, 119
한치형韓致亨 152
할로윈데이 146
해동잡록海東雜錄 149
해리포터 102
해어화解語花 239
향부론鄕富論 40
향약鄕約 26
허생 83
호미셋이 26, 141, 143
혼약婚約 43
홍만종洪萬宗 180, 182
화이트데이 146

W
WCC(World Council of Churches : 세계교회협의회) 총회 127

Madang(마당)

Rediscovery of the Cultural Legacy of Madang

Contents

Part One. Madang from the Perspective of Humanities

(by Lee, Chang-Sik, Prof. of Korean Literature, Semyung Univ.)

Madang in Traditional Villages

Folk Wisdom of Madang

Vitality of Madang Festival

Multidisciplinary Approach to Madang Studies and Value Creation

Cultural Configuration of Madang

Shamanic Shrines and Myths in Je-ju Island

Part Two. Aesthetics of Madang

(by Hong, Seong-Nam, Lecturer of Hanshin Univ.)

Images of Madang and the Life of Korean People

Madang and Its Seasonal Chronicity

Madang as the Place of Us in Korean Literature

Madang and Gender Culture

Madang in Obscene Pictures

Straw-Mat Madang as the Story-telling Madang

Madang in Invective

Madang in Proverbs and Puzzles

Bibliography

Index

Abstract

[Abstract]

This book has three basic concerns. First, it attempts to reveal the capacity of human studies in the inmost mentality of Korean people as well as to discover the legacy of their madang culture. Second, it points out the characteristics and inherence of the madang culture especially in the time of the global phenomena of the Korean wave (韓 流: *hallyu*). Third, it discusses the experience and insight that are realized through the classes of "Folklore and Korean Wave" and "Cultural Contents and Story-telling."

Madang(마당) is the place that the social life of Korean people starts from, and that their rite of passage comes back to. As is generally known, madang is a dim symbol of Korean traditional culture. Recently, foreign people pay deep attention to the inheritance of Korean traditional cultures which has transmitted until 1970s. For instance, TV drama, K-Pop, Psy, traditional opera, Korean language, Korean style of clothing, food, and house, literature, philosophy, history, etc. People now realize the digital rehabilitation of the vanished analog madang as a new silk-road to the open madang of global societies. Korean wisdom and sensibility flow through the peculiar originality in madang culture, the mythology of rites in madang, the mutuality and flexibility of transit ways in the house structure.

The image of madang symbolizes the center of life in which all rites of lifetime work including economy, festival, and religion are intermingled with the mother nature. The image has a close connection to seasonal customs, oral traditions, literary works, straw-mats, gender culture, proverbs, etc. It also a holy place, a place of conviviality in all relationship between nature, human and gods, a place of worship of ancestors and Heavenly God, and a place like a breast of the benevolent Mother. The place is holy because people make in it an initial communication with the world for an abundant life. Madang(마당) is the place of festivals and sanctuary.

According to the Korean zodiac, the year 2013 is the year of the Snake. Snake's skin casting-off symbolizes the resurrection and the successive rites of passage. The 10th General Assembly of the World Council of Churches(WCC) held in October of 2013 in Busan adapts the concept of madang for the configuration of all programs. We as co-writers hope the Assembly in the madang programs would cast off the past skin of burdens and experience the new dream for life, justice, and peace. We also hope this book would be helpful for all readers to understand the meaning of madang.

저자소개

이창식(李昌植)

세명대학교 미디어문학부 한국어문학과 교수, 문학박사, 시인.

현재 세명대학교 미디어문학부 한국어문학과 교수로서 지역문화연구소장을 맡고 있다. 아울러 충청북도 문화재위원과 '민속문화의 해' 추진위 부위원장으로 활동하고 있다. 전공영역인 놀이와 축제 영역의 민속학, 향가와 민요 영역의 국문학, 감성창조와 신화 스토리텔링 영역의 문화콘텐츠학 등의 통합연구에 몰두하고 있다. 특히 지역문화와 문화콘텐츠산업에 대한 세방화의 미래담론을 거듭 제기하고 있다.

주요 저서에는 『한국의 유희민요』(1999), 『한국의 보부상』(2000), 『충북의 민속문화』(2004), 『구비문학이란 무엇인가』(2005), 『전통문화와 문화콘텐츠』(2006), 『한국문학의 이해』(2008), 『한국신화의 스토리텔링』(2009), 『김삿갓문학의 풍류와 야유』(2001) 등과 창작시집 『어머니아리랑』(2011) 외 다수가 있다.

주소, 충북 제천시 신월동 세명대학교 한국어문학과(390-711)
010-6430-1206

홍성남(洪性南)

한신대학교 국어국문학과(문학사), 단국대학교 서울캠퍼스 일반대학원 국어국문학과(문학석사 · 문학박사 취득). 가천대학교, 단국대학교, 한국방송신대학교 국어국문학과 외래교수를 역임하였다. 현재는

군산대학교 국어국문학과, 경희대학교 서울캠퍼스 후마니타스 칼리지, 세명대학교 한국어문학과, 한신대학교 국어국문학과에서 글쓰기, 교양한문, 민속학과 한류, 한국고전소설론, 삼국유사 읽기, 국문학개론 등의 강의를 맡아 외래교수로 출강하고 있다.

주요 논저로는 『동야휘집』 연구(1993), 『몽유야담』 영인본(1994), 『원생몽유록』 이본의 재검토(1997), 『설화문학연구』(공편, 1998), 몽유자 이우준의 『봉사(蓬史)』 연구(2001), 김병연 소고(2002), 이우준문학 연구(2004), 『고려시대 한문학 연구 Ⅱ』(공편, 2004), 『춘향전 연구의 과제와 방향』(공편, 2004), 『역사적 전환기와 한국문학』(공편, 2004), 「조봉묵의 공방전」 연구(2005), 『몽유야담』 이본 연구(2005), 『연행록연구 총서』 2·10(공편, 2006), 『제2의 종교개혁과 민중신학』(공편, 2007), 「조봉묵의 문방사우기」 연구(2008), 『지배문화와 민중의식』(공편, 2008), 『삼국유사의 문학적 탐구』(공편, 2008), 1911판 『성경젼셔』의 서지학적 검토(2011), 홍차기 설화 연구(2011), 『퇴계선생설화』(공저, 2011) 외 다수가 있다.

e-mail : hongsn62@hanmail.net

지역문화읽기시리즈10
마당

초판 1쇄 인쇄일	2013년 3월 22일
초판 1쇄 발행일	2013년 3월 25일
초판 2쇄 인쇄일	2014년 7월 16일
초판 2쇄 발행일	2014년 7월 17일
지은이	이창식 홍성남
펴낸이	정구형
편집이사	박지연
본문편집/디자인	정유진 신수빈 윤지영
마케팅	정찬용 권준기
영업관리	한미애 심소영 김소연
인쇄처	미래프린팅
펴낸곳	북치는 마을

등록일 2006 11 02 제2007-12호
서울시 강동구 성내동 447-11 현영빌딩 2층
Tel 442-4623 Fax 442-4625
www.kookhak.co.kr
kookhak2001@hanmail.net

ISBN	978-89-93047-49-3 *93800
가격	15,000원

· 저자와의 협의하에 인지는 생략합니다.
  북치는 마을은 국학자료원, 새미의 자회사입니다.
  잘못된 책은 구입하신 곳에서 교환하여 드립니다.